Mary Berry

Süße Träume

Die besten Kuchen und Desserts

Mary Berry

Süße Träume

Die besten Kuchen und Desserts

Müller Rüschlikon Verlags AG, CH-Cham/Zug

Ein Dorling Kindersley Buch

Originaltitel: Mary Berry's Desserts and Confections
Fotos von David Murray
Die Übersetzung erfolgte durch Esther Schiesser und Maja Spiess

ISBN 3-275-01065-4

1. Auflage 1993

Satz: Franz X. Stückle Druck & Verlag, D-77955 Ettenheim
Printed and bound in Singapore by Toppan

Inhalt

Vorwort

Was gibt's als Süßspeise? Ist das nicht eine ständige Hausfrauenfrage? Und deshalb stellen wir hier eine ganze Sammlung fürs Auge und den Gaumen verlockender Rezepte vor, die von nun an das leidige Problem aus der Welt schaffen.

Ob Sie nun das große Finale für ein besonderes Essen planen und dazu neue Wege für alte Favoriten suchen, ob Sie für die Kaffeeinladung am Morgen oder den Nachmittagstee etwas Besonderes servieren möchten, oder ob Sie gar den Kindern nach der Schule etwas Neues auftischen wollen …, in dem vorliegenden Buch finden Sie eine große Auswahl passender, fabelhafter Rezepte.

In dieser Sammlung gibt es wundervolle Variationen altbekannter Lieblinge wie meringuierten Zitronenkuchen, wie Apfelpasteten, Cognacplätzchen und Crêpes Suzette. Oder wenn Sie sich an alte Meisterwerke wie Apfelstrudel oder Creme Brûlée wagen wollen, werden Sie erstaunt sein, wie leicht das geht anhand der Rezepte in diesem Buch. Falls Ihnen aber einfache Dinge lieber sind, dann versuchen Sie es doch einmal mit Pfirsich-, Himbeer-, oder Kiwi-Fruchtspeisen oder Kirschen in Gelee. Sicher freuen Sie sich jedesmal wie ich, wenn beim Servieren eines Desserts lustvolle „Mmh“ und „Ooh“ erklingen, insbesondere beim Schokoladetrüffel-Cake oder der Schweizer Schokoladetorte. Mit Windbeutel-Schwänchen und Meringue-Pilzen können Sie die Herzen aller Kinder von sechs bis sechsundneunzig erfreuen.

Ich glaube fest daran, daß Süßspeisen jedermann gut tun: Sie können leichten Mahlzeiten noch etwas Herzhaftigkeit verleihen und schwere Essen verdaulicher machen. Mit Milch-, Frucht- oder Getreidespeisen liefert man etwas Gesundes nach, sofern der Tag sonst eher vitaminarm war. Selbst wenn Sie oder jemand in Ihrer Familie Linienprobleme haben, dürfen Sie sich an einer Süßspeise erfreuen, nur eben mit einer kleineren Portion oder einem schmaleren Kuchenstück.

Die Farbaufnahmen von jedem Rezept führen Ihnen vor, was Sie jeweils erwarten können, und die Schritt-für-Schritt-Angaben – manche sogar illustriert – leiten Sie bei der Herstellung an. Um große Desserts noch verlockender zu gestalten, sind Dutzende von Garnituren und Serviertricks aufgeführt, die Augen und Gaumen erst recht entzücken sollen.

Welche Mühe sich die Verleger Caroll & Brown für mich gegeben haben, zeigt dieses Buch deutlich. Ein ganz besonderer Dank geht an Jeni Wright, die Projekt-Redaktorin, die manche Stunde mit mir um eine perfekte Gestaltung gerungen hat. Es bleibt mir jetzt nur, „bon appétit“ zu wünschen in der Hoffnung, daß Ihnen diese Süßspeisen beim Herstellen und Genießen soviel Freude bereiten wie mir beim Sammeln.

Besondere Süßspeisen

Seite 7–74

Besondere Süßspeisen

In diesem Kapitel finden Sie Süßspeisen, die auf besondere Weise präsentiert werden wollen. Ihre schönsten Kristallschalen, Ihre feinsten Porzellanplatten und -teller unterstützen die zarte Struktur und die Farben der Speisen. Mousses, Soufflés und Cremen sind meistens weich und geschmeidig, abwechslungsreich in Farben und Geschmack und einfach zu servieren. Viele, wie Tiramisù, passen sich der Form der Schüssel an. Und wieder andere, z. B. der Zuccotto, werden in der Form gefestigt und dann gestürzt. Edelsteinfarbene Fruchtdesserts bringen jederzeit den Geschmack von Sommer auf den Tisch, weil viele Früchte ja rund ums Jahr erhältlich sind und, ab und zu mit Exoten bereichert, gar manche Möglichkeit erfüllen. Zarte Crêpes und Blinis runden dieses Kapitel ab, und nicht zu vergessen sind die meringuierten Süßspeisen wie verlockende Meringue-Pilze oder eine elegante Erdbeer- und Mandel-Schichttorte.

Inhalt

Mousses und Soufflés

Leichte, luftige Mousses und Soufflés – aus Früchten, Schokolade, Nüssen und Sahne hergestellt – eignen sich für viele Gelegenheiten, von der Alltagsspeise für Familie und Freunde wie für besondere Anlässe, an denen Sie Eindruck machen wollen.

Echte Schokoladen-Mousse

8–10 Personen
kann am Tag vorher zubereitet und im Kühlschrank aufbewahrt werden

4 Eigelb
450 ml Milch
60 g Zucker
1 EL Gelatinepulver
225 g Bitterschokolade, gerieben
450 ml Doppel- oder Schlagsahne
Schlagsahne und fein gehackte Pistazien zum Dekorieren

1 In einer weiten, nichthaftenden Pfanne Eigelb, Milch und Zucker gut verrühren. Gelatine gleichmäßig über die Mischung streuen. 5 Min. stehen lassen, dann Gelatine leicht durchziehen. Die geriebene Schokolade einrühren.

2 Etwa 15 Min. über schwacher Hitze immer wieder mit Holzlöffel verrühren, bis sich die Gelatine aufgelöst hat, die Schokolade geschmolzen ist und die Mischung einen Eßlöffel überzieht. (Nicht kochen lassen, da sich die Masse sonst scheidet).

3 Die Mischung in eine Schüssel gießen und zugedeckt etwa 1 1/2 Std. unter gelegentlichem Rühren in den Kühlschrank stellen, bis die Mischung Häufchen bildet, wenn man sie vom Löffel tropfen läßt.

4 In einer mittleren Schüssel die Doppel- oder Schlagsahne so lange schlagen, bis sie sich steif von der Form löst. Mit Gummischaber die Sahne in die Schokolademischung rühren.

5 Die Mousse in 8–10 kleine Portionsförmchen oder eine große Schüssel gießen. Zudecken und etwa 4 Std. an die Kühle stellen.

6 Die Mousse vor dem Servieren mit Schlagsahne und fein gehackten Pistazien garnieren.

Sahne dressieren
Aus dem Dressiersack drückt man mit der Sterntülle die geschlagene Sahne in Muschelform etwas seitlich auf die Mousse.

Pistazien hacken
Mit einem scharfen großen Messer werden die geschälten Pistazien fein gehackt und neben die Sahne auf die Mousse gestreut.

3 Sowohl die Pistazien wie die Sahne bereichern die Mousse geschmacklich und fürs Auge.

Himbeer-Lagen-Mousse

8 Portionen
Kann am Vortag zubereitet und an der Kühle aufbewahrt werden

450 g tiefgekühlte Himbeeren
175 g Zucker
2 EL Gelatinepulver
2 Eier
300 ml Milch
600 ml Doppel- oder Schlagsahne
150 g Ingwerbisquits, zerbröckelt
Himbeer- und Minzenblättchen zum Dekorieren

1 Die Himbeeren mit der Hälfte des Zuckers überstreuen und zur Seite stellen.

2 Sieb über einen nichthaftenden Topf legen. Mit dem Löffelrücken die Himbeeren samt Saft durchs Sieb zu Püree drücken.

3 Die Hälfte des Gelatinepulvers über das Himbeerpüree in den Topf streuen. 5 Min. stehen lassen, damit die Gelatine weich werden kann.

4 Über mittlerer Hitze das Püree unter Rühren erwärmen, bis sich die Gelatine vollkommen aufgelöst hat.

5 In eine Schüssel gießen und etwa 1 1/2 Std. kühlstellen, bis ein Häufchen entsteht, wenn etwas Mousse vom Löffel tropft.

6 In einem zweiten nichthaftenden Topf Eier, Milch und die Hälfte des verbliebenen Zuckers gut verrühren. Die restliche Gelatine darüberstreuen und 5 Min. stehen lassen.

7 Die Gelatinemischung auf niedriger Hitze häufig umrühren, bis die Gelatine vollkommen geschmolzen ist und die Mischung einen Löffel überzieht. Nicht kochen lassen!

8 In eine Schüssel gießen und so lange kühlstellen, bis die Masse beim Tropfen Häufchen bildet. Es dauert etwa 1 1/2 Std. Häufig umrühren.

9 Ungefähr 5 Min. bevor die Gelatinemischungen fertig sind, in einer großen Schüssel die Doppel- oder Schlagsahne mit dem verbliebenen Zucker steif schlagen.

10 Mit einem Gummischaber oder Schneebesen je die Hälfte der geschlagenen Sahne unter die beiden Mischungen ziehen.

11 In eine weite Schüssel erst eine Lage Bisquits, dann die helle Creme, wieder Bisquits und zuoberst die Himbeercreme schichten. Zudecken und ungefähr 3 Std. kühlstellen.

Zum Servieren
Mousse mit Himbeer- und Minzenblättchen verzieren.

In einer Glasschüssel lassen sich die Lagen sehr schön erkennen.

Marmorierte Mousse-Torte

8 Portionen
kann am Vortag zubereitet und im Kühlschrank aufbewahrt werden

60 g Bitterschokolade, in Stückchen
450 ml Milch
3 Eigelb
200 g Zucker
2 EL Gelatinepulver
1 TL Vanilleessenz
600 ml Doppel- oder Schlagsahne
200 g Schokolade-Couverture

1 Die Schokoladestückchen in einer Schüssel über leicht siedendem Wasser schmelzen, bis die Masse glatt ist. Vom Feuer nehmen.

2 In einem weiten nichthaftenden Kochtopf Butter, Eigelb und 150 g Zucker gut verrühren. Die Gelatine darüberstreuen. 5 Min. stehen lassen, damit die Gelatine weich wird. Unter häufigem Rühren bei schwacher Hitze etwa 15 Min. kochen, bis sich die Gelatine völlig gelöst hat und die Mischung einen Löffel überzieht.
(Nicht kochen lassen)

3 Die Hälfte der Eiermischung in eine kleine Schüssel gießen. Die geschmolzene Schokolade zufügen. Mit dem Schneebesen gut vermischen. In die verbleibende Eigelbmischung die Vanilleessenz einrühren.

4 Beide Mousses zudecken und kühlstellen, bis sie nach 20 bis 25 Min. vom Löffel tropfend Häufchen bilden. Gelegentlich umrühren.

5 In einer weiten Schüssel die Doppel- oder Schlagsahne steif schlagen.

6 Mit einem Gummischaber oder Schneebesen je eine Hälfte der geschlagenen Sahne in die beiden Mousses heben.

7 Abwechselnd je eine Lage Schokoladen- und Vanillemousse in eine 24 cm weite Springform streichen. Die Lagen mit einem flachen Palettenmesser durcheinanderziehen, so daß ein Marmormuster entsteht. Zudecken und etwa 4 Std. im Kühlschrank fest werden lassen.

8 In der Zwischenzeit ein Blatt Backtrennpapier in ein Rechteck von 30x18,5 cm zurechtschneiden. Auf ein Backblech legen. 150 g Schokoladen-Couverture über leicht kochendem Wasser weich und glatt rühren.

9 Die geschmolzene Couverture auf das Rechteck streichen (siehe Bild rechts) und im Kühlschrank fest werden lassen.

10 Das Schokoladerechteck in Streifen schneiden (siehe Bild rechts). Das Papier wegschälen. Die Schokoladestreifen aufs Backblech legen. Kühlstellen.

11 Schokoladelocken: Mit der Handwärme die restliche Couverture weichmachen. Den Gemüseschäler darüberziehen, bis sich Locken bilden.

12 Die Schokoladestreifen aus dem Kühlschrank nehmen. 5 Min. stehen lassen. Die Springform entfernen. Die Mousse auf eine Platte stellen und die Schokoladestreifen darumlegen (siehe unten).

Wie der Schokoladerahmen entsteht:

Die geschmolzene Schokolade ausstreichen:
Mit einem Palettenmesser muß die noch warme Schokolade-Couverture rasch auf das nicht haftende Backtrennpapier gestrichen werden. Etwa 30 Min. kaltstellen.

Die Schokolade in Streifen schneiden:
Mit einem scharfen Messer längsweise etwa 4 cm breite Streifen schneiden.

Die Couverture wird für den Rand verwendet, weil sie rasch weich wird und sich dem Rand anpaßt.

Man legt einen Schokoladestreifen nach dem andern überlappend um den Rand des Kuchens. Mit einem Palettenmesser die Streifen sorgfältig gegen den Rand der Mousse pressen, damit sie deren Form annehmen.

Für diese dramatische Präsentation braucht es kandierte Kirschen und geraspelte Schokoladelocken.

Leichte Schokolade-Mandel-Mousse

4–6 Portionen
kann am Vortag zubereitet und im Kühlschrank aufbewahrt werden

300 ml Doppel- oder Schlagsahne
1 EL Gelatinepulver
175 g Bitterschokolade, in Stücke gebrochen
4 Eiswürfel
175 ml Milch
60 g Zucker
3/4 TL Mandelessenz
Schlagrahm und geröstete Mandelblättchen zur Verzierung

Mandelblättchen rösten:
In einer Bratpfanne röstet man mit einem Holzspachtel über Mittelhitze eine kleine Quantität Mandelblättchen, bis sie golden sind.

Vor Gebrauch abkühlen lassen.

1 Die Hälfte der Schlagsahne in einen nichthaftenden Topf gießen. Die Gelatine gleichmäßig darüberstreuen und 5 Min. weich werden lassen.

2 Über Mittelhitze so lange unter häufigem Rühren erwärmen, bis sich am Rand der Pfanne kleine Bläschen bilden und die Gelatine geschmolzen ist.

3 Die ganz heiße Masse in einen Mixbecher geben. Schokoladestücke einrühren. Zudecken, bis die Schokolade geschmolzen ist.

4 Eiswürfel zur Schokolademischung geben.

5 Milch, Zucker, Mandelessenz und die verbleibende Sahne dazurühren, bis die Masse glatt ist.

6 Die Mischung in 4–6 Gläser oder Schalen gießen. Zudecken und im Kühlschrank 4 Stunden fest werden lassen.

7 Jede Portion mit Schlagsahne und gerösteten Mandelblättchen garnieren.

Heiße Bananen-Soufflés

4 Portionen
30 Min. Vorbereitungszeit

3 mittelgroße Bananen (ca. 450 g)
2 TL Zitronensaft
4 Eiweiß
25 g Puderzucker

1 Den Ofen auf 230 Grad vorheizen, Gas 8.

2 Vier 300-ml-Souffléformen innen ausölen oder -buttern.

3 Die Bananen schälen und in Scheiben schneiden. Zusammen mit dem Zitronensaft mittels einer Gabel zerdrücken.

4 In einer weiten Schüssel die Eiweiß mit dem Elektromixer steif schlagen, bis sich Spitzchen bilden. Langsam die 25 g Puderzucker dazumixen, bis er ganz vergangen ist.

Zum Servieren:
Die fertig gebackenen Soufflés aus dem Ofen ziehen, mit Puderzucker bestreuen und sofort zu Tisch tragen.

5 Mit dem Gummischaber oder Schneebesen immer ein Drittel des Eierschnees unter die zerdrückten Bananen mischen.

6 Die Mischung in die Formen löffeln und auf ein Backbleck setzen zur besseren Handhabung.

7 Etwa 15 Min. backen, bis die Soufflés aufgegangen und schön braun sind.

Die heißen Soufflés sehen nur gut aus, wenn sie schön aufgegangen sind. Nicht mit dem Servieren zuwarten!

Orangenlikör-Soufflé

6 Portionen
2 Std. Vorbereitungs- und Kochzeit

60 g Butter
50 g Weißmehl
350 ml Milch
45 g Zucker + etwas zum Bestreuen
4 Eigelb
5 EL Orangenlikör
1 EL geriebene Orangenschale
6 Eiweiß
Puderzucker zum Bestreuen
als Beigabe: Schlagsahne mit Orangenlikör oder Orangensaft bereichert

1 In einem weiten, nichthaftenden Topf über schwacher Hitze die Butter schmelzen. Mehl einrühren. Langsam die Milch zurühren. Unter ständigem Rühren kochen lassen, bis die Mischung dicker wird. 1 Min. weiterkochen.

2 Pfanne von der Hitze ziehen. Mit dem Schneebesen den Zucker in die Milchmischung schlagen. Und rasch die Eigelbe dazu, bis alles schön vermischt ist. Unter Rühren lauwarm werden lassen. Orangenlikör und Orangenschale zufügen.

3 Eine 1,2-Liter Soufflé-Form mit Butter ausstreichen und leicht mit Zucker ausstreuen.

Wenn Sie die bebutterte Souffléform mit Zucker ausstreuen, klebt das Soufflé nicht an der Form, weil der Zucker beim Backen flüssig wird.

4 Den Backofen auf 190 Grad vorheizen. Gas 5. In einer großen Schüssel das Eiweiß mit dem Elektromixer auf voller Stärke sehr fest schlagen. Mit Gummischaber oder Schneebesen sorgfältig das Eiweiß, jeweils ein Drittel, unter die Eigelbmasse ziehen.

5 Die Mischung in die vorbereitete Form geben. Mit dem Rücken eines Metallöffels etwa 2,5 cm vom Rand entfernt eine etwa 4 cm tiefe Kerbe rundherum ziehen. Das Zentrum wird dann beim fertig gebackenen Soufflé etwas höher.

Der „Zylinderhut"-Effekt wird erreicht, indem man rundherum eine Kerbe in die Soufflémasse zieht.

So schön geht das Soufflé auf, wenn man mit einem Löffel den Teig in Kreisform einkerbt, bevor man es bäckt.

6 Soufflé 30–35 Min. backen. Eine eingesteckte Messerklinge muß sauber herauskommen.

7 Sobald das Soufflé fertig ist, mit Puderzucker bestreuen und sofort servieren.

Erfolgreiche süße Soufflés

Heiße süße Soufflés bestehen aus einer dicken Buttersauce, Mehl, Milch, Zucker, Eigelb und Aromen, die mit dem geschlagenen Eiweiß vermischt werden. Damit Sie immer Erfolg haben, müssen Sie nur die hier angeführten Richtlinien genau ausführen:

- Stets Butter und Mehl zuerst zusammenrühren, damit der Mehlgeschmack verschwindet. Wird Milch zugefügt, dann bitte sehr sorgfältig und langsam.
- Die Mischung 1 Min. kochen, bis sie glatt ist.
- Pfanne vom Herd nehmen und Eigelb rasch und kräftig hineinschlagen.
- Die geschlagenen Eiweiße sehr sorgfältig unter die Masse ziehen, damit die Luftigkeit nicht verrührt wird.
- Das Soufflé etwas unterhalb der Backofenmitte einschieben, so daß genügend Platz zum Steigen der Masse vorhanden ist.
- Den Ofen ja nicht vor Ende der Backzeit öffnen. Sonst fällt das Soufflé zusammen.

Soufflé aus frischen Äpfeln

4 Portionen
1 Std. Vorbereitungs- und Kochzeit

3 mittelgroße Kochäpfel
45 g Zucker
1/2 TL Mandelessenz
5 Eiweiß
Puderzucker zum Bestreuen

1 Äpfel schälen; in Viertel schneiden; Kerngehäuse mit einem scharfen Messer entfernen.

2 Die in bißgroße Stücke geschnittenen Äpfel in einem weiten Topf bei großer Hitze mit 4 Eßlöffeln Wasser aufkochen. Hitze zurückstellen und etwa 8–10 Min. unter gelegentlichem Umrühren dämpfen, bis die Äpfel weich sind. Zucker und Mandelessenz einrühren. Die Mischung in eine Schüssel gießen und zum Abkühlen beiseite stellen.

3 Ofen auf 230 Grad vorheizen; Gas 8. Das Eiweiß in einer großen Schüssel mit dem Elektromixer sehr fest schlagen.

4 Mit einem Gummischaber oder Schneebesen das Eiweiß sehr sorgfältig unter die abgekühlte Apfelmasse ziehen, bis sie gleichmäßig eingearbeitet ist.

5 Die Mischung in eine 1,5 Liter fassende Souffléform gießen. 15 Min. im Ofen backen, bis das Soufflé gestiegen und leicht braun ist. Leicht mit Puderzucker bestreuen und sofort auftragen

Zwar kein klassisches Soufflé, aber doch eine einfache, kalorienarme Süßspeise aus Äpfeln, Zucker und Eiweiß, die leicht und luftig ist.

Cremen

Samtweiche, geschmackvolle Cremen sind leicht und schnell zuzubereiten. Da man sie sehr gut im voraus herstellen kann, hat man um so mehr Zeit für die Dinge in letzter Minute. Nur die Fruchtspeisen sind da eine Ausnahme. Sie müssen meistens kurz vor dem Essen bereitet werden, was aber höchstens 20 Min. in Anspruch nimmt. Auf diesen Seiten finden Sie einfache Familiendesserts wie die Creme Caramel, aber auch so anspruchsvolle wie den Zuccotto.

Amerikanische Creme-Töpfchen

6 Portionen
kann bis zu Schritt 6 am Vortag zubereitet und im Kühlschrank aufbewahrt werden

4 Eier

600 ml Milch

45 g Zucker

1 EL Vanilleessenz

6 TL Ahornsirup

1300 g-Dose Mandarinenschnitze, abgetropft zur Dekoration

1 In einer großen Schüssel mit dem Schneebesen Eier, Milch, Zucker und Vanilleessenz glattrühren.

2 Die Mischung in 6 200- ml-Töpfchen gießen.

3 Die Töpfchen in einen 30 cm weiten Kochtopf setzen und diesen bis zur halben Höhe der Töpfchen mit Wasser füllen. Den Kochtopf zudecken.

4 Über Mittelhitze das Wasser im Topf zum Sieden bringen.

5 Etwa 10 Min. leicht kochen lassen, bis sich die Creme am Rande zu setzen beginnt. Die Pfanne von der Hitze nehmen, etwa 15 Min. zugedeckt stehen lassen, bis sich die Creme ganz gesetzt hat.

6 Die Töpfchen herausnehmen und zum Abkühlen etwa 2 Std. in den Kühlschrank stellen. Braucht man die Cremen nicht sofort, Töpfchen gut verschließen und an der Kühle lassen.

7 Kurz vor dem Auftragen einen Eßlöffel Ahornsirup darübergießen.

8 Mit den abgetropften Mandarinenschnitzen garnieren.

Ahornsirup und Mandarinenschnitze aus der Dose sind die amerikanische Art, eine Creme einfach und rasch zu garnieren.

Schokolade-Becher

8 Portionen
2 Std. Zubereitungs- und Abkühl-Zeit

175 g dunkle Schokolade-Couverture, in Stückchen gebrochen

300 ml Doppel- oder Schlagsahne

1400-g-Dose Vanillecreme

einige Tropfen orange Speisefarbe (freiwillig)

1 große Banane

Kakao-Pulver

1 8 Papierbecher in ein Blech mit 6 cm weiten Förmchen setzen.

2 In einer kleinen Schüssel über leicht kochendem Wasser die Schokolade-Couverture schmelzen, bis sie glatt und weich ist.

3 Die geschmolzene Schokolade-Couverture läßt man von einem Teelöffel über den Rand der Papierbecher hinunterfließen. Für einen Becher braucht es etwa 3–4 Teelöffel.

4 Wenn nötig, die Schokolade mit dem Löffelrücken ausstreichen.

5 Etwa 30 Min. in den Kühlschrank stellen. Papier rasch von den Schokoladebechern lösen.

6 Auf einem Dessertteller wieder kaltstellen.

7 In einer Schüssel Doppel- oder Schlagsahne sehr steif schlagen.

8 Mit dem Gummischaber oder Schneebesen die geschlagene Sahne unter die Vanillecreme mischen.

9 Banane scheibeln und in die Becher verteilen. Vanillefüllung darüber gießen und etwa 30 Min. kaltstellen.

Zum Servieren
Kakaopulver darüber sieben.

Unter der Vanillecreme liegt die Bananenüberraschung

Creme Caramel

6 Portionen
kann am Vortag zubereitet und im Kühlschrank aufbewahrt werden

180 g Grießzucker

5 Eier

einige Tropfen Vanilleessenz

750 ml Milch

zerbrochenes Caramel (S. 253), chinesische Laternchen oder Limetten-Julienne und Streifen von Zitrusfrüchten zur Verzierung

1 Den Backofen auf 150 Grad vorheizen; Gas 2. 120 g des Grießzuckers und 4 EL Wasser in einen schweren Topf geben und über kleiner Hitze schmelzen. Zum Sieden bringen und ohne zu rühren kochen lassen, bis der Sirup goldbraun ist. Von der Hitze nehmen und sofort in Ramequin- oder andere Förmchen gießen.

2 Die Eier mit dem restlichen Zucker und der Vanilleessenz in einer großen Schüssel mischen.

3 Die Milch handwarm erhitzen und langsam in die Eiermischung einrühren.

4 Die Förmchen über dem Caramel leicht einbuttern. Vanillesauce darübergießen und die Förmchen in eine Bratpfanne stellen. Heißes Wasser bis zur halben Höhe der Förmchen gießen.

5 Im Ofen während 45–60 Min. backen. Dann herausnehmen, abkühlen lassen und schließlich 12 Std. in den Kühlschrank stellen.

6 Kurz vor dem Servieren die Vanillemasse mit einem Messer lösen und auf einen gekühlten Teller stürzen. Den Caramelsirup darübergießen und eine der vorgeschlagenen Verzierungen anbringen.

Zerbrochene Caramelverzierung:
Das hart gewordene Caramel sorgfältig in kleine Stücke zerdrücken.

Chinesische Laternchen-Verzierung
Die Hüllblätter sorgfältig zurückbiegen, daß sie wie Blüten aussehen.

Limetten-Julienne-Verzierung
Mit dem Gemüseschäler die Limetten von Schalen befreien und diese mit einem scharfen Messer in feine Streifchen schneiden.

Zerbrochene Caramelverzierung

Limetten-Julienne-Verzierung

Chinesische Laternchen-Verzierung

Creme brûlée

6 Portionen
kann bis zu Schritt 3 am Vortag zubereitet werden

600 ml Sahne

4 Eier

60 g Zucker

1/2 TL Vanilleessenz

45 g Rohzucker

Zum Servieren:

zerschnittene frische Früchte wie Erdbeeren, Ananas, Bananen

Mandarinenschnitze aus der Dose

frische Minzenblätter

Vor dem Servieren die Caramelkruste eventuell mit dem Löffelrücken zerbrechen, damit die Creme durchschimmert.

1 Ofen auf 150 Grad vorheizen; Gas 2.

2 Sahne, Eier, Zucker und Vanilleessenz in einer großen Schüssel verrühren und in eine Porzellan-Backform gießen.

3 Form in eine Bratpfanne stellen, diese bis zur halben Höhe mit Wasser auffüllen. 1 Std. im Ofen fest werden lassen. Auskühlen und dann mindestens 4 Std. in den Kühlschrank.

4 Etwa eine Stunde vor dem Servieren den Grill vorheizen. Den Rohzucker durch ein Sieb über die abgekühlte Mischung streuen.

5 Unter dem Grill 3–4 Min. bräunen, bis der Zucker geschmolzen ist. Abgekühlt bildet er eine harte Schicht über der Creme. Die Kruste wird weich, wenn sie zu früh angebracht wird. Ganz abkühlen.

6 Zum Servieren die Creme brûlée mit Minzblättern verzieren und die frischen Früchte dazu reichen.

Man streicht den Rohzucker durch ein Sieb, damit sich keine Klümpchen bilden. So wird er unter dem Grill gleichmäßiger braun.

Gebrannte Caramel-Kruste

Wenn Ihr Grill nicht sehr wirksam ist und es Ihnen nicht gut gelingt, eine gleichmäßige Schicht Rohzucker hinzustreuen, dann gibt es eine Alternative.

Caramelüberzug
Dazu bereiten Sie das Caramel wie für eine Creme caramel: Sie streuen 90 g Zucker in eine Gußeisenpfanne mit 3 Eßlöffeln Wasser und erhitzen alles, bis der Zucker geschmolzen ist. Dann zum Sieden bringen, bis der Sirup goldbraun wird. Vom Feuer nehmen und sofort über die Vanillecreme gießen. Der Sirup wird rasch hart. Im Kühlschrank 3–4 Std. ruhen lassen, dann wird die Schicht wieder weicher.

Burgunder Creme

6 Portionen
2 1/2 Std. Zubereitungs- und Kühlzeit

500 ml roter Traubensaft

100 g Zucker

3 EL Pfeilwurzmehl in 4 EL Wasser aufgelöst (oder Maisstärke)

250 ml roter Burgunder

Vanille-Creme (siehe Kasten)

1 In einem großen Kochtopf den roten Traubensaft, den Zucker und das gelöste Pfeilwurzmehl auf mittlerer Hitze unter ständigem Rühren zum Eindicken bringen.

Vanillecreme
In einem nichthaftenden Topf *400 ml Sahne mit 3 EL Zucker, 1 EL Maismehl und 1 Eigelb* verrühren. Auf mittlerer Hitze unter ständigem Rühren kochen, bis die Mischung einen Löffel überzieht. Das dauert etwa 15 Min. (Ja nicht kochen lassen, da die Sauce sonst scheidet.) Von der Hitze ziehen, *1/2 TL*

Vanilleessenz dazurühren und alles in die Gläser verteilen. Damit die Vanillesauce beim Abkühlen keine Haut bildet, angefeuchtetes fettabstoßendes Papier auf die Oberfläche drücken.

2 Wein zufügen und unter Rühren 5 Min. weiterkochen.

3 Die Weinmischung in 6 Gläser oder Dessertschalen gießen, zudecken und mindestens 2 Std. kühlstellen.

4 In der Zwischenzeit die Vanillecreme zubereiten und ebenfalls kühlstellen.

Zum Servieren
Einige Löffel Vanillecreme in die Gläser geben.

Falsche „Butterscotch"-Schnitten

ergibt 15 Schnitten
5 1/2 Std. Zubereitungs- und Kühlzeit

120 g gehackte Mandelsplitter
150 g Weißmehl
120 g Butter oder Margarine
100 g Puderzucker
225 g vollfetter Quark
450 ml Doppel- oder Schlagsahne
450 ml Milch
140 g „Butterscotch"-Mischung (in Delikatessen-geschäften erhältlich)

Diese „Butterscotch"-Schnitten, die aus mehreren Lagen bestehen, schmecken unglaublich gut.

Jedes Quadrat mit den grob gehackten Mandeln bestreuen.

1 Mandeln mit einem scharfen Messer fein hacken. Einen Teil nur dreiteilen für die Dekoration.

2 Den Backofen auf 180 Grad vorheizen; Gas 4.

3 In einer mittelgroßen Schüssel mit den Fingern das Mehl, die Butter oder Margarine, die gehackten Mandeln und 30 g Puderzucker fein verarbeiten.

Die Zutaten für Shortbread mischt man mit den Fingerspitzen, bis sie gleichmäßig krümelig sind.

4 Die Mischung mit den Händen fest in eine Backform (33 x 23cm) pressen.

5 Dieses Bisquit 15–20 Min. backen, bis es goldbraun ist. Auf einem Gitter abkühlen lassen.

6 In derselben Schüssel mit dem Löffel den Quark mit 60 g Puderzucker verrühren, bis er leicht und luftig ist.

7 In einer anderen Schüssel die Doppel- oder Schlagsahne sehr steif schlagen.

8 Mit dem Gummischaber einen Teil der Sahne in die Quarkmischung unterziehen. Die Mischung über das Bisquit streichen. Restliche Sahne zur Seite stellen.

9 Die „Butterscotch"-Mischung nach Vorschrift zubereiten und nur etwa 450 ml Milch verwenden. Diese Creme über die Quarkschicht streichen.

10 Den restlichen Puderzucker in die verbliebene Sahne rühren und über die Creme gießen. 4 Std. in den Kühlschrank stellen, bis alles fest ist.

11 Die dreigeteilten Mandelsplitter golden rösten; abkühlen lassen. Das fertige Dessert in 15 Quadrate schneiden, aus der Form heben und mit den Mandeln bestreuen.

Dekorationen mit Saucen

Mit einer Sauce kann man sehr viel anderes machen, als sie nur über den Pudding gießen. Ganz rasch und ohne viel Aufwand wird sie zu einem attraktiven Blickfang. Es braucht nur ein wenig Phantasie und eine ruhige Hand. Fruchtpürees, eingemachtes Obst, Vanillesaucen, Sahne und anderes kann sehr effektvoll angewendet werden. Die Verzierung auf dem Trifle mit schwarzen Kirschen und weißer Schokolade (S.32) zum Beispiel, ist ein zartes Muster aus Himbeermarmelade und geschlagener Sahne. Und nur ein wenig Schokoladesirup aus der Flasche genügt, um das hübsche Muster auf die Vanillecreme zu den Kirschen in Gelee (S. 50) zu zaubern.
Die Vorbilder auf diesen beiden Seiten mögen Ihnen am Anfang weiterhelfen. Bei jedem braucht es zwei verschiedene Zutaten, die in der Farbe kontrastieren, jedoch geschmacklich zusammenpassen. Suchen Sie sich aus, was Ihnen am besten gefällt: farbige Fruchtsaucen und -pürees, glänzende Marmeladen und Gelees, dunkle Schokolade und goldene Vanillesauce.

Sahnefedern
Auf das in den Teller gelöffelte Himbeerpüree setzt man mit der feinen Tülle etwa 2,5 cm vom Rande entfernt einen Kreis von Sahnetropfen. Dann zieht man eine Messerspitze oder einen Zahnstocher vom einen Rand her durch den Tropfen hindurch und etwas weiter, so daß die Federform entsteht. Geeignet als Rahmen auf Cremen und Sorbets.

Spinngewebe aus Schokolade
Auf die Sahnecreme im Teller dressiert man zwei konzentrische Kreise aus Schokoladesirup. Dann zieht man erst vom Zentrum zum Tellerrand und hierauf vom Tellerrand zur Mitte mit dem Messer gerade Linien. Das entstehende Spinngewebe paßt auf weiche Desserts wie auf einzelne Kuchenstücke.

Sahne-Herzen
Das Erdbeerpüree wird auf einen schönen Teller gelöffelt. Darauf setzt man mit der kleinen Tülle Rahmtupfen dem Rand entlang und herzförmig in die Mitte. Zahnstocher oder Messerspitze vom Tropfenrand her durchziehen bis zum nächsten. Diese Verzierung eignet sich auch für pochierte Früchte.

Schokolade-Netz
Auf die Vanillecreme dressiert man mit der feinen Tülle parallele Linien aus Schokoladesirup. In abwechselnder Richtung wird gleich darauf die Messerspitze von einem Rand zum andern durchgezogen.

Sonnenstrahlen aus Sahne
Auf der Schokoladecreme zieht man mit der feinen Tülle halbkreisförmige Linien wie abgebildet. Dann zieht man die Messerspitze, beim kleinsten Halbkreis beginnend, in gleichmäßigen Abständen nach außen. Eignet sich als Verzierung auf süßen Pasteten und Torten.

Auf dem Himbeerteich
Erst mit der feinen Tülle eine Phantasiefigur aus Himbeergelee auf den Teller zeichnen. Sorgfältig füllt man diesen Rahmen mit Schlagsahne aus. Nach Belieben mit Früchten und Minzenblättchen garnieren. Diese Dekoration eignet sich sehr gut für frische Früchte oder Obstsalate.

Zuccotto (Florentinische Creme-Bombe)

Diese phantastische Süßspeise stammt aus Italien, wo sie kürbisförmig zubereitet wird („zucotto“ heißt denn auch „kleiner Kürbis“). Hier verwenden wir eine große Glasschüssel, die denselben Dienst versieht wie die besonderen Zuccotto-Formen in Italien und ebensogut aussieht.

8–10 Portionen
kann am Vortag zubereitet und im Kühlschrank aufbewahrt werden

1 Bisquit in Kastenform von 23 x 12,5 cm
6 EL Mandellikör
135 g Schokolade
120 g Puderzucker, gesiebt
60 g Butter, weichgemacht
450 ml Doppelrahm
4 TL Kaffee-Essenz
2 EL Mandelsplitter, gehackt
30 g Zucker

1 Eine mittelgroße Schüssel mit einer Haftschicht aus einer durchsichtigen Plastikfolie belegen. Das Bisquit in 1 cm dicke Scheiben schneiden und diagonal halbieren.

2 Die Dreiecke mit 3 Eßlöffeln Mandellikör beträufeln. Die Schüssel mit den Dreiecken auslegen, und die restlichen Bisquitstücke zur Seite legen.

3 90 g Schokolade zerbröckeln und über leicht kochendem Wasser schmelzen. Die restliche Schokolade grob raffeln. In einer Schüssel Puderzucker und Butter cremig rühren.

4 Die geschmolzene Schokolade in die Butter-Zucker-Mischung rühren samt dem verbliebenen Likör, bis die Masse dick und cremig ist.

5 In einer kleineren Schüssel 300 ml Doppelrahm mit 2 Teelöffeln Kaffee-Essenz steif schlagen, bis Spitzchen entstehen. Die geriebene Schokolade darunterrühren.

6 Die Dreiecke in der Schüssel mit dieser Sahnemischung bestreichen.

Die dreieckigen Kuchenstücke in der Form werden mit der Schlagsahnemischung bedeckt.

7 Dann die Schokolade-Likör-Mischung in die Mitte füllen und die Oberfläche des Ganzen glattstreichen.

8 Die restlichen Bisquitdreiecke darüber legen.

9 Die Schüssel bedecken und mindestens 4 Std. in den Kühlschrank stellen.

10 In der Zwischenzeit die grobgehackten Mandelsplitter golden rösten und abkühlen lassen.

11 Die restliche Doppelsahne mit dem Zucker und den 2 Teelöffeln Kaffee-Essenz sehr steif schlagen.

12 Den gekühlten Zuccotto auf eine Platte stürzen. Haftschicht entfernen. Die geschlagene Kaffee-Sahne über die Bisquits streichen und mit gehackten Mandelsplittern garnieren.

Verzierungen für den Zuccotto

Man kann den Zuccotto ganz einfach mit gerösteten, gehackten Mandeln bestreuen (S. 26). Oder man kann ihn mit Kakaopulver oder Puderzucker besieben. Eine andere Möglichkeit ist das Gänseblümchen-Muster, das im Geschmack gut zum Zuccotto paßt und nur wenige Minuten länger braucht.

Gänseblümchen

Es wird aus blanchierten oder gerösteten Mandelblättchen ausgelegt und mit einer „Kaffeebohne" aus Schokolade in der Mitte verziert. Wenn man mag, kann man in die Mitte des Zuccotto eine volle Blume legen und darum herum Blumenhälften.

Zum Servieren

Den Zuccotto in Stücke schneiden und so anrichten, daß die verschiedenen Lagen sichtbar sind.

Erdbeer-Orangen-Charlotte

8 Portionen
kann am Vortag zubereitet und im Kühlschrank aufbewahrt werden

2 EL Gelatinepulver
175 ml Orangensaft
4 Eigelb
350 ml Milch
400 g Dosen-Kondensmilch, süß
225 g gefrorene Erdbeeren
60 g Zucker
4 EL Erdbeermarmelade
4 EL Orangenlikör
25 g Maismehl
200 g Löffelbisquit
450 ml Doppel- oder Schlagsahne
1 EL Puderzucker
Erdbeeren zum Garnieren

1 In einem nichthaftenden Topf Gelatine über den Orangensaft streuen. 5 Min. stehen lassen, dann über mittlerer Hitze unter ständigem Rühren kochen, bis alles gelöst ist.

2 In einer mittleren Schüssel mit dem Schneebesen Eigelb, Milch und Kondensmilch gut zusammen verrühren. Die Eigelbmischung langsam unter die Gelatinemischung ziehen. Diese Mischungen auf mittlerer Hitze unter stetem Rühren so eindicken lassen, bis die Masse einen Löffel überzieht. Dauert etwa 15 Min. (Ja nicht kochen lassen wegen Gerinnungsgefahr.)

3 Diese Creme etwa 1 1/2 Std. in den Kühlschrank stellen, bis die Mischung, vom Löffel tropfend, Häufchen bildet.

4 Inzwischen Erdbeeren mit dem Zucker bestreuen. Auftauen lassen. Dann die Erdbeeren samt Saft und der Marmelade pürieren, bis eine glatte Masse entsteht.

5 Diese Mischung in einen mittleren Topf gießen. Den Likör, das Maismehl und 4 Eßlöffel Wasser dazugeben. Unter Rühren über Mittelhitze 1 Min. kochen lassen, bis die Masse dick wird. Vom Feuer nehmen.

6 Boden und Rand einer 24-cm-Springform mit den Löffelbisquits auslegen. Wenn nötig zurechtschneiden.

7 Die Löffelbisquits am Boden mit 4 Eßlöffeln Erdbeermischung bestreichen (siehe Kasten unten). Form zur Seite stellen. Die verbliebene Erdbeermischung in einem Schüsselchen abkühlen lassen. Ab und zu umrühren.

8 Die Doppel- oder Schlagsahne ganz steif schlagen und unter die Vanillesauce mischen.

9 Die Hälfte der Vanillemischung über die Löffelbisquits am Boden gießen. Darüber 150 ml der Erdbeermischung. Dann wiederum die restliche Vanillecreme (siehe Kasten unten). Zuletzt löffelweise Erdbeermischung in Flecken darüberwerfen. Mit dem Palettenmesser die Mischungen zerquirlen, damit ein Marmormuster entsteht (siehe Kasten unten). Mindestens 4 Std. oder über Nacht in den Kühlschrank stellen.

10 Wenn die Charlotte servierbereit ist, den Springformrand sorgfältig lösen. Die Charlotte auf eine Kuchenplatte stellen. Die restliche Sahne und den Puderzucker zusammen sehr steif schlagen und mit Hilfe des Dressiersacks mit einer mittleren Sterntülle ein hübsches Muster rundherum spritzen. Erdbeeren halbieren und die Charlotte damit garnieren.

Wie das Marmormuster entsteht

Die Löffelbisquits am Formboden gleichmäßig mit 4 Eßlöffeln Erdbeermischung bestreichen.

Löffelweise die Vanillecreme darübergeben.

Mit dem Palettenmesser die Mischungen zusammen verquirlen.

Ein attraktives Marmormuster

Die Erdbeer-Orangen-Charlotte sieht sehr hübsch aus mit einem rosa Seidenband.

Tiramisù

10 Portionen
kann am Vortag zubereitet und im Kühlschrank aufbewahrt werden

450 g Mascarpone (siehe Kasten unten)
75 g Puderzucker, gesiebt
125 ml Kaffeelikör
90 g Bitterschokolade, gerieben
450 ml Doppel- oder Schlagsahne
2 TL Kaffee-Essenz
18 Löffelbisquits

1 In einer großen Schüssel mit dem Schneebesen oder einer Gabel den Mascarpone, 60 g Puderzucker, 3 EL Kaffeelikör und 2/3 der geriebenen Schokolade zusammenrühren. (Die übrige Schokolade fürs Bestreuen am Schluß aufbewahren.)

2 300 ml Doppel- oder Schlagsahne sehr steif schlagen.

3 In einer kleinen Schüssel die Kaffee-Essenz, den übrigen Kaffeelikör und 2 Eßlöffel Wasser zusammenrühren.

4 4 Löffelbisquits auf den Boden einer Glasschüssel legen. 2 Eßlöffel der Kaffee-Essenz-Mischung darüber streichen. Dann einen Drittel der Mascarpone-Mischung darüber. Noch zweimal mit Löffelbisquits, Kaffee-Essenz-Mischung und Mascarpone wiederholen. Die restlichen Löffelbisquits auf die oberste Lage drücken. Mit dem letzten Rest Kaffee-Essenz bestreichen. Mit geriebener Schokolade bestreuen, jedoch noch einen Eßlöffel zurückbehalten.

5 Den Sahnerest mit dem Puderzuckerrest steif schlagen und

Für diese berauschende italienische Süßspeise aus Lagen von gesüßtem Mascarpone, Sahne und Kaffeelikör schichtet man Löffelbisquits, die man mit Kaffee befeuchtet.

Zum Servieren

Das Tiramisù sehr kalt, möglichst in einer Glasschüssel, servieren, damit die Schichten sichtbar sind.

6 Aus einem Dressiersack mit großer Sterntülle Rosetten darauf spritzen.

7 Mit dem Eßlöffel geriebene Schokolade auf die Rosetten streuen.

Die Schlagsahne-Rosetten mit geriebener Schokolade überstreuen.

Mascarpone

Mascarpone, ein Doppelrahm-Frischkäse, gehört zu den bekanntesten Dessertkäsen in Italien und ist auch bei uns in guten Käsegeschäften und in Supermärkten erhältlich.
Er ist zart wie Butter und hat einen leichten Nußgeschmack.
Abgesehen von Süßspeisen eignet er sich auch hervorragend als Zugabe zu frischen Früchten oder Fruchtpürees, ähnlich wie Sahne.

Mascarpone-Ersatz
Wenn Sie keinen Mascarpone-Käse für Ihr Tiramisù erhalten, können Sie statt dessen 450 g vollfetten weißen Weichkäse verwenden und bei Schritt 1 mit dem elektrischen Mixer mit 3 Eßlöffeln Milch verrühren, bis er weich und luftig ist. Etwa 80 g Puderzucker mehr verwenden. Dann den Kaffeelikör und die geriebene Schokolade dazumischen, bis alles schön glatt ist.

Himbeer-Orangen-Trifle

8–10 Portionen
kann am Vortag bereitet und im Kühlschrank aufbewahrt werden

300 g Bisquit-Cake (Kastenform)
2 EL Orangenlikör
2 EL Orangensaft
450 ml Doppelrahm
225 g frische oder gefrorene Himbeeren
350 g kernlose Himbeermarmelade
2 x 400-g-Dosen Vanillecreme
2 EL Orangenblüten-Wasser
1 große Orange
1 EL Gelatinepulver
60 g Schokolade, in Stücke zerbrochen
Himbeeren und Zitronenblätter zum Garnieren

1 Den Bisquit-Cake horizontal in 3 Lagen schneiden. Die Schnittseiten mit einem Gemisch aus Orangenlikör und Orangensaft bestreichen.

2 2/3 der Sahne schlagen und die Himbeeren darunterziehen.

3 Eine Schicht Bisquit auf den Boden einer Glasschüssel auslegen und mit 1–2 Eßlöffel Marmelade bestreichen. Die mittlere Bisquitschicht auslegen und mit 3 Eßlöffeln Marmelade bestreichen.

4 Die dritte Bisquitscheibe darüberlegen und nun die Lagen in 12 Portionen schneiden.

5 In einer großen Schüssel die Vanillecreme und das Orangenblütenwasser mischen. Orangenschale hineinreiben. Die Orange fürs Garnieren zurückbehalten.

6 In einer kleinen Schüssel das Gelatinepulver über 5 Eßlöffel Wasser streuen und 5 Min. weich werden lassen. Dann über leicht kochendem Wasser rühren, bis sich die Gelatine ganz aufgelöst hat. Langsam kühl werden lassen und unter die Vanillemischung ziehen.

7 Nun über ziehendem Wasser unter stetem Rühren die Schokolade schmelzen, bis sie glatt ist. Vom Feuer ziehen.

8 In eine große Glasschüssel 1/3 der Vanillecreme füllen. Darauf kommt die Hälfte der Himbeermarmelade. Dann wieder 1/3 Vanillecreme und darüber die Hälfte der geschmolzenen Schokolade.

9 Sorgfältig einige der Bisquitscheiben dem Rand der Schüssel entlang legen.

10 Das restliche Bisquit in Stückchen schneiden und in die Schüssel füllen. Mit der restlichen Schokolade beträufeln und Himbeercreme-Mischung darüberstreichen.

11 Noch eine Lage Vanillecreme und mit Himbeermarmelade bedecken.

12 Die Schüssel zudecken und mindestens 4 Std. in den Kühlschrank stellen.

13 Die restliche Sahne sehr steif schlagen und Spiralen auf den Trifle spritzen. Alles Weiße von der Orange entfernen, in Segmente schneiden und zusammen mit den Himbeeren und Zitronenblättern als Garnitur verwenden.

Trifle mit Kirschen und weißer Schokolade

Diese Süßspeise sieht überaus festlich aus, und niemand wird der Verlockung widerstehen können. Der Geschmack entfaltet sich nach einigen Stunden Kühlung noch viel mehr, und deshalb ist dies eine perfekte Süßspeise nach einem sonst zeitaufwendigen Essen.

8 Portionen
wird am Vortag zubereitet und kühl gestellt

Weiße Schokoladencreme (siehe Kasten)

350 g Cake-Bisquit

1 400-g-Dose schwarze Kirschen

5 EL Kirschwasser

450 ml Schlagsahne

30 g Puderzucker, gesiebt

etwa 2 EL kernlose Himbeermarmelade

gehackte Pistazien zum Garnieren

1 Die weiße Schokoladecreme vorbereiten und mindestens 1 Std. kühlstellen.

2 Das Bisquit in 2 cm große Würfel schneiden und in einer kleinen Schüssel die schwarzen Kirschen mit dem Kirschwasser gut verrühren.

3 In eine große Glasschüssel die Hälfte der Bisquitwürfel geben.

4 Die Hälfte der Kirschenfüllung darüber gießen.

5 Darüber kommt die Hälfte der weißen Schokoladecreme. Alle Lagen wiederholen und mindestens für 4 Std. in den Kühlschrank stellen.

6 In einer kleinen Schüssel die Sahne mit dem Puderzucker sehr steif schlagen. Etwa 1/3 davon beiseite stellen und den Rest über den Trifle streichen.

7 Die Himbeermarmelade in einem Pfännchen flüssig werden lassen, in einen Dressiersack mit kleiner runder Tülle füllen und mit 1 cm Abstand feine Linien ziehen. Messerspitze oder Zahnstocher abwechselnd von der einen und andern Seite senkrecht dazu durchziehen.

8 Die geschlagene Sahne mit einer großen Sterntülle rundherum auftragen und mit gehackten Pistazien bestreuen.

Wie der Trifle verziert wird

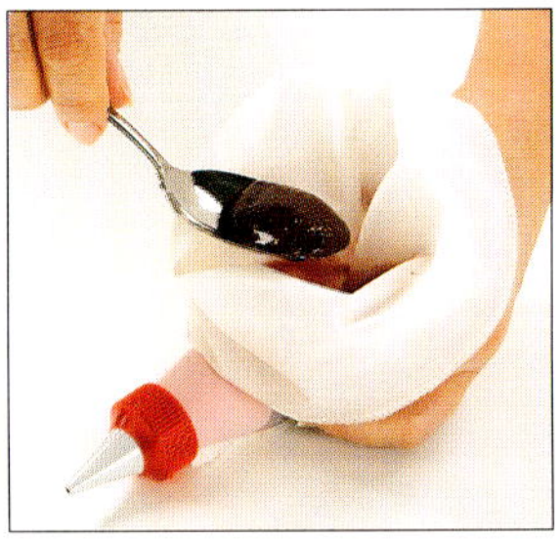

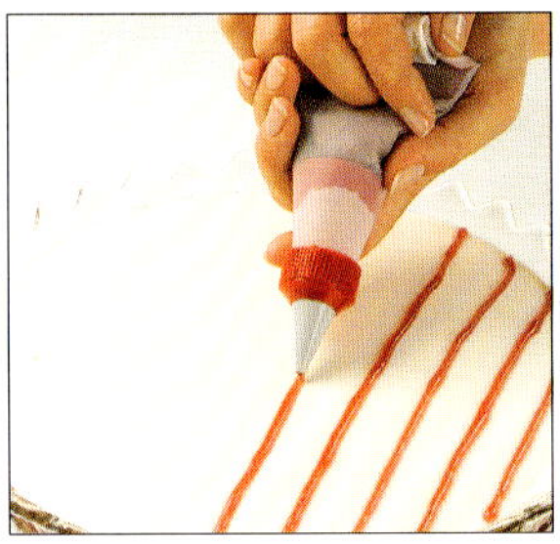

Auf den Schlagrahm werden mit Abstand von 1 cm feine Linien gezogen.

Ein kleiner Dressiersack mit feiner Tülle wird mit flüssiger Himbeermarmelade gefüllt.

Für das Federmuster zieht man die Messerspitze im Abstand von 1 cm in abwechselnder Richtung durch.

Die Sahnegarnitur wird mit der großen Sterntülle dekorativ rundherum aufgetragen.

Weiße Schokoladencreme

In einem weiten nichthaftenden Topf verrührt man *100 g Zucker* und *30 g Stärkemehl* und fügt unter langsamem Rühren *1 Liter Milch* hinzu. Weiterrühren, bis die Mischung kocht und dick wird. Vom Feuer nehmen.
In einer Tasse *4 Eigelb* mit der Gabel schlagen und in etwa *150 ml heiße Milch* einrühren. Diese Eiermischung wird unter kräftigem Schlagen unter die Milchmischung gearbeitet, damit sich keine Klümpchen bilden. Über Mittelhitze so lange weiterrühren, bis die Creme einen Löffel überzieht. Pfanne vom Feuer nehmen. Nun *175 g weiße Schokolade* in Stückchen dazugeben, schmelzen lassen, bis die Mischung glatt ist. Damit sich keine Haut bildet, wenn sich die Creme abkühlt, ein befeuchtetes fettabstoßendes Papier satt auf die heiße Creme legen.

Die rosa Himbeerfedern sehen auf der weißen Schlagsahne sehr effektvoll aus.

Mit seinen festlichen Farben wäre dieser Trifle ein schöner Abschluß für das Weihnachtsessen

Buttermilch-Bavarois mit Pfirsichsauce

6 Portionen
etwa 3 1/2 Std. Zubereitungs- und Kühlzeit

750 ml Buttermilch

75 g Zucker

2 EL Gelatinepulver

3 EL Zitronensaft

1 TL geriebene Zitronenschale

150 ml Doppel- oder Schlagsahne

800-g-Dosen-Pfirsichschnitze in Sirup

2 TL Maisstärke

Zitronen-Julienne zum Garnieren

1 In einem nichthaftenden Topf 350 ml Buttermilch mit dem Zucker verrühren. Mit Gelatinepulver bestreuen.
5 Min. stehen lassen, damit die Gelatine weich wird.

2 Über Mittelhitze kochen, bis sich die Gelatine ganz gelöst hat. Vom Feuer nehmen und mit dem Zitronensaft, der geriebenen Zitronenschale und der restlichen Buttermilch zusammen in die erste Buttermilchmischung einrühren.

3 Zudecken und kaltstellen, bis die Creme, vom Löffel tropfend, Häufchen bildet. Dauert etwa 45 Min.

4 In einer kleinen Schüssel die Sahne sehr steif schlagen.

5 Dann mit dem Elektromixer bei mittlerer Geschwindigkeit in einer großen Schüssel die gekühlte Buttermilch- und Zitronenmischung etwa 30 Sekunden schaumig rühren.

6 Die Schlagsahne dazugeben und nochmals etwa 30 Sekunden schlagen.

7 Die Mischung in eine 1,5 Liter fassende Form gießen und etwa 2 Std. zum Festwerden in den Kühlschrank stellen.

8 In der Zwischenzeit die Pfirsichsauce zubereiten: Zuerst in einen kleinen Topf den Pfirsichsirup gießen und die Früchte beiseite stellen. Maisstärke in den Sirup rühren und über Mittelhitze, stets unter Rühren, in etwa 1 Min. zum Kochen bringen, bis die Mischung dick ist. Sorgfältig die Pfirsichschnitze hineingeben und alles kühlstellen.

Zum Servieren
stürzt man den Bavarois auf eine kühle Platte. Man verziert oben und rundherum mit Pfirsichschnitzen. Sauce darüber gießen und mit Zitronen-Julienne garnieren.

Die feine Zitronen-Julienne paßt sehr gut zum Zitronengeschmack der Süßspeise selbst.

3 Wenn Sie eine tiefe Form mit Rillen verwenden, sieht die gestürzte Bavarois besonders hübsch aus.

Frucht-Sahnespeisen

4 Portionen
etwa 20 Minuten Zubereitungszeit für jeden Geschmack

Pfirsich

3 mittelgroße reife Pfirsiche

30 g Zucker

300 ml Doppel- oder Schlagsahne

1/8 TL Mandelessenz

Minzenblätter zum Garnieren

1 Pfirsiche schälen, halbieren und den Stein entfernen.

2 Bei mittlerer Geschwindigkeit die Pfirsichstücke im Mixer mit dem Zucker zusammen pürieren.

3 In einer kleinen Schüssel die Sahne zusammen mit der Mandelessenz ganz steif schlagen.

4 Mit Gummischaber oder Schneebesen die Sahne unters Pfirsichpüree ziehen.

Zum Servieren

Die Cremen in Dessertgläser oder Glasschüsselchen füllen und mit Früchten und Minzenblättern verzieren.

Himbeeren

225 g gefrorene Himbeeren

60 g Zucker

300 ml Doppel- oder Schlagsahne

1/8 TL Mandelessenz

Himbeeren oder Minzenblätter zum Garnieren

1 Die gefrorenen Himbeeren mit dem Zucker bestreuen und beiseite stellen, bis sie aufgetaut sind. Dann die Himbeeren mit dem Löffelrücken durch ein mittelfeines Sieb zu Püree drücken. Die Kerne im Sieb entfernen.

2 Die Sahne zuammen mit der Mandelessenz sehr steif schlagen.

3 Mit dem Gummischaber oder Schneebesen die geschlagene Mandel-Sahne ins Himbeerpüree einarbeiten.

Kiwi

3 große Kiwis

30 g Zucker

300 ml Doppel- oder Schlagsahne

1/8 TL Vanilleessenz

Minzenblätter zum Garnieren

1 Kiwi schälen. Eine der Früchte quer halbieren. Eine Hälfte als Garnitur zurückbehalten. Die restlichen Kiwis in Würfelchen schneiden.

2 Die Kiwi-Stückchen mit dem Zucker im Mixer pürieren.

3 Die Schlagsahne mit der Vanilleessenz sehr steif schlagen.

4 Mit dem Gummischaber die geschlagene Sahne sorgfältig mit dem Fruchtpüree vermischen.

Himbeer-Sahne

Pfirsich-Sahne

Kiwi-Sahne

Schokolade-Schachtel mit Beeren und Creme

Diese spektakuläre, köstlich aussehende Süßspeise ist sehr einfach herzustellen, wenn Sie den Schritt-für-Schritt-Anweisungen genau folgen, und doch werden Ihre Gäste beeindruckt sein von Ihrem Können. Die auffallende Kombination der dunklen Schokolade mit den leuchtend roten Erdbeeren und der weißen Sahne machen einen festlichen Eindruck, und das Dessert eignet sich deshalb auch für besondere Anlässe und Feiern.

6 Portionen
kann am Vortag bis zu Punkt 6 zubereitet und kühl gestellt werden

175 g dunkle Schokolade-Couverture, in Stücke gebrochen
30 g Kakao-Pulver
175 g Vollfett-Quark
60 g Butter, weichgemacht
175 g Puderzucker, gesiebt
2 EL Milch
450 ml Doppel- oder Schlagsahne
700 g Erdbeeren
Minzenblätter zum Garnieren

1 Eine quadratische Backform mit ca. 23 cm Seitenlänge umdrehen und die Außenseite mit Alufolie bespannen. Wieder umkehren und die Alu-Schachtel sorgfältig herauslösen, in die Backform drücken und möglichst alle Falten glattstreichen, damit sich die Schokolade am Schluß gut löst.

2 In einer kleinen Schüssel über leicht kochendem Wasser die Schokolade-Couverture unter Rühren zum Schmelzen bringen, bis sie ganz glatt ist.

3 Die geschmolzene Schokolade wie unten gezeigt in die Schachtel gießen und bewegen, bis alle Seiten und der Boden gleichmäßig überzogen sind. 1 Min. kühlstellen, dann die Schokolade noch einmal in gleicher Weise herumbewegen, um vor allem die Seiten der Schokolade-Schachtel zu festigen. Etwa 30 Min. in den Kühlschrank stellen.

4 In der Zwischenzeit die Füllung vorbereiten: Das Kakaopulver in 2–3 Eßlöffel siedendem Wasser auflösen. In einer großen Schüssel mit dem Elektromixer Quark und Butter weichrühren. (Keine Margarine verwenden, weil die Masse sonst zu weich fürs Schneiden wird.) Puderzucker, Kakao und Milch dazumixen, bis die Masse weich und luftig ist.

5 In einer kleinen Schüssel 350 ml Sahne ganz steif schlagen und unter die Quarkmischung heben.

6 Die Schokoladeschachtel sorgfältig aus der Folie lösen. Auf eine Platte setzen und die Quarkfüllung hineingießen. Wieder für etwa 2 Std. in den Kühlschrank stellen.

7 Die restliche Sahne steif schlagen und in einen Dressiersack mit großer Sterntülle füllen.

8 Einen schönen Sahnerahmen in 2,5 cm Abstand innerhalb des Schachtelrandes dressieren. Die Erdbeeren halbieren und dicht über die Quarkfüllung streuen. Mit Minzenblättern garnieren. Übriggebliebene Erdbeeren daneben servieren.

Wie man die Schokoladen-Schachtel herstellt:

Die warme geschmolzene Schokolade langsam in die mit Folie ausgekleidete Schachtel gießen.

Die Schokolade in der leicht geneigt gehaltenen Schachtel auf Boden und Seitenwänden gut herumschwenken.

Die Folie sehr sorgfältig von der fertigen Schokolade-Schachtel ablösen.

Die Zusammenstellung von Erdbeeren mit Stielen und Minzenblättern macht diese Süßspeise zum farbenfreudigen Ereignis.

Meringues

Leicht und delikat, knusprig und süß ist die Meringue, die der klassischen Pavlova als Behältnis dient oder auch als Boden üppiger Meringuetorten. Man kann aus ihr zarte Muscheln formen, die mit Creme, Früchten oder Sahneeis gefüllt werden. Pilzchen und andere Kleinigkeiten kann man aus Meringuemasse formen, und das Meringuieren ist wohl ein altbekanntes Hausfrauengeheimnis, Torten und Gebäck besonders schmackhaft und attraktiv zu gestalten.

Pavlova

8 Portionen
kann am Vortag bis zu Schritt 4 vorbereitet und an die Kühle gestellt werden

3 Eiweiß
175 g Zucker
1 TL Essig
1 TL Maisstärke
5 Kiwi-Früchte
300 ml Doppel- oder Schlagsahne

1 Einen Bogen nichthaftendes Backpergament auf ein Backblech breiten und darauf mit Hilfe eines Tellers oder Backblechs einen Kreis von 20 cm Durchmesser zeichnen.

Zum Servieren:
2/3 der Sahne auf den Meringueboden streichen; Früchte darauf auslegen; einige wenige zurückbehalten. Darauf die restliche Sahne und die Früchte setzen.

2 Ofen auf 150 Grad vorheizen, Gas auf 2. In einer großen Schüssel mit dem Elektromixer auf größter Geschwindigkeit zwei Eiweiße sehr steif schlagen. Löffelweise den Zucker dazugeben und jedesmal kräftig schlagen. Essig und Maisstärke verrühren und zusammen mit dem letzten Löffel Zucker in die Eiweißmasse einarbeiten.

3 Die Meringuemasse auf den Kreis streichen; die Seitenwände dabei etwas höher ziehen. In der Mitte des Ofens bei auf 140 Grad reduzierter Hitze (Gas 1) etwa 1 Std. backen, bis die Masse cremefarben wird.

Anderer Früchtebelag

Obschon Kiwis der klassische Belag für die Pavlova sind, kann man sehr gut auch andere Früchte verwenden, als Einzelsorte oder auch gemischt:

- halbierte Erdbeeren
- geschälte Pfirsiche oder Nektarinen in Schnitzen
- geschälte und gewürfelte Papaya
- Ananas-Stückchen

4 Hitze abstellen, und die Pavlova im Ofen abkühlen lassen. Hierauf vorsichtig vom Pergament auf eine Kuchenplatte schieben.

5 Die Kiwis mit einem scharfen Messer schälen und in dünne Scheiben schneiden.

6 Die Sahne in einer kleinen Schüssel sehr steif schlagen.

Dattel- und Walnuß-Meringuetorte

8 Portionen
kann am Vortag zubereitet und im Kühlschrank aufbewahrt werden

120 g Walnußkerne
150 g entkernte Datteln
5 Eiweiß
225 g Zucker
25 g Kakaopulver
Mokka-Buttercreme (siehe Kasten oben rechts)
Puderzucker zum Bestreuen

1 Einige Walnußkerne und einige Datteln für die Garnitur beiseite legen. Die anderen Walnüsse grob hacken und die Datteln in 1 cm große Stücke schneiden.

2 In einer großen Bratpfanne die Walnüsse goldbraun rösten. Vom Feuer ziehen.

3 Auf 2 nichthaftende Backpapiere mit Hilfe eines Tellers oder einer runden Kuchenform je einen 24-cm-Kreis auf jedes Papier zeichnen.

4 Mit dem Elektromixer auf größter Geschwindigkeit die Eiweiße ganz steif schlagen. Löffelweise den Zucker einstreuen und jedesmal wieder gut schlagen, bis sich der Zucker aufgelöst hat und das Eiweiß glänzende Spitzchen bildet.

5 Ofen auf 180 Grad vorheizen, Gas 4. In einer kleinen Schüssel mit dem Mixer die Datteln pürieren, dabei etwa 4 Eßlöffel Meringuemasse zufügen. Mit dem Gummischaber das Kakaopulver, die gerösteten Walnüsse und die gehackten Datteln unters Eiweiß ziehen.

6 Die Meringuemasse mit dem Palettenmesser in jeden der Kreise ausstreichen. Die Backpapiere auf je ein Backblech setzen und auf zwei verschiedenen Höhen 15 Min. backen. Backbleche austauschen und nochmals 15 Min. backen, bis die Meringuemasse außen knusprig, aber innen noch weich ist.

Mokka-Buttercreme

In einer großen Schüssel mit dem Elektromixer *450 g gesiebten Puderzucker, 90 g weiche Butter, 45 g Kakaopulver* und *5 EL heißen schwarzen Kaffee* gut verarbeiten. Solange schlagen, bis die Buttercreme streichfähig ist. Nach Bedarf noch etwas Kaffee beifügen.

7 Die Meringuekreise mit dem Palettenmesser sorgfältig vom Papier lösen und auf Kuchengittern während 10 Min. abkühlen lassen. (Wenn man sie nicht sofort verwenden will, kann man die Böden gut einen Tag aufbewahren.)

8 Während die Meringues auskühlen, die Mokka-Buttercreme zubereiten.

9 So stellt man die Torte fertig: Einen Meringueboden mit der flachen Seite nach oben auf eine Kuchenplatte legen. Mokkacreme bis zu 1 cm vom Rand auftragen. Den zweiten Boden aufsetzen, flache Seite nach unten. Leicht andrücken. Zudecken und an der Kühle Füllung fest werden lassen.

Zum Servieren:

Puderzucker darüber streuen. Mit den beiseite gelegten Datteln und Walnüssen garnieren. Sobald das Ganze fest ist, in Stücke schneiden.

Der Belag von Walnüssen und Datteln gibt einen Hinweis auf den Inhalt dieser Meringuetorte.

Zwischen die Meringues-Lagen mit den gehackten Datteln, Walnüssen und dem Kakao, streicht man eine feine Mokka-Buttercreme.

Formen der Meringues

Meringueschalen

6 Schalen
können am Vortag zubereitet und im Eisschrank aufbewahrt werden

3 Eiweiß

175 g Zucker

1 Ofen auf 140 Grad vorheizen; Gas 1.

2 Ein großes Backblech mit nichthaftendem Backpapier belegen.

3 Mit dem Elektromixer das Eiweiß sehr steif schlagen.

4 Den Zucker löffelweise beigeben und so lange weiterschlagen, bis sich glänzende Spitzchen bilden.

5 Die Meringuemasse in einen großen Dressiersack mit mittlerer Sterntülle füllen und 6 etwa 10 cm große, 2,5 cm hohe Schalen spritzen.

6 Mit der restlichen Masse kann man dem Schalenrand entlang Häufchen setzen.

7 Die Meringues 45 Min. backen, und bei abgestelltem Ofen weitere 45 Min. darin trocknen lassen.

8 Die Schalen sorgfältig vom Backpapier lösen und auf einem Gitter kalt werden lassen.

9 Falls die Meringues nicht sofort gebraucht werden, in einem gut verschließbaren Behälter aufbewahren.

Miniatur-Meringueschalen:

Zubereitung wie für die großen Schalen bis Schritt 4. Mit einer mittleren runden Tülle etwa 4 cm große Häufchen auf ein nicht haftendes Backpapier setzen. Mit Hilfe eines Teelöffels Nestchen formen. 30 Min. backen. Hitze abstellen und nochmals 30 Min. im Ofen trocknen lassen.
Ergibt 30 Miniatur-Schalen.

Meringue-Pilze

1 Ofen auf 95 Grad vorheizen; Gas 1/4.

2 Mit einer weiten runden Tülle auf ein Backpapier 24 Häufchen von 4 cm Durchmesser als Pilzhüte spritzen.

3 Nun die restliche Masse zu 3 cm langen, oben dünnen, unten dickeren Stielen spritzen.

4 1 3/4 Std. backen. Hitze abstellen und die Meringues noch 30 Min. im Ofen lassen. Auf einem Gitter mit dem Backpapier ganz abkühlen.

5 *60 g Bitterschokolade* in Stücke brechen und in einem Schüsselchen über leicht kochendem Wasser schmelzen. Abkühlen lassen.

6 Mit einer kleinen Messerspitze die Hüte etwas aushöhlen und etwas geschmolzene Schokolade hineinstreichen.

7 Nun die spitzen Seiten der Stiele in die Schokolademasse auf der Unterseite des Hutes drücken.

8 Alle Hüte und Stiele aufbrauchen und etwa 1 Std. trocknen lassen. In gut verschließbarem Behälter aufbewahren. Vor dem Servieren die Hüte oben leicht mit Kakaopulver besieben. Ergibt 24 Pilze.

Meringueschalen mit Eis oder Schlagsahne gefüllt und mit Früchten verziert.

Der Anblick der Petits Fours aus Miniaturschalen und Meringue-Pilzen lassen den Mund wässern.

Erdbeer- und Mandel-Meringuetorte

8 Portionen
kann am Vortag zubereitet (bis Punkt 12) und kühl aufbewahrt werden

60 g Mandelsplitter
6 Eiweiß
225 g Zucker
600 g Erdbeeren
Schokolade-Buttercreme (siehe Kasten unten)
450 ml Doppel- oder Schlagsahne

1 In einer Bratpfanne die Mandeln unter stetem Rühren rösten, bis sie golden sind.

2 Zwei große Backbleche mit nichthaftendem Backpapier belegen. Auf jedes Papier zwei Kreise zeichnen mit Hilfe eines Tellers oder einer runden Backform von 20 cm Durchmesser.

3 Ofen auf 140 Grad vorheizen, Gas 1. Mit dem Elektromixer in einer großen Schüssel das Eiweiß sehr steif schlagen. Löffelweise den Zucker einstreuen und so lange weiterschlagen, bis das Eiweiß glänzende feste Spitzchen zeigt.

4 In die Meringuemasse sorgfältig mit dem Gummischaber oder Schneebesen die gerösteten Mandelstifte unterziehen.

5 Je ein Viertel dieser Mischung auf jeden Kreis geben und mit dem Palettenmesser sorgfältig verteilen.

6 Die beiden Backbleche in den Ofen schieben und 30 Min. backen. Dann die Bleche austauschen, und die Meringues nochmals 30 Min. backen, damit sie gleichmäßig braun werden.

7 Die Meringueböden noch auf dem Papier auf Gittern 10 Min. stehen lassen. Dann sorgfältig lösen und auf den Gittern belassen, bis sie ganz ausgekühlt sind.

8 150 g Erdbeeren in feine Scheiben schneiden. Schokolade-Buttercreme zubereiten.

9 Den ersten Meringueboden auf eine Kuchenplatte legen; ein Drittel der Buttercreme daraufstreichen und ein Drittel der Erdbeeren darüber legen. Noch zwei solche Lagen herstellen und mit dem vierten Meringueboden zudecken. (Siehe Kasten rechts.)

10 In einer mittleren Schüssel die Sahne sehr steif schlagen. Etwa ein Drittel in einen Dressiersack mit großer Sterntülle füllen. Beiseite legen.

11 Die restliche Sahne oben und auf den Seiten der Torte verstreichen. Mit der Sahne im Dressiersack den oberen Rand garnieren.

12 Die Meringuetorte etwa 4 Std. kühlstellen, damit die Böden etwas weicher werden und leichter zu schneiden sind.

13 Mit 16 Erdbeerscheiben die Torte seitlich garnieren.

14 Die restlichen halbierten Erdbeeren obenauf legen.

Schokolade-Buttercreme:

In einer großen Schüssel *450 g Puderzucker, gesiebt, 90 g weiche Butter, 3 EL Milch oder Sahne und 45 g Kakaopulver* mit dem Elektromixer weich schlagen. Unter Umständen Milch zusetzen, bis die Creme streichfähig ist.

Fertigstellen der Meringuetorte:

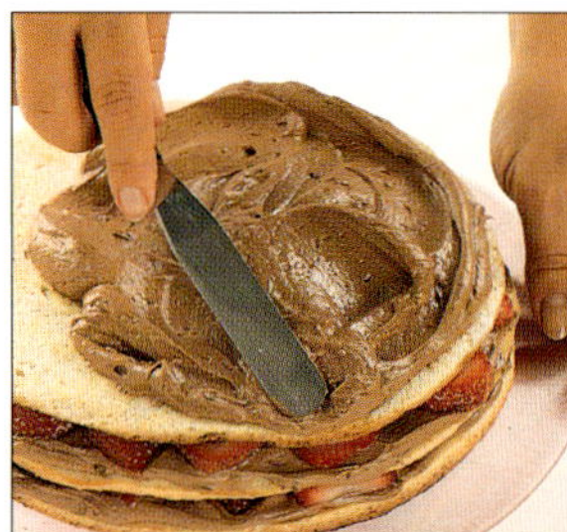

Die oberste Buttercreme-Schicht mit dem Palettenmesser sorgfältig verstreichen

Erdbeeren auf der Buttercremeschicht gleichmäßig verteilen

Mit dem letzten Meringueboden die Torte abschließen

Zum Servieren:

Nachdem die Meringuetorte mit Sahne überstrichen ist, den Außenrand mit einer vierzinkigen Gabel verzieren. Die Erdbeeren erst ganz am Schluß darauflegen.

Pfannkuchen und Crêpes

Pfannkuchen können gefaltet, gerollt und gestapelt werden, mit oder ohne Füllung, und ergeben so immer wieder eine andere Speise. Das einfachste ist, sie mit Zucker und etwas Zitrone zuzubereiten. Eine Seite ist immer brauner als die andere; deshalb füllen oder belegen Sie immer die blassere Seite, damit die braunere, schönere von außen sichtbar ist.

Pfannkuchen einfrieren

Pfannkuchen können frischgebacken eingefroren werden und sind bis zu 2 Monate schmackhaft. Man legt zwischen jeden der noch warmen Pfannkuchen ein Backtrennpapier, läßt sie auskühlen und wickelt das Paket dann in eine Tiefkühlfolie. Anschreiben und einfrieren. Spätestens nach zwei Monaten herausnehmen und, noch eingepackt, während etwa 2 Std. auftauen lassen.

Pfannkuchen

8–10 Pfannkuchen

120 g Mehl

1 Ei, geschlagen

300 ml Milch und Wasser gemischt

1 EL Salatöl

Öl zum Backen

1 Mehl in eine Schüssel sieben und in der Mitte eine Mulde formen. Das geschlagene Ei hineingeben und ebenso das Milchwasser. Von der Seite her das Mehl mit dem Schneebesen hinzumischen und rühren, bis alles schön glatt ist. Dann noch das Öl hinzugießen.

2 Mit einem Pinsel den Boden einer 17,5 cm und einer 25 cm weiten Bratpfanne mit Öl einstreichen.

3 Beide Pfannen über mittlerer Hitze erwärmen.

Mit einem praktischen Maßbecher kommt man zu gleichmäßigen Pfannkuchen

Man dreht die Pfanne und hält sie schief, damit sich der Teig gleichmäßig dünn verteilen kann.

4 3–4 Eßlöffel Teig in die kleinere Pfanne gießen und sie bewegen, daß der Boden gleichmäßig überzogen ist.
2 Min. backen, bis die Oberfläche fest und die Unterseite leicht braun geworden ist.

5 Mit dem Palettenmesser sorgfältig den Teig von der Pfanne lösen.

6 Den Pfannkuchen in die große Bratpfanne kippen. Während er fertig bäckt, kann man schon den zweiten beginnen.

7 Den fertigen Pfannkuchen auf ein Backtrennpapier gleiten lassen. So weiter machen und immer ein Backtrennpapier dazwischen legen. Entweder sofort auftragen oder, in Folie gewickelt, einfrieren.

Crêpes Suzette

6 Portionen
etwa eine Stunde Zubereitungs- und Backzeit

12 Pfannkuchen
1 große Orange
60 g Butter
30 g Zucker
4 EL Orangenlikör
Orangenscheiben und -Julienne

1 Die Pfannkuchen vorbereiten. (Gefrorene in der Packung etwa 2 Std. auftauen lassen.)

2 Etwa 30 Min. vor dem Servieren einen halben Teelöffel Orangenschale abreiben. Orange halbieren und 5 Eßlöffel Saft auspressen.

3 Die Sauce: In einer weiten Brat- oder Flambierpfanne über schwacher Hitze das Orangenabgeriebene, den -Saft, Butter und Zucker schmelzen, bis die Butter vergangen ist.

4 Die Pfannkuchen erst in die Hälfte, dann in Viertel falten.

5 In die Pfanne mit der Sauce legen und heiß werden lassen.

6 In einem kleinen Töpfchen den Likör erwärmen. Anzünden und brennend über die Pfannkuchen gießen.

Flambé

„Flambé" ist das französische Wort für „angezündet" und bezieht sich meistens auf Speisen, die in flammendem Alkohol, meist Cognac oder sonst ein hochprozentiger Schnaps, serviert werden. Die Flammen verbrennen den größten Teil des Alkohols, und das Gericht schmeckt nur noch nach dem herrlichen Parfum. Crêpes Suzette gehören zu den bekanntesten Desserts in der klassischen französischen Küche. Wir können aber auch andere Süßspeisen flambieren wie das „Kirschen-Jubiläum" (siehe unten). Einige Hinweise mögen zum Erfolg beitragen:

- Möglichst eine weite und flache Brat- oder Flambierpfanne verwenden, die mehr Sauerstoff für die Verbrennung des Alkohols zuläßt.
- Die Dessertteller sollten hitzeunempfindlich sein; also keine zarten Kristallschalen verwenden.
- Lange, sog. Kaminhölzer, zum Anzünden verwenden, damit man sich die Finger nicht verbrennt.
- Den Schnaps oder Likör in kleinsten Pfännchen, evtl. über einer Kerzenflamme erst etwas erwärmen.
- Das Streichholz über das Pfännchen in die Dämpfe halten und die brennende Flüssigkeit über die Speise gießen. Oder, wenn nur wenig Flüssigkeit in der Pfanne ist, kann man den Alkohol schon in die Bratpfanne gießen und, sobald er warm ist, anzünden. Bewegen, damit sich die Flammen lange erhalten.
- Sobald die Flammen erloschen sind, Speise servieren.

Kirschen-Jubiläum

Kurz vor dem Servieren *Vanilleeis* auf 6 Dessertschalen verteilen. In einer weiten Brat- oder Flambierpfanne *300 g rotes Johannisbeer-Gelee* schmelzen. *400 g entsteinte schwarze Dosen-Kirschen, abgesiebt* beigeben. *125 ml Weinbrand* hinzugießen und ohne Rühren 1 Min. erhitzen. Mit Streichholz anzünden. Die flammenden Kirschen über das Eis löffeln. Ergibt 6 Portionen.

Zum Servieren: Sobald die Flammen erloschen sind, die Pfannkuchen auf die erwärmten Dessertteller verteilen. Mit Orangenscheiben und Orangen-Julienne verzieren.

Süße Quarkblinis mit Kirschensauce

6 Portionen braucht 1 Std. Zubereitungs- und Backzeit

12 Pfannkuchen (Seite 44)

350 g Quark

175 g vollfetter Frischkäse

60 g Zucker

1/2 TL Vanilleessenz

Für Kirschensauce:

1 400-g-Dose entsteinte schwarze Kirschen in Sirup

60 g Zucker

1 Die Pfannkuchen zubereiten. (Gefrorene etwa 2 Std. in der Verpackung auftauen.)

2 Etwa 30 Min. vor dem Servieren Quark und Frischkäse sowie die Vanilleessenz mit dem Elektromixer weichrühren.

3 Einen Eßlöffel voll auf jeden Pfannkuchen streichen.

4 Erst auf der einen, dann der anderen Seite überfalten.

5 Pfannkuchen von der ungefalteten Seite her aufrollen.

6 Die Kirschensauce zubereiten: Die Kirschen samt Sirup in eine Bratpfanne schütten. Zucker beifügen und unter Rühren zum Kochen bringen. Simmern lassen, bis der Sirup etwas eingekocht ist.

7 Die gefüllten Pfannkuchen zu den Kirschen in die Pfanne geben und bei schwacher Hitze etwa 10 Min. leicht kochen lassen.

Die Blinis mit ihrer süßen Füllung werden wie Bisquitrouladen aufgerollt.

Hier wurde die Sauce, die man über die Blinis gießt, aus schwarzen Kompottkirschen hergestellt. Zur Zeit der Kirschenernte verwendet man natürlich frische Früchte.

Zum Servieren:
Je zwei Pfannkuchen auf einen Teller legen und mit der Kirschensauce übergießen.

Ananas-Pfannkuchen

6 Portionen
etwa 1 1/2 Std. Zubereitungs- und Backzeit

12 Pfannkuchen (S. 44)

Vanillecreme (siehe Kasten)

1 große Ananas

300 g Himbeeren + einige fürs Garnieren

6 EL Puderzucker

6 EL Weinbrand (fakultativ)

1 Pfannkuchen und Vanillecreme zubereiten und kaltstellen.

2 Etwa 45 Min. vor dem Servieren beide Enden der Ananas mit einem scharfen Messer abschneiden. Die Frucht längs halbieren. Das weiße Innere entfernen. Die Hälften quer in 5 mm dicke Scheiben schneiden. Beiseite stellen.

3 Mit dem Löffelrücken die Himbeeren durch ein mittelmaschiges Sieb zu Püree streichen. Die Kernchen entfernen. Beiseite stellen.

4 Den Grill stark erhitzen. Je 3 Pfannkuchen auf ein Backblech legen und etwa 2 Eßlöffel Vanillecreme darauf streichen. Einzelne Ananasscheiben darauf verteilen.

5 Nochmals etwa 2 Eßlöffel Creme über die Ananas verteilen. Mit einem anderen Pfannkuchen zudecken und wieder Ananas darauflegen. Einen Eßlöffel Puderzucker über jeden gefüllten Pfannkuchen streuen.

6 Das Backblech für etwa 6–8 Minuten unter den vorgeheizten Grill schieben, bis der Zucker karamelisiert ist. Die Pfannkuchen aus dem Ofen nehmen und sie mit Hilfe einer Palette auf Eß- oder große Dessertteller gleiten lassen. Nun die nächsten 3 Pfannkuchen in Angriff nehmen.

Zum Servieren: Himbeerpüree um die Pfannkuchen gießen. Etwa 1 EL Weinbrand und, wenn man mag, mit noch mehr Puderzucker bestreuen. Mit frischen Himbeeren verzieren.

Vanillecreme

In einer mittleren Pfanne über Mittelhitze *250 ml Milch* zum Kochen bringen. Vom Feuer ziehen. In einer mittleren Schüssel *3 Eigelb, 1/2 Teelöffel Vanilleessenz* und *60 g Zucker* zusammenschlagen, bis die Mischung dicklich und zitronengelb ist; *30 g Weißmehl* hineinrühren. Die Hälfte der heißen Milch dazumischen. Ständig rühren. Auf mittlerer Hitze kochen, bis die Mischung dick wird und kocht. Hitze zurückstellen und 1 Min. weiterkochen. In Dessertschalen gießen und, damit sich keine Haut bildet, feuchtes fettabstoßendes Papier auf die Oberfläche pressen.

Umgedrehter Apfel-Pfannkuchen

6 Portionen
etwa 40 Min. Zubereitungs- und Backzeit

3 große Golden Delicious-Äpfel
60 g Butter
1 TL gemahlener Zimt
120 g Zucker
50 g Weißmehl
5 EL Milch
1/2 TL Backpulver
4 Eier, getrennt

1 Äpfel schälen und ausschneiden. Jeden Apfel in etwa 3 mm dicke Scheiben schneiden.

2 Weite Bratpfanne auf mittlere Hitze setzen.

3 Butter (keine Margarine, weil sie sich vom Zucker trennt) in der Pfanne schmelzen. Zimt und 60 g Zucker dazurühren. Vom Feuer ziehen.

4 Die Apfelschnitze in der Butter dem Rand entlang überlappend aufreihen (siehe Kasten unten). Weiter innen einen zweiten kleinen Kreis.

5 Die Pfanne wieder auf schwache Hitze stellen und die Apfelschnitze so lange darin dämpfen, bis sie zart mit noch etwas Biß sind.

6 In der Zwischenzeit den Ofen auf 200 Grad (Gas 6) vorheizen. Mit der Gabel in einer mittleren Schüssel Mehl, Milch, Backpulver und Eigelb zusammenschlagen. Beiseite stellen.

Wenn die Apfelschnitze vor dem Backen sorgfältig in die Form gelegt werden, sieht der gebackene Kuchen sehr hübsch aus.

7 Mit dem Elektromixer in einer großen Schüssel das Eiweiß auf höchster Geschwindigkeit schlagen und den Zucker dazugeben, bis sich glänzende, steife Spitzchen bilden. Das Eiweiß mit dem Gummischaber sorgfältig unter die Eigelb-Mischung ziehen.

8 Mittels des Gummischabers die Apfelschnitze mit dieser Mischung bedecken und glatt streichen.

9 Pfannkuchen 10 Min. im Ofen backen oder bis er goldbraun ist. Herausnehmen und umgekehrt auf eine warme Platte stürzen.

Wie man die Äpfel und die Pfannkuchenmischung in die Pfanne gibt:

Die Apfelschnitze entlang dem Pfannenrand in einen Kreis auslegen. Nicht zu dicht – nur wenig überlappen lassen, damit sie gleichmäßig weich werden.

***Prüfen der Schnitze:** Mit den Gabelzinken leicht einstechen. Sie sind fertig, wenn man gerade durchdringt.*

***Bedecken der Schnitze:** Mit einem großen Löffel oder dem Gummischaber die Eiermischung sorgfältig über die Äpfel geben.*

Aufpassen, daß die Schnitze nicht verrutschen. Der schöne Anblick des Desserts wäre sonst verdorben.

Frucht-Desserts

Es gibt keine „natürlichere“ Süßspeise als eine saftige, vollaromatische Frucht. Doch kann man diese frischen Früchte auch in unzählige von köstlichen Nachspeisen verwandeln, sei es von den einfachen „Ingwer-Früchten“ (siehe unten) und dem „Festlichen Fruchtsalat“ (S. 58) bis zu aufwendigeren wie den „Traubenhäufchen auf schimmerndem Zitronenquark“ (S. 56) und der „Torte aus frischen Früchten“ (S. 60). Durch den Import können wir nicht nur unsere Saisonfrüchte regelmäßig kaufen, sondern wir kommen auch in den Genuß von Exoten, die an Geschmack und Farbenfreudigkeit die Desserts das ganze Jahr hindurch bereichern.

Ingwer-Früchte

8 Portionen
etwa 1 1/2 Std. Zubereitungs- und Kühlzeit

2 x 400-g-Dosen Aprikosenhälften in Sirup
1 x 475-g-Dose Feigen in Sirup
3 große rote Äpfel
3 große Birnen
350 g blaue Trauben, entkernt
350 g weiße Trauben, entkernt
4 EL gehackte Ingwerwurzeln in Sirup
2 EL Zitronensaft

1 Feigen und Aprikosenhälften mit dem Sirup in eine große Schüssel geben.

2 Die ungeschälten Äpfel und Birnen in mundgroße Stücke schneiden; Kerngehäuse entfernen.

3 Apfel- und Birnenstücke sowie die Trauben, den Ingwer und den Zitronensaft gut unter Feigen und Aprikosen mischen.

4 Die Früchte zugedeckt für mindestens eine Stunde in den Eisschrank stellen, damit sich der Geschmack entwickeln kann.

Diese Kombination von frischen und Dosenfrüchten kann rund ums Jahr genossen werden.

Kirschen in Gelee

4 Portionen
können am Vortag zubereitet und an der Kühle aufbewahrt werden

1 x 400-g-Dose schwarze Kirschen, entsteint

150 g Kirschen- oder schwarze Johannisbeeren-Gelee-Würfel

4 TL Sherry-Creme

Schneeweiße Vanillecreme (siehe Kasten rechts)

1 TL Schokoladesirup oder -sauce

Zitronenlocken (S. 62) als Garnitur

1 Den Sirup der Kirschen in einen großen Meßbecher gießen; Kirschen beiseite stellen.

2 Soviel Wasser zugeben, daß 600 ml Flüssigkeit entstehen.

3 Flüssigkeit in einem Topf erhitzen; die Gelee-Würfel zugeben und rühren, bis sie zergangen sind. Vom Feuer ziehen.

4 Die Sherry-Creme in die Mischung gießen.

Wie unser Bild zeigt, wurden für die Gelee-Nachspeise unterschiedliche Förmchen verwendet.

5 In eine große Schüssel geben und kalt stellen, bis die Mischung, vom Löffel tropfend, Häufchen bildet. Dauert etwa 1 Std., ab und zu umrühren.

6 Wenn die Gelee-Mischung bereit ist, Kirschen sorgfältig darunterziehen. In 4 einzelne Formen gießen und mindestens 3 Std. oder über Nacht im Eisschrank festwerden lassen.

7 In der Zwischenzeit die „Schneeweiße Vanillecreme“ zubereiten und ebenfalls kühlstellen.

Schneeweiße Vanillecreme

In einem mittleren nichthaftenden Topf mit dem Schneebesen *4 Eigelb und 60 g Zucker* zusammenschlagen. *450 ml Sahne* dazugeben und über mittlerer Hitze unter ständigem Rühren dicklich werden lassen, bis die Mischung einen Löffel überzieht. Dauert etwa 25 Min. Nicht kochen lassen!

Topf vom Feuer ziehen und *1/2 TL Vanilleessenz* einrühren. Damit beim Abkühlen keine Haut entsteht, ein angefeuchtetes fettabweisendes Backpapier auf die Oberfläche legen.

Die Federn entstehen, indem man eine Messerspitze oder einen Zahnstocher durch die Tupfen Schokolade-Creme zieht.

8 Zum Servieren stürzt man die Geleeköpfchen in 4 weite Dessertgläser. Die Vanillecreme rundherum gießen. (Wenn Sie Sahne verwenden, diese leicht schlagen und um die Geleeköpfchen geben.)

9 Schokoladesirup oder -sauce mit einer kleinen runden Tülle auf die Creme tropfen lassen und zu Federn ziehen. Nach Belieben mit einer Zitronenschalen-Locke verzieren.

Kirschen und Sherrycreme geben dem Dessert einen wundervollen Geschmack.

Pochierte Birnen

12 Portionen
etwa 4 1/2 Std. Zubereitungs- und Kühlzeit

1 l Preiselbeersaft oder verdünnter schwarzer Johannisbeersaft

100 g Zucker

1 mittlere Zitrone, halbiert

12 mittelgroße feste Birnen

2 EL rotes Johannisbeer-Gelee

Minze zum Verzieren

1 In einer großen flammenfesten Kasserolle den Fruchtsaft mit Zucker, Zitronenhälften und 450 ml Wasser vermischen.

> *Zum Servieren:*
> *Birnenhälften in eine tiefe Schale ordnen. Sirup darüber gießen. Mit Minzenblättern verzieren.*

2 6 Birnen schälen und darauf achten, daß die Stiele daran bleiben.

3 Mit einem scharfen Messer die geschälten Birnen längs halbieren und mit einem Teelöffel Kerngehäuse und Fäden entfernen.

4 Die geschälten Birnenhälften so in die Saftmischung legen, daß sie ganz bedeckt sind und sich nicht verfärben.

5 Über großer Hitze die Birnenmischung zum Kochen bringen. Zudecken und 10–15 Minuten leicht kochen lassen, bis die Birnen weich sind. Mit einem Sieblöffel die Birnen in eine Schüssel legen.

6 Dasselbe mit den weiteren 6 Birnen wiederholen von Schritt 2–5.

7 Wenn alle Birnen pochiert sind, über großer Hitze die Saftmischung in der Kasserolle zum Sieden bringen. Etwa 20 Min. kochen, bis sich die Flüssigkeit auf etwa 350 ml reduziert hat.

> ### Birnen
> Williamsbirnen eignen sich am besten für dieses Dessert.
>
> Mit einem Melonenlöffel können Sie die Kerngehäuse am leichtesten entfernen.
>
> Damit die geschälten Birnen nicht braun anlaufen, mit Zitronensaft beträufeln.

8 Das rote Johannisbeer-Gelee in den heißen Saft mischen, bis es sich aufgelöst hat. Saft über die Birnen gießen. Abkühlen lassen. Dann zudecken und etwa 3 Std. kaltstellen. Birnen ab und zu wenden.

Die belassenen Birnenstiele gehören auch zur Verzierung.

Diese Birnen wurden in Preiselbeersaft gedünstet, der ihne eine zartrosa Farbe verleiht.

Birnen in Zabaglione

4 Portionen
10 Min. vor dem Servieren beginnen

2 große Birnen

125 ml Doppel- oder Schlagsahne

1 EL süßen Marsalawein

1 TL Puderzucker, gesiebt

Minze zum Verzieren

1 Die Birnen längs halbieren. Kerngehäuse und Fäden entfernen.

2 Mit einem scharfen Messer die Birnenhälften so in Streifen schneiden, daß sie am Stielende noch zusammenhalten.

3 Die Birnen mit der Schnittseite nach unten auf Dessertteller zu geöffneten Fächern breiten.

Zabaglione

Von den vielen Süßspeisen, die aus Wein und Eiern hergestellt werden, ist der Zabaglione aus Italien wohl die bekannteste. Die Hauptzutat, der Marsala, ist ein starkes, aromatisches Getränk aus Wein und Weinbrand. Er hat eine dunkle Farbe und einen Geschmack, der an süßen, alten Sherry erinnert.

Gewöhnlich wird Zabaglione aus Eigelb hergestellt, das über dem Wasserbad zu Schaum geschlagen wurde. Da man heute Eier stärker erhitzen sollte, verwenden wir an ihrer Stelle Schlagsahne, was eine sehr ähnliche, ebenso feine Nachspeise ergibt.

4 In einer kleinen Schüssel die Sahne mit Marsala und Puderzucker sehr steif schlagen.

5 Auf jeden Teller ein wenig Marsalarahm neben die Birne geben.

Die Birnen schneidet man bis ganz knapp vor dem Stielansatz der Länge nach in feine Scheiben.

In Roséwein pochierte Pfirsiche

6 Portionen
kann am Vortag zubereitet und im Kühlschrank aufbewahrt werden

6 große Pfirsiche
600 ml Roséwein
8 Zitronenmelisse, Geranien- oder Lorbeerblätter zum Verzieren
etwa 75 g Zucker
abgeriebene Zitronenschale

1 In einer hitzefesten Kasserolle, in welche die Pfirsiche genau passen, Zitronenmelisse, Geranium- oder Lorbeerblätter und 450 ml Wasser mischen.

2 Pfirsiche schälen (siehe Kasten oben) und sofort in die Weinmischung geben, damit sie sich nicht verfärben.

Pfirsiche schälen

1. *In einen Topf mit stark siedendem Wasser die Pfirsiche auf einem Sieblöffel etwa 15 Sekunden eintauchen.*

2. *Dann mit dem Sieblöffel sofort in einer Schale mit kaltem Wasser abkühlen.*

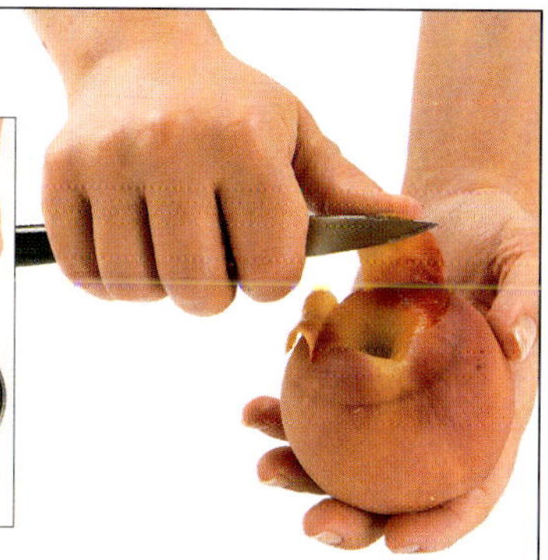

3. *Jetzt lassen sich die Pfirsiche leicht schälen.*

3 Über großer Hitze zum Kochen bringen und bei zurückgestellter Hitze 5–10 Min. leicht kochen lassen. Ab und zu rütteln.

4 Pfirsiche und Wein in eine große Schüssel geben. Zugedeckt für mindestens 6 Std. oder über Nacht in den Kühlschrank stellen. Die Gewürzblätter vor dem Servieren entfernen.

Die Pfirsiche mit den Blättern verzieren, die schon in der Sauce verwendet wurden.

Früchte in Fruchtschalen

Viele Früchte sind schon „vorverpackt" in hübschen Schalen, die, ausgehöhlt und zugeschnitten, auf dem Tisch sehr dekorativ wirken. Die Schalen von Melonen und Orangen können mit einem Messer gezackt oder zu Körbchen mit oder ohne Henkel geschnitten werden. Wenn man der halbierten Ananasschale ihren Blattschopf läßt und sie nur aushöhlt und mit den eigenen Schnitzen füllt, erhält man eine attraktive Fruchtschale, die den Gast der Mühe des Schälens enthebt.
Besonders augenfällige Effekte gibt es, wenn man verschiedenfarbige Früchte in kontrastierende Schalen füllt: Rote Früchte wie Wassermelone oder Himbeeren passen in grünfleischige Melonenschalen, während grüne Kiwis sehr gut mit dem gelben Fleisch der Papaya kontrastieren. Und für einen noch zarteren Effekt mischen wir die pastellfarbenen Kugeln der Charentais-, Honig- und Wassermelone.

Cavaillon-Melonenbecher
Die Melone halbieren, die Hälften aushöhlen und mit Charentais-, Honig- oder Cavaillon- und Wassermelonen füllen. Für den Farbeffekt noch etwas Blaubeeren darüberstreuen und mit einem kleinen Minzenzweig verzieren.

Netzmelonen-Schale:
Die Netzmelonen köpfen und die Kerne herausholen. Himbeeren und Wassermelonenkugeln hineingeben, so daß oben ein Häufchen herausschaut.

Wassermelonen-Korb
Durch eine kleine Wassermelone zwei horizontale Schnitte so anbringen, daß in der Mitte noch 2,5 cm Schale für einen Henkel übrig bleiben. Zwei vertikale Schnitte hinuntermachen und das Fleisch herausholen. Den Rand eventuell auszacken. Mit verschiedenfarbigen Melonenkugeln füllen und mit Minze dekorieren.

Papaya-Boot
Papaya längs halbieren, Samen herausholen. Das herausgelöste Fleisch in mundgerechte Stücke schneiden. Die Fruchthälften mit Papaya, Melonenstücken und Kiwidreiecken füllen.

Halbe Grapefruit
Die Frucht im Zickzack-Muster halbieren. Mit Himbeeren und Mandarinen in Likör füllen und einem Minzblatt garnieren.

Ananas-Boot
Die Ananas der Länge nach halbieren. Das Fleisch herausholen. Mit Kiwi- und Ananas-Stückchen füllen und mit einer halben Erdbeere krönen.

Gefüllte Früchte
Ein tiefes „X" in Feigen, geschälte Kiwis und Erdbeeren schneiden. Wie für Blütenblätter leicht auseinanderdrücken. Schlagrahm ins Zentrum spritzen.

Traubenhäufchen auf schimmerndem Zitronenquark

8 Portionen
kann am Vortag zubereitet und kühl aufbewahrt werden

Minzenblätter
2 x 140-g-Pakete Zitronengelee
450 g vollfetter Quark
300 ml Doppelsahne
Saft und Schale von 2 großen Zitronen
120 g weiße Trauben ohne Kerne
350 g blaue Trauben ohne Kerne

1 Soviele Minzenblätter hacken, daß es zwei Teelöffel gibt. Beiseite stellen.

2 1 Paket Zitronengelee in 150 ml kochendem Wasser auflösen. Im Mixbecher oder der Küchenmaschine das flüssige Gelee, Quark, Rahm, Zitronenschale, Zitronensaft und die gehackte Minze mixen, bis die Masse glatt ist. Die Mischung in eine 20-cm-Springform gießen. Zudecken und mindestens 1 Std. kaltstellen.

3 Inzwischen das verbleibende Paket Zitronengelee in 600 ml siedendem Wasser auflösen. Etwa 1 Std. abkühlen, bis das Gelee noch nicht ganz fest ist.

4 Während sich alles abkühlt, die weißen Trauben und 120 g der blauen Trauben längs halbieren.

5 Mit einer Schere die restlichen blauen Trauben zu Bündelchen zurecht schneiden.

6 In der Springform die Traubenbündelchen auf der Quarkoberfläche zu „Trauben" ordnen. Sorgfältig genügend Zitronengelee über das Traubenmuster gießen, bis die Trauben gut bedeckt sind, jedoch nicht zu schwimmen beginnen.

7 Die Springform zudecken und das Gelee im Kühlen mindestens 20 Min. fest werden lassen. Das übrige Zitronengelee in Zimmertemperatur stehen lassen, damit es flüssig bleibt.

8 Diesen Geleerest dann nochmals über die Trauben gießen und das Ganze jetzt 3 Std. an die Kälte stellen.

9 Das Dessert aus der Springform nehmen (siehe Kasten rechts).

Die Lagen von Quarkmasse und Zitronengelee sind besonders schön sichtbar auf einer Frucht- oder Tortenschale mit Fuß

Formen des Desserts

Traubenhäufchen: *Aus den weißen und blauen Traubenhälften „Trauben" auf die Quarkmasse in der Springform formen.*

Guß aus Zitronengelee: *Sorgfältig Zitronengelee über das Traubenmuster gießen. Die Beeren dürfen nicht im Gelee ertrinken.*

Form entfernen: Ein Palettenmesser in heißes Wasser tauchen. Vorsichtig den Quark vom Formenrand lösen und die Form abnehmen.

Zum Servieren:
Das Dessert auf eine schöne Platte setzen und mit Traubenbüscheln und Minzenblättern garnieren.

Festliche Obstschale

8 Portionen
kann am Vortag zubereitet und im Kühlschrank aufbewahrt werden

300 g Zucker
3 EL Zitronensaft
1 kleine Ananas
1 kleine Honigmelone
1 Cavaillon-Melone
2 Orangen
2 große Nektarinen oder 4 Aprikosen
2 große rote Pflaumen (fakultativ)
225 g weiße Trauben ohne Kerne
2 Kiwis

1 In einem mittleren Kochtopf über Mittelhitze 450 ml Wasser mit Zucker und Zitronensaft zum Kochen bringen. Nach 15 Minuten etwa wird die Mischung sirupartig. In eine Schüssel gießen und abkühlen lassen. Dann zudecken und in den Kühlschrank stellen.

2 Inzwischen die Ananas zubereiten (siehe Kasten oben rechts).

Die festliche Fruchtschale ist eine perfekte Sommer-Süßspeise. Je nach Jahreszeit kann man die Obstzusammenstellung ändern.

3 Beide Melonen entzweischneiden, schälen, Kerne entfernen und in mundgerechte Stücke schneiden.

4 Mit einem scharfen Messer die Orangen schälen und alles Weiße sorgfältig entfernen. Beidseits der Zwischenhäutchen hinunterschneiden und die Schnitze herauslösen.

5 Die Nektarinen oder Aprikosen und die Pflaumen halbieren und Steine entfernen. Die Traubenbeeren halbieren.

6 Alles in eine große Schüssel geben. Den abgekühlten Sirup durch ein Sieb darübergießen.

Um einen schönen Farbkontrast zu erzielen, schneidet man die Nektarinen und Pflaumen mit der Haut zu Schnitzen.

Ananas vorbereiten

1. Mit einem scharfen Messer die Krone und die harten Enden wegschneiden.

2. Die Ananas aufstellen und die Schale in breiten Streifen herunterschneiden.

3. Vom festen Zentrum her breite Streifen wegschneiden. Das Zentrum nicht verwenden.

4. Die Ananas-Streifen in mundgroße Stücke schneiden.

Zum Servieren
Die Kiwis schälen und in Scheiben schneiden. Dann sorgfältig unter die anderen Früchte mischen.

Sommerfrüchte mit Mandelrahm-Joghurt

8 Portionen
etwa 30 Min. Zubereitungszeit

Mandelrahm-Joghurt (siehe Kasten rechts)
4 große Kiwis
4 mittlere Pflaumen
2 große Pfirsiche
2 mittlere Bananen
1 kleine Cavaillon-Melone
120 g Himbeeren
120 g Blaubeeren
120 g Brombeeren
Zitronenblätter und Mandelscheiben

1 Mandelrahm-Joghurt zubereiten und in kleine Portionenschalen geben. Kühlstellen.

2 Etwa 20 Min. vor dem Servieren die Kiwis schälen und längs halbieren.

3 Pfirsiche und Pflaumen halbieren. Steine entfernen. Bananen schälen, der Länge nach halbieren und die Hälften nochmals halbieren.

4 Mit einem scharfen Messer die Melone in Schnitze schneiden und schälen.

5 Die vorbereiteten Früchte dekorativ auf eine Platte anrichten. Mit den verschiedenen Beeren bestreuen.

Mandelrahm-Joghurt

300 ml Doppel- oder Schlagsahne mit *45 g gesiebtem Puderzucker* und *1 TL Mandelessenz* sehr steif schlagen. Mit dem Gummischaber oder Schneebesen *300 ml Naturjoghurt* unterziehen, bis eine glatte Creme entsteht.

Zum Servieren
Das Dessert mit Zitronenblättern verzieren. Auf den Joghurt Mandelblättchen streuen und zu den Früchten reichen.

Torte aus frischem Obst

Dieses spektakuläre Schaustück ist kunstvoll aufgebaut aus saftigen, reifen Melonen, roten und blauen Beeren, Kiwifrüchten und Ananas. Es ist ein wundervolles Mittelstück auf einem Sommerbuffet, eignet sich aber auch für ein Barbecue oder einen einfacheren Familienanlaß. Man kann die Früchte sehr gut lange voraus bereiten, immer unter der Voraussetzung, daß sie, gut eingepackt, kalt gestellt werden. Die Kalorienbewußten unter uns finden diese Obstkombination herrlich ohne Zutaten, doch für die anderen bereiten wir eine Cointreau-Creme zu.

8–10 Portionen
etwa 3 Std. Zubereitungs- und Kühlzeit

1 große Cavaillon-Melone
1 mittlere Honigmelone
1 große Ananas
2 große Kiwis
350 g Erdbeeren
225 g Blaubeeren
225 g Himbeeren
Creme Cointreau (siehe Kasten S.61)
Minzenzweige zum Garnieren

1 Beide Melonen längs in vier Schnitze schneiden. Samen entfernen. Jeden Schnitz quer in 2,5 cm breite Stücke schneiden. Rinde entfernen und beiseite stellen.

2 Krone und Schale der Ananas entfernen. Die Frucht der Länge nach halbieren und querdurch in 1 cm breite Schnitze schneiden. Das feste Zentrum entfernen und einen Viertel der Ananas-Schnitze in mundgerechte Stückchen schneiden. Kiwis schälen und in Schnitze schneiden.

3 Auf eine große Platte mit Rand (wegen des Saftes) die Hälfte der Honigmelonenschnitze im Kreis herum auslegen. Einige kleine zurückbehalten.

So werden gleichmäßig geschnittene Melonenstücke auf einer runden Platte angeordnet.

Andere Obstzusammenstellung

Wenn sie folgende andere Früchte verwenden, können Sie sehr hübsche Blickfänge erfinden: Die Melonenschnitze können z.B. mit Ananasscheiben und mit „Kirschenblüten" umgeben werden, was wieder ein ganz anderes Bild ergibt.

Kirschenblüten:

Ein frisches Pfefferminzblatt ergibt einen schönen Kontrast zum Rot der Kirschen

Die Kirschen längs in Schnitze schneiden, die unten noch zusammenhalten. Den Stein stehen lassen.

Für die Früchtetorte

1. Eine große Cavaillon-Melone in 3 Schnitze schneiden und eine mittlere Honigmelone in 4 Schnitze. Kerne entfernen. Die Schnitze in 2,5 cm dicke Stücke schneiden.

2. Krone und Schale einer *großen Ananas* entfernen. Krone zur Dekoration beiseite legen. Die Ananas längs in zwei Hälften und quer in 2,5 cm große Schnitze schneiden.

3. Auf eine große runde Platte mit Rand (wegen des Saftes) die Honigmelonen-Schnitze in einem Ring auslegen. Das Zentrum mit Reststückchen füllen. Dann mit Cavaillonmelonen- und Ananasschnitzen die Lagen wiederholen und mit Abfallstückchen füllen.

4. Hübsche „Kirschenblüten" aus *450 g frischen Kirschen* zuoberst auf die Torte setzen und mindestens 1 Std. kühlstellen.

4 In die Mitte Ananas-Schnitze legen.

5 Dann die Cavaillon-Melonenschnitze auf die Honigmelonen schichten. Kleine Stücke zurückbehalten.

6 Noch je eine Schicht der beiden Melonensorten und die restlichen Ananasschnitze wieder ins Zentrum legen. Mit den kleinen Melonenstücken die Lücken füllen. Kiwischnitze darüber.

7 Aus den Beeren hübsche Häufchen aufbeigen und mit den mundgerechten Ananasstückchen krönen.

Creme Cointreau

In einer mittleren Schüssel *450 ml Doppel- oder Schlagsahne mit 60 g gesiebtem Puderzucker* sehr fest schlagen. Langsam *4 EL Orangenlikör* hineinrühren.

In eine Schüssel schütten und kalt stellen.

8 Die Torte sehr fest einpacken und bis zum Servieren kaltstellen.

9 Anschließend die Creme Cointreau zubereiten.

Ein Zweig dieser grün-weißen Pfefferminze nimmt sich auf den bunten Sommerfrüchten besonders hübsch aus.

Diese Nachspeise sieht aus eine eine Torte, ist jedoch keine. Es sind Früchte, die sorgfältig und hübsch in Tortenform angeordnet sind.

Zum Servieren
Die Mitte der Obsttorte mit Minzenzweigen dekorieren. Die Creme Cointreau dazu servieren.

Dekorieren mit frischen Früchten

Früchtedekorationen bringen nur wenige Kalorien mit sich, tragen jedoch sehr viel zur Farbenfreudigkeit und zum erfrischenden Anblick eines Desserts bei. Wie alle anderen Dekorationen sollten auch die Früchte in Form, Geschmack und Farbe zu den übrigen Speisen passen.

Wählen Sie die Früchte, die so perfekt wie möglich sind, und verwenden Sie sie erst im letzten Moment, damit sie sich nicht verfärben.

Kleine Erdbeeren sehen sehr attraktiv aus, wenn man ihnen Blättchen und Stiel läßt, ebenso wie Kirschen mit dem Stiel. Schneidet man sie jedoch in Fächer oder Blüten, sehen sie ganz anders aus. Die Schalen von Zitrusfrüchten wie Orangen, Limetten oder Zitronen lassen sich leicht in Locken, Julienne oder Spiralen schneiden, während die grünen Kiwi-Scheiben oder -Schnitze, die warmen Farbabtönungen der Nektarine und die kühl-neutrale Ananas gut als Kontrast zu mancherlei Beeren verwendet werden können.

Erdbeer-Fächer:
Die Erdbeeren so in Scheiben schneiden, daß sie beim Stiel noch zusammenhalten. Sorgfältig auseinanderpressen.

Zitrus-Locken:
Von Zitrusfrüchten mit dem Julienne-Messer lange Streifen abziehen. Zu Locken drehen. Einzeln verwenden oder in gemischten Farben.

Zitronen-Spiralen:
Mit einem scharfen Messer querdurch dünne Zitronenscheiben schneiden. Auf einer Seite bis zur Mitte einschneiden und verdrehen.

Zitronen-Wagenräder:
Mit dem Julienne-Messer erst vertikale Kerben längs der Zitrone ziehen. Dann querdurch in dünne Scheiben schneiden.

Kirschenblüten:
Unten beim Stiel beginnend, acht Schnitte nach oben ziehen. Die „Blättchen“ leicht nach außen ziehen und den Stein freilegen.

Geeiste Kirschen:
Kirschen waschen, jedoch Stiele stehen lassen. Naß noch in Zucker tauchen, bis die untere Hälfte bedeckt ist. Trocknen lassen.

Nektarinen-Scheiben:
Nektarine oder Pfirsich halbieren. Stein herausholen. Jede Hälfte der Länge nach in dünne Schnitze schneiden. Sofort mit Zitronensaft beträufeln. Als Fächer mit einem Minzenblatt auslegen.

Erdbeer-Hälften:
Schöne feste Früchte aussuchen. Die Beeren sorgfältig halbieren, so daß jede Hälfte noch Blättchen hat. Man kann sie, Schnittseite nach oben oder unten, als Dekoration verwenden.

Zitrus-Julienne:
Mit dem Julienne-Messer lange Schalenfäden abziehen. Einzeln oder in Häufchen verwenden.

Früchte-Kombinationen:

In augenfälliger Zusammenstellung können Früchte die einfachsten Desserts zu etwas Besonderem machen. Man darf ruhig experimentieren mit ungewohnten Formen und Farben.

Ananas- und Himbeer-Häufchen: *Krone und Spitzen entfernen. Ananas auf die geschnittene Fläche stellen und die Schale in langen Streifen abziehen. Querdurch in dünne Scheiben schneiden. Hellen Kern entfernen. Die Scheiben vierteln, etwas auseinanderziehen und mit Himbeeren und einem Minzenzweig garnieren.*

Honigmelonen-Schnitze:
Die Melone der Länge nach in dünne Schnitze schneiden. Samen und Rinde entfernen. Die Schnitze fächerartig auslegen und als Kontrast einen roten Johannisbeerzweig hinlegen.

Kiwi-Scheiben:
Mit einem scharfen Messer die pelzige Haut entfernen, dann die Frucht querdurch in dünne Scheiben schneiden. Blaubeeren bringen einen besonderen Farbeffekt.

Amerikanischer Streuselkuchen mit Creme und Früchten

Schlagsahne und Erdbeeren sind die übliche Füllung für den traditionellen amerikanischen Sommer-„Shortcake". Unsere Luxusausführung geht einen Schritt weiter, indem wir eine ganze Reihe verschiedenfarbiger Früchte verwenden mit Schlagsahne als dramatischem Höhepunkt. Natürlich müssen Sie nicht dieselben Früchte verwenden; die Hauptsache ist, Sie wählen schöne, reife und saftige aus, mit denen sich interessante Farbeffekte und Geschmacksvarianten ergeben. Dieses besondere Dessert eignet sich nicht nur für informelle Zusammenkünfte mit Freunden, sondern auch für eine sommerliche Brunch-Party im Freien.

8 Portionen
1 Std. Vorbereitungs- und Kochzeit

- *2 große Nektarinen*
- *45 g Zucker*
- *30 g heller Rohzucker*
- *190 g Mehl*
- *90 g Butter*
- *1 TL Backpulver*
- *1/2 geschlagenes Ei*
- *85 ml Milch*
- *120 g Kirschen*
- *1 kleine Kiwi*
- *225 g Blaubeeren oder Brombeeren*
- *300 ml Doppel- oder Schlagsahne*

1 Die Nektarinen halbieren und Stein entfernen. In Scheiben schneiden. In einer mittleren Schüssel mit einem Eßlöffel Zucker vermischen. Zudecken und kühlstellen.

2 Den Ofen auf 230 Grad vorheizen; Gas 8. Eine 20-cm-Backform einfetten.

3 Streusel-Oberfläche: In einer kleinen Schüssel den braunen Zucker und 40 g Mehl mit einer Gabel vermischen. Mit den Fingerspitzen 30 g Butter in die Mehlmischung reiben, bis es erbsengroßen Streusel gibt.

Herstellung des Shortcake

Mischung ausstreichen: *Die Teigmischung wird mit dem Gummischaber in die eingefettete Form gestrichen.*

Mit Streusel belegen: *Die Streusel werden gleichmäßig über den Teig in der Form gestreut.*

Man verteilt die Streusel, die beim Backen schön hellbraun werden, gleichmäßig auf dem Teig

Backtest: *Wenn der Kuchen goldbraun ist, mit einem Holzspießchen prüfen, ob der Kuchen durchgebacken ist. Das Spießchen sollte sauber herauskommen.*

Aufs Gitter legen: *Nachdem man den Kuchen aus der Form genommen hat, ihn mit der Streuselseite nach oben auf ein Gitter zum Auskühlen stellen.*

Streusel nicht beschädigen.

4 In einer großen Schüssel Backpulver, das restliche Mehl und einen Eßlöffel Zucker zusammenrühren.

5 Mit den Fingerspitzen die restliche Butter in die Mehlmischung einarbeiten, bis sie krümelig wird.

6 In einer anderen kleinen Schüssel das halbe Ei in die Milch schlagen. Diese Mischung in die Mehlmischung einarbeiten, bis alles feucht ist.

7 Die ganze Kuchenmischung in die Form geben und 20 Min. im Ofen backen, bis sie golden ist. Falls die Oberfläche zu braun wird, mit Folie in den letzten 5 Min. bedecken.

8 Den Kuchen aus der Form heben und auf ein Gitter stellen (siehe Kasten vorhergehende Seite). 10 Min. abkühlen lassen.

9 Einige Kirschen mit Stiel zurückbehalten. Sonst alle Stiele und Steine aus den Kirschen entfernen. Die Kiwi schälen und in Stücke schneiden. Die entsteinten Kirschen, die Kiwi und die Blau- oder Brombeeren in die Nektarinen-Mischung geben.

10 In einer kleinen Schussel die Sahne mit dem restlichen Zucker sehr steif schlagen.

11 Mit einem langen, scharfen Messer den Kuchen horizontal halbieren.

12 Den unteren Teil mit der Schnittseite nach oben auf eine Platte legen und mit etwa 60 g Früchten belegen.

13 Etwa 2/3 der Sahne darüberstreichen.

14 Den Deckel mit den Krümeln nach oben aufsetzen.

Geben Sie die Schlagsahne mit einem Löffel in die Mitte der untersten Lage. Sie wird so über den Rand herunterfließen, wenn die Früchte darauf gelegt werden.

15 Die verbliebenen Früchte daraufschichten und mit dem Rest Schlagsahne und den Kirschen verzieren.

Die köstlichen Lagen von frischen, saftigen Früchten, Schlagsahne und krümeligen Kuchenböden werden mit drei süßen, roten Kirschen gekrönt.

Winterliches Obstkompott

4 Portionen
etwa 20 Min. Zubereitungszeit

120 g entsteinte Backpflaumen
120 g gedörrte Aprikosenhälften
125 ml Apfel- oder Orangensaft
2 EL heller Rohzucker
1/4 TL Zimt
1 große Banane
„geschlagene Milch" (siehe Kasten)

1 In einem mittleren Kochtopf über hoher Hitze bringt man Pflaumen, Aprikosen, Apfel- oder Orangensaft mit dem Zucker zusammen zum Kochen.

2 Die Hitze reduzieren und etwa 10 Min. leicht kochen lassen. Ab und zu umrühren.

3 In der Zwischenzeit die Banane schälen und in etwa 2,5 cm dicke Scheiben schneiden. Die „geschlagene Milch" vorbereiten.

4 Den Topf vom Feuer ziehen und die Bananenscheiben ins Kompott mischen.

Die Bananenstücke mischt man unter die Dörrfrüchte.

Geschlagene Milch

In einer kleinen Schüssel werden mit dem Elektromixer *4 EL kalte entrahmte Milch* mit *1 EL gesiebtem Puderzucker* sehr steif geschlagen.

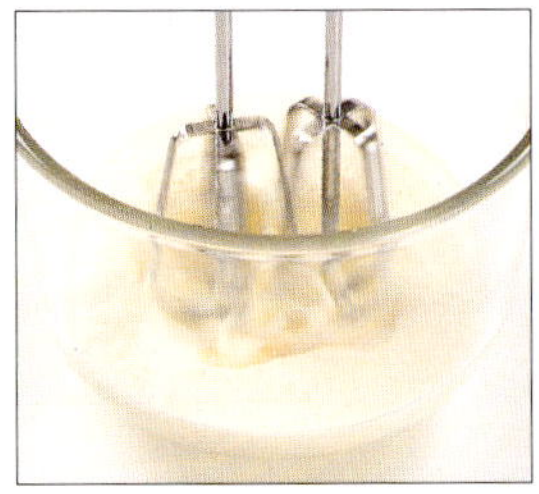

Die entrahmte Milch läßt sich besser schlagen, wenn sie teilweise gefroren ist.

Das getrocknete Obst behält seine Form am besten, wenn es zuvor eingeweicht wurde.

Zum Servieren

Das warme Kompott und die geschlagene Milch auf 4 Teller verteilen.

Sommerliche Mischfrüchte

6–8 Portionen
etwa 30 Min.
Zubereitungszeit

2 rosa Grapefruits
175 ml Apfelsaft
60 g Zucker
1/4 TL geriebener Ingwer
etwa 1 kg Wassermelone
3–4 große Nektarinen oder Pfirsiche
etwa 450 g mittelgroße Pflaumen
350 g Erdbeeren
frische Minzenblätter zum Dekorieren

1 Grapefruit halbieren und den Saft ausdrücken.

2 In eine große Schüssel Grapefruitsaft und Apfelsaft gießen.

3 Zucker und Ingwer gut darin verrühren.

4 Wassermelone in mundgerechte Stücke schneiden, schälen.

5 Nektarinen oder Pfirsiche und Pflaumen in Schnitze schneiden.

6 Erdbeeren putzen. Der Länge nach halbieren, wenn die Beeren groß sind.

7 Den Saft dazugießen.

Zum Servieren:
Die Obstmischung, verziert mit Minzenzweigen, in einer schönen Dessertschüssel auftragen.

Eis-Kirschen

8 Portionen
35 Min. Zubereitungs- und Gefrierzeit

900 g Kirschen

350 g Bitterschokolade, in Stücke gebrochen

300 ml Sahne

1 Kirschen mit den Stielen waschen und mit Küchenpapier trocknen.

2 Kirschen einzeln auf ein Blech legen.

3 Für 15 Min. in den Gefrierschrank schieben.

4 Die gefrorenen Kirschen etwas bei Zimmertemperatur stehen lassen. Sie dürfen jedoch nicht auftauen.

5 Inzwischen die Schokolade mit der Sahne in einen schweren Topf geben. Rühren, bis die Schokoladestücke geschmolzen sind.

Zum Servieren:
Man stellt die Schokoladecreme in einer kleinen Schüssel auf eine große Schale und streut die Kirschen darum herum. Jeder Gast kann nun eine gefrorene Kirsche in die Schokoladecreme tauchen.

Sahnegefüllte Erdbeeren

6 Portionen
etwa 30 Min. Zubereitungszeit

18 sehr große Erdbeeren

300 ml Doppelsahne

3 EL Zitronenquark

1 Die Erdbeeren am Stiel so abschneiden, daß sie aufrecht stehen können. Mit einem scharfen Messer von oben ein „X" in jede Beere schneiden.

2 Die „Blütenblätter" sorgfältig auseinanderziehen.

3 In einer kleinen Schüssel die Sahne sehr steif schlagen.

4 Den Zitronenquark darunterziehen.

5 In einen Dressiersack mit breiter runder Tülle füllen.

6 Mischung in die Beeren spritzen.

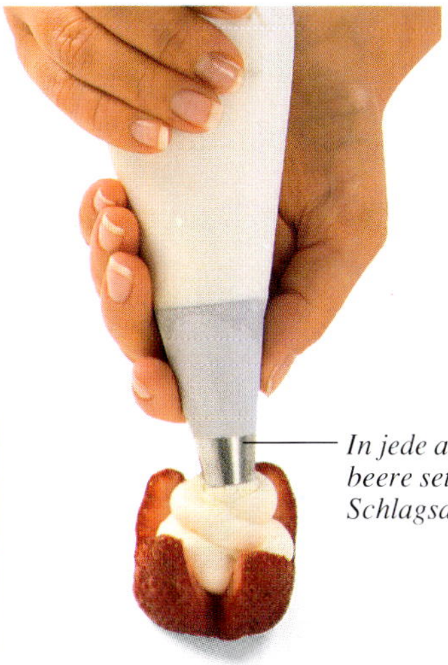

In jede aufgeschnittene Erdbeere setzt man einen Tupfer Schlagsahnemischung.

7 Zudecken und bis zum Servieren kaltstellen.

Gefüllte Feigen

Im Herbst können Sie auch Feigen mit Zitronensahne füllen.

Sahnegefüllte Feigen

1. Schneiden Sie den Stielansatz von 12 mittelgroßen Feigen mit einem scharfen Messer weg. Die Früchte werden wie die Erdbeeren über Kreuz eingeschnitten.

2. Sorgfältig auseinanderziehen, so daß „Blütenblätter" entstehen.

3. Füllen Sie die Feigen, gleich wie die Erdbeeren, mit der Zitronensahne.

Schlagsahne wird mit Zitronencreme aromatisiert und mit dem Spritzbeutel in die Erdbeeren gefullt.

Die Aromen der Erdbeeren und der Zitronensahne passen sehr gut zusammen. Als Abwechslung könnten Sie die Früchte auch mit Aprikosen- oder Mandelsahne füllen.

Puddings

Von allen Süßspeisen sind doch die Puddings die allerangenehmsten. Welche Auswahl an Geschmack und Struktur: weich und cremig wie der heiße Zitronensoufflé-Pudding, substantiell wie der Zimt-Reis-Pudding oder sündhaft üppig wie der Schokoladepudding-Zauber.

Orangenpudding-Becher

8 Portionen
1 1/2 Std. Zubereitungs- und Gefrierzeit

4 große Orangen
300 ml Doppelsahne
175 ml Dosen-Vanillecreme
Orangenschale zum Dekorieren

Zick-Zack-Becher: *Mit einem scharfen Messer über die Mittellinie hin und her schneiden, so daß jede Orangenhälfte einen Zick-Zack-Rand bekommt.*

Persönliche Becher: *Mit dem Lochmesser die Initialen der Gäste in die Orangenhaut schneiden. Gleich zweimal die Initialen setzen und die Orange halbieren.*

Gestreifte Orangen: *Mit dem Julienne-Messer schneiden wir Streifen in die Orangenhaut, vom Boden bis zur Spitze. Die Orange erst dann halbieren.*

1 Stellen Sie Becher nach Ihrem Belieben her (siehe rechts oben). Mit einem scharfen Messer an der Basis flachschneiden, damit die Orangenhälften stehen können. Das Fruchtfleisch sorgfältig herausholen und es in kleine Stücke schneiden. Fruchtfleisch und Orangenbecher beiseite stellen.

2 In einer kleinen Schüssel die Sahne sehr steif schlagen. Einige Orangenstücke zum Garnieren zur Seite legen. Die restlichen Orangenstücke und die Vanillecreme unter die Sahne heben.

3 Diese Füllung in die Orangenbecher geben und etwa 1 Std. kühlstellen. Zum Servieren mit Fruchtstückchen und Orangen-Julienne garnieren.

Diese hübschen Orangen eignen sich gut für eine Kindergesellschaft, denn die Kinder mögen lustige Muster auf ihren Speisen.

Zimt-Reis-Pudding

6–8 Portionen
etwa 2 Std. Zubereitungs- und Kochzeit

1,2 Liter Milch

120 g Reis für Pudding

60 g Zucker

Zimtpulver

frische oder Maraschino-Kirschen zur Verzierung

1 In einem sehr großen Topf über mittlerer Hitze die Milch bis zum Siedepunkt erhitzen. Reis einrühren. Hitze zurücknehmen. Zudecken und 40–45 Min. leicht kochen lassen, bis der Reis weich und der Brei dick ist. Ab und zu rühren.

2 Ofen auf 180 Grad vorheizen; Gas 4. Große rechteckige Backform einfetten. Auf ein großes Backblech stellen.

3 Ab und zu in der Reismischung rühren.

4 In die Backform sorgfältig den Reisbrei gießen (füllt die Form fast bis oben). Das Backblech soweit mit kochendem Wasser füllen, daß es bis zur Formmitte reicht. Im Ofen etwa 40–45 Min. backen, bis ein eingestecktes Prüfmesser sauber herauskommt.

5 Ein Zimtgitter auf die Oberfläche streuen. (Siehe Kasten rechts)

Zum Servieren

Den Pudding mit Kirschen verzieren. Warm oder kühl servieren. Will man ihn ganz kalt aufstellen, erst in den Kühlschrank stellen.

Zimtgitter

Einen Maßstab diagonal von einer Ecke der Form ansetzen und mit dem Zimtstreuer gerade Linien ziehen, indem man den Zimt dem Maßstabrand entlang streut und den Überfluß wegschütteln kann.
Linien im Abstand von 2,5 cm ziehen.

Dann auf der Gegenseite anfangen.

Das rote Kirschennest verleiht dem Pudding einen fröhlichen Akzent.

Das Rautenmuster aus Zimtlinien sieht nicht nur gut aus, sondern schmeckt auch gut.

Heißer Zitronensoufflé-Pudding

6 Portionen
etwa 1 3/4 Std. Zubereitungs- und Kühlzeit

2 mittelgroße Zitronen
2 Eier, getrennt
150 g Zucker
250 ml Milch
20 g Mehl
30 g Butter, geschmolzen

1 Den Ofen auf 180 Grad vorheizen; Gas 4. 175-ml-Mousse- oder Ramequintöpfchen einfetten.

2 Etwa 1 Teelöffel Zitronenschale abreiben.

3 5 Eßlöffel Zitronensaft ausdrücken.

4 In einer mittleren Schüssel mit dem Elektromixer Eiweiß sehr fest schlagen. Langsam 100 g Zucker hineingießen und weiterschlagen, bis der Zucker geschmolzen und Eiweißspitzen entstehen.

5 In großer Schüssel mit dem Elektromixer das Eigelb mit dem verbliebenen Zucker schlagen. Zitronenschale und -saft, Milch, Mehl und Butter beifügen und schlagen, bis alles schön gebunden ist. Mit dem Spachtel ab und zu Schüsselwand abschaben.

6 Mit dem Schneebesen oder Gummischaber das Eiweiß sorgfältig in die Eigelbmischung einarbeiten.

7 Diese Mischung in die vorbereiteten Töpfchen gießen.

8 Die Töpfchen in ein großes Backblech stellen und in den Ofen schieben. Das Blech mit siedendem Wasser bis zur halben Höhe der Förmchen füllen. Die Puddings 40–45 Min. backen, bis die Oberflächen golden und fest geworden sind.

9 Puddings aus dem Ofen nehmen und in den Töpfchen kalt werden lassen.

Zwar sehen die individuellen Töpfchen hübsch aus, doch kann man den Pudding auch sehr gut in einer großen Form backen.

Magischer Schokolade-Pudding

6 Portionen
etwa 1 1/4 Std. Zubereitungs- und Backzeit

175 g Butter
1 TL Vanilleessenz
400 g Zucker
45 g Kakaopulver
25 g Schokoladepulver löslich
300 g Weißmehl
5 TL Backpulver
450 ml Milch
Schlagsahne (siehe Kasten unten) oder Eiscreme

1 Ofen auf 180 Grad vorheizen; Gas 4. In einer großen Schüssel mit dem Elektromixer die Butter, Vanilleessenz und 225 g Zucker glattrühren. Kakaopulver und lösliches Schokoladepulver, Mehl, Backpulver und Milch dazugeben und nochmals glattrühren.

2 Die Mischung in eine 28 x 20 cm große Backform gießen.

3 In einer kleinen Schüssel Zucker und Kakao verrühren und über die Mischung in der Backform streuen.

4 Darüber, ohne zu rühren, 450 ml Wasser gießen.

Zum Servieren

Nach Belieben Schlagsahne oder Eiscreme dazu reichen.

5 45–55 Min. backen. (Die Mischung trennt sich in Schwammlage oben und Cremelage unten.)

6 Sofort servieren, damit die Sauce nicht vom Pudding aufgesogen wird.

Schlagsahne

Als unerläßlicher Bestandteil in vielen Desserts kann die Schlagsahne aus verschieden fetthaltigen Sahnen zubereitet werden. Doppelsahne enthält 48 Prozent Fett, während Schlagsahne, die etwas leichter ist, etwa 40 Prozent hat. Geschlagen sollte die Schlagsahne einige Stunden gut aussehen, bevor sie zu „weinen" beginnt. Die folgende Anleitung wird Ihnen zu einer perfekten Ausführung verhelfen:

- Bevor man zu schlagen beginnt, müssen Sahne, Schüssel und Schläger sehr kalt sein.
- Am Anfang nur langsam schlagen. Das stabilisiert die Sahne beim Aufnehmen kleiner Luftbläschen.
- Am Schluß sehr schnell schlagen, bis die Sahne steif genug ist. Bei längerem Schlagen scheidet die Sahne in Butter und Molke.
- Wenn man die Schlagsahne nicht sofort verwendet, zudecken und kühlstellen.

Französischer Brotpudding

6 Portionen
etwa 1 Std. Zubereitungs- und Backzeit

1 60 cm langes Pariserbrot
60–90 g Butter, weichgemacht
750 ml Sahne
75 g Zucker
4 Eier
Abgeriebenes einer Zitrone
Goldensirup zum Bepinseln
Doppel- oder Schlagsahne (fakultativ)

1 Ofen auf 180 Grad vorheizen; Gas 4. Brot schräg in etwa 1 cm dicke Scheiben schneiden, jede Scheibe etwa 12,5 cm lang. Eine Brotseite mit Butter bestreichen.

2 In eine runde, feuerfeste, mindestens 4 cm hohe Gratinform die Brote ziegelartig auslegen. Butterseite nach oben.

3 Das eine Brotende in die Mitte legen, das andere für Brotkrumen behalten.

4 In einer mittleren Schüssel mit Schneebesen oder Gabel Rahm, Zucker und Zitronenschale gut vermischen.

5 Langsam die Eiermischung über das Brot gießen.

6 Mit der Gabel die Brotscheiben etwas hinunterdrücken.

7 Etwa 45–50 Min. backen, bis eine Messerklinge in der Mitte sauber herausgezogen werden kann.

Zum Servieren

Man kann diesen Pudding warm, lauwarm oder kalt servieren. Nach Belieben mit Schlagsahne.

Die knusprigen Pariserbrot-Scheiben werden glänzend, wenn man sie mit Goldensirup bestreicht.

Die ziegelartigen konzentrischen Kreise sind wie für diesen Brotpudding gemacht.

Torten
Kuchen
Cakes

75–130

Torten, Kuchen, Cakes

Wir bringen hier eine bunte Sammlung von Kuchen für jede Gelegenheit, für die elegante Dinnerparty und besondere Feiertage wie auch zu einer gemütlichen Tasse Tee mit der Freundin. Da gibt es den besonders üppigen Schweizer Schokolade-Quark-Cake oder den farbenfrohen, schmackhaften Calypso-Früchte-Cake. Der Cappuccino-Cake mit seinem weichen Kaffee-Buttercreme-Überzug und der Schokolade-Buttermilch-Kuchen – ein feuchtes Schokoladen-Bisquit mit Orangenlikör – ebenso auffallend wie köstlich. Die Rezeptauswahl erstreckt sich vom verführerisch-aufwendigen Schokolade-Trüffel-Cake bis zum altmodisch amerikanischen Karotten-Cake und dem ultra-leichten Angel-Cake für linienbewußte Dessert-Liebhaber. In diesem Kapitel findet man wirklich jede Art von Cakes und Kuchen: den leichten, aber spektakulären Feiertags-Buffet-Cake aus Bisquit oder den phantasievoll verzierten frischen Erdbeercreme-Cake, mit hilfreichen Angaben für das Garnieren mit Schlagsahne. Und sicherlich werden Sie viele der Anregungen hilfreich finden, die Ihnen zeigen, wie man Schokolade und Blumen verwenden kann, um köstliche Kuchen auch fürs Auge köstlich zu gestalten.

Inhalt

Torten, Kuchen, Cakes

In diesem Kapitel gibt es Cakes und Kuchen für jede Gelegenheit, jeden Festtag, jede Jahreszeit. Da gibt es aufwendige, üppige Kuchen, um ein großes Fest wie eine Hochzeit gebührend zu feiern, und einfache Cakes, die den Morgenkaffee oder Nachmittags-Tee begleiten oder einem Familienessen einen angenehmen Abschluß bringen. Die Torten sind reicher und aufwendiger, ideal für Dinner-Parties oder ähnliche Gelegenheiten. Bei den meisten Rezepten in diesem Kapitel fangen wir „ganz von vorne" an, jedoch beim Feiertags-Buffet-Cake wird geschickt ein Paket gewöhnliches Schwammbisquit in einen außergewöhnlichen Genuß verwandelt.

Zimtcreme-Kuchen

16 Portionen
kann bis zu drei Tagen vorher zubereitet und im Kühlschrank aufbewahrt werden

175 g weiche Margarine
100 g Zucker
1 EL gemahlener Zimt
1 Ei
215 g Weißmehl
450 ml Doppel- oder Schlagsahne
Kakaopulver

1 Den Ofen auf 190 Grad vorheizen; Gas 5.
9 Blätter Backtrennpapier von 21 cm Länge abreißen. Auf eines der Papiere mit Hilfe eines Tellers oder Backblechs einen 20 cm-Kreis zeichnen. Alle Blätter gleichmäßig aufeinander legen; das mit dem Kreis zuoberst. Mit einer Küchenschere die Rondellen ausschneiden (siehe Kasten oben rechts).

2 Margarine, Zucker, Zimt, Ei und Mehl in eine große Schüssel geben. Mit dem Elektromixer alles gut vermischen. Was sich am Schüsselrand absetzt, hinunterschaben. In die leicht und flockig gewordene Mischung das restliche Mehl zu einem weichen Teig einarbeiten.

3 Mit einem feuchten Tuch 1 kleines und 2 große Backbleche anfeuchten. Je zwei Papierrondellen auf ein großes Blech legen und das restliche auf das kleine. Dann mit dem Palettenmesser je 4 Eßlöffel Teig auf die Rondellen streichen (siehe rechts).

4 6–8 Min. backen, bis die Ränder leicht braun sind. Auf Papier und Gitter 5 Min. abkühlen lassen (siehe Kasten rechts).

Wie man die Bisquit-Lagen macht:

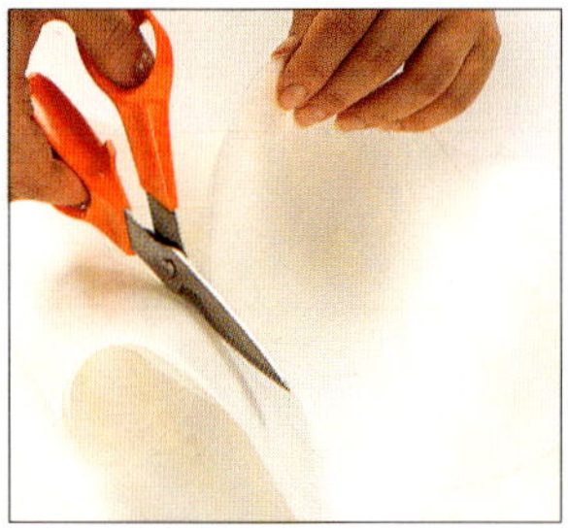

Das Backtrennpapier schneiden: *Die Papiere übereinanderlegen, festhalten und mit der Schere, alle Lagen fassend, dem obersten Kreis entlang schneiden.*

Rondellen aufs Backblech legen: *Auf die großen angefeuchteten Bleche je zwei Pergamentrondellen nebeneinander legen. Die einzelne auf ein kleines Blech.*

Teig auf die Rondellen streichen: *Mit einem Palettenmesser den Teig sehr dünn aufs Papier streichen.*

Bisquits auf ein Gitter bringen: *Mit Hilfe einer großen Kuchenschaufel die Teigrondellen auf dem Papier auf ein Gitter ziehen.*

Papier wegschälen: *Sehr sorgfältig mit den Fingern Papier ablösen.*

5 Die Backbleche müssen ganz kalt sein, bevor man wieder Teig auf die Rondellen streicht. (Je mehr Backbleche Sie haben, desto schneller sind Sie mit dem Backen fertig.) Wenn Sie die Torte nicht sofort fertigstellen wollen, müssen die Teigplatten aufeinandergelegt, gut eingepackt und an trockenem, kühlen Ort aufbewahrt werden.

6 Am Tag des Servierens in einer mittleren Schüssel die Sahne sehr steif schlagen.

7 Sorgfältig von einer Teigrondelle das Backpapier abziehen und auf eine Platte legen (siehe Kasten vorhergehende Seite). Mit Schlagsahne bestreichen. So weiterfahren, bis alle Rondellen aufgebraucht sind, mit Sahne beenden.

8 Mit Kakaopulver besieben. Nach Belieben mit dem Messerrücken 16 Stücke markieren. Zum Schluß mindestens 4 Std. kühlstellen, damit der Teig zum Schneiden etwas weicher wird.

Ingwercreme-Torte

Wenn Sie Lust haben, können Sie diese spektakuläre Torte statt mit Zimt- mit Ingwergeschmack zubereiten:

Statt des Zimtes *1 EL gemahlenen Ingwer* in den Bisquitteig geben und dann als Verzierung kandierte Ingwerstückchen auf die oberste Sahneschicht legen, um die Portionen zu markieren.

Großzügig Kakaopulver auf die Torte streuen.

Nach dem Bestreuen mit dem Messerrücken 16 Portionen in die Schlagsahne ziehen.

Die neun knusprigen Lagen mit Zimtgeschmack werden mit zarter Schlagsahne gefüllt.

Doppelte Schokolade-Mousse-Torte

Diese üppige, reiche Schokoladetorte ergibt die allerfeinste Schokolade-Süßspeise – dunkel, feucht, sehr schokoladig, ganz um die Seele zu befriedigen. Zwar ist kein Mehl darin, doch hält der Kuchen sehr gut zusammen, wenn man ihn in Stücke schneidet. Zuckerveilchen auf der schmückenden Sahne geben dem Ganzen ein elegantes Aussehen.

8–10 Portionen
kann am Vortag zubereitet und im Kühlschrank aufbewahrt werden

450 g Bitterschokolade, in Stücken
450 g Butter
200 g Zucker
250 ml Sahne
8 Eier
Schokolade zum Glasieren (siehe Kasten folgende Seite)
300 ml Doppel- oder Schlagsahne
gezuckerte Veilchen

1 Ofen auf 180 Grad vorheizen; Gas 4. Eine 24-cm-Springform einfetten.

2 In einem großen Topf auf schwachem Feuer Schokolade, Butter, Zucker und Rahm verrühren, bis die Schokolade schmilzt und die Masse glatt und weich ist.

3 In einer großen Schüssel mit Schneebesen oder Gabel die Eier leicht schlagen und die warme Schokolademischung dazurühren.

4 Mischung in eine Springform gießen, so daß der Teig gleichmäßig verteilt ist.

5 45 Min. backen oder so lange, bis der Spieß, den man 5 cm vom Rand entfernt einsteckt, sauber herauskommt.

Mischung in die Springform gießen

Zum Servieren
Legen Sie gezuckerte Veilchenblüten zwischen die Rahmtupfer

Mit einer Messerklinge die noch warme Glasur etwas aufwirbeln, wie die Abbildung zeigt.

6 Wenn der Kuchen abgekühlt ist, sorgfältig den Rand der Form ablösen. Den Kuchen dann, noch auf dem Formboden, gut einpacken und mindestens 6 Std. an die Kühle stellen.

7 Die Schokoladenglasur vorbereiten.

8 Eine Tortenplatte mit Pergamentpapier belegen. Den Kuchen auspacken, vom Formboden lösen, auf die Platte setzen und warm glasieren (siehe Kasten rechts). Pergamentpapier wegnehmen.

9 In einer kleinen Schüssel die Sahne sehr steif schlagen. In einen Dressiersack mit mittlerer Sterntülle füllen (siehe Kasten rechts) und auf dem Tortenrand entlang Rosetten spritzen. Wenn man die Torte nicht sofort braucht, im Kühlschrank frisch halten.

Schokoladeglasur

In einer schweren nicht haftenden Pfanne *175 g Schokoladestücke* und *30 g Butter* schmelzen. Die Pfanne darf keinen zu dünnen Boden haben, sonst brennt die Schokolade an.

Pfanne von der Hitze ziehen und *3 Eßlöffel Milch* sowie *2 Eßlöffel Golden Sirup* darin verrühren.

Wie man einen Kuchen glasiert

Torte auf die Platte setzen: *Den gut gekühlten Kuchen auf eine mit Pergamentpapier belegte Platte bringen. Das Papier soll die Glasurtropfen auffangen.*

Glasieren der Torte: *Die warme Glasur mit dem Palettenmesser auf der Oberfläche und den Seiten verstreichen.*

Ärgern Sie sich nicht, wenn die Torte vor dem Glasieren etwas verfallen aussieht. Glasiert und verziert wird sie großartig aussehen.

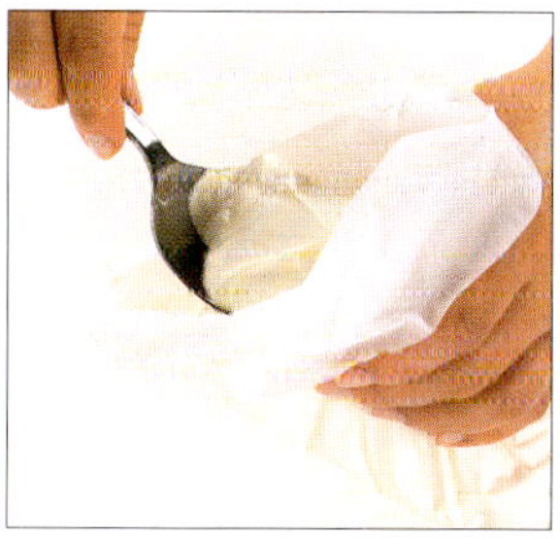

Den Dressiersack mit Sahne füllen: *In einen Dressiersack mit mittlerer Sterntülle die Schlagsahne geben. Das Sackende fest zusammendrehen.*

Dressieren der Sahne: *Auf den Tortenrand einen fortlaufenden Kreis von Schnecken dressieren.*

Pilgrims Kürbis-Torte

8 Portionen
kann am Vortag zubereitet und in der Kühle aufbewahrt werden

Nuß-Böden (siehe Kasten rechts)
250 g Zucker
175 g weiche Butter
225 g Dosen-Kürbis oder gekochtes Kürbis-Püree
375 g selbsttreibendes Mehl
125 g Naturjoghurt
1 EL gemischte Gewürze
3 Eier
450 ml Doppel- oder Schlagsahne
Teebisquit-Krumen zum Garnieren

1 Die Nuß-Böden zubereiten und in Kuchenformen beiseite stellen. Ofen auf 180 Grad vorheizen; Gas 4.

2 In einer großen Schüssel mit dem Elektromixer Zucker und Butter 10 Min., oder bis alles luftig ist, schlagen. Kürbis, Mehl, Joghurt und Eier dazugeben. Weitere 2 Min. schlagen, bis alles gut gemixt ist, und immer wieder den Schüsselrand abkratzen.

Kuchenbleche

Wenn Ihnen nur 2 Kuchenbleche zur Verfügung stehen, teilen Sie die Kuchenmischung und die Füllung in je zwei Teile. Füllen Sie den ersten Teil in zwei Bleche, lassen Sie die gebackenen Böden während 10 Min. auskühlen und backen Sie dann die zweite Hälfte.

3 Diese Mischung über die Nuß-Böden in den Blechformen streichen.

4 Die Formen so auf Ofengitter stellen, daß sie nicht direkt übereinander liegen. Etwa 20 Min. backen oder so lange, bis ein eingestecktes Holzspießchen sauber heraus kommt. Die Gitter austauschen und, wenn nötig, auch die Lage der Formen verändern und nochmals 10 Min. backen.

5 Dann die Kuchen mit dem Palettenmesser von einer Seite aus der Form lösen.

6 Kuchenböden aus der Form auf ein Gitter stürzen. Abkühlen lassen.

7 In einer mittleren Schüssel die Sahne steif schlagen.

Nußböden

175 g Walnüsse feingehackt
125 g Teebisquit, fein zerdrückt
350 g hellbrauner Zucker
175 g Butter, geschmolzen

1 In einer großen Schüssel mit dem Löffel Nüsse, Bisquitkrumen, Zucker und Butter gut verrühren.

2 In jede von vier 24-cm-Formen ein Viertel der Mischung geben.

3 Mit den Fingern auf dem Boden glattdrücken.

8 Den ersten Nußboden auf eine Kuchenplatte legen, nussige Seite oben. Ein Viertel der Schlagsahne daraufstreichen.

9 Die Lagen wiederholen. Boden zuoberst. Leicht mit Bisquitkrumen bestreuen. In die Kühle stellen, wenn man die Torte nicht sofort serviert.

Wenn man frischen Kürbis braucht

Die Zeit der frischen Kürbisse ist der Oktober. Halten Sie Ausschau nach festen, glänzenden Kürbissen, die keine Flecken haben. An einem kühlen, trockenen Ort aufbewahren und innerhalb eines Monats verbrauchen.

Gekochtes Kürbismus:

Den Kürbis mit einem scharfen Messer halbieren. Mit einem Löffel alle Samen und Fäden herausschaben. Kürbis in Stücke schneiden und diese in einen Topf mit 3 cm Wasser schütten. Zum Sieden bringen. Die Hitze zurücknehmen, zudecken und 25–30 Min. kochen lassen. Wasser abgießen, abkühlen lassen und schälen. Pürieren und Flüssigkeit abgießen.

Die acht Tupfen Schlagsahne auf dem oberen Rand lassen die Torte gut in acht Stücke teilen.

Einige Teebisquit-Krumen werden auch auf die Sahnetupfen gestreut.

Jeder der vier Böden besteht aus zwei Schichten – einem nussigen, knusprigen Teil oben und einem Kürbisschwamm unten.

Schokolade-Buttermilch-Kuchen

8–10 Portionen
kann am Vortag zubereitet und in der Kühle aufbewahrt werden

300 g Zucker
150 g Butter weich
250 g selbsttreibendes Mehl
350 ml Buttermilch
60 g Kakaopulver
1/2 TL Kaffee-Essenz
2 Eier
120 g Bitterschokolade-Couverture
Vanille-Butter-Creme (siehe Kasten oben rechts)
3 EL Orangenlikör

Die restliche Buttercreme wird in Tupfen dem Rand entlang und in der Mitte auf die Torte gespritzt.

1 Ofen auf 180 Grad vorheizen; Gas 4. Eine 24-cm-Springform einfetten. Den Boden mit Backtrennpapier auslegen.

2 In einer großen Schüssel mit dem Elektromixer Zucker und Butter 10 Min. schlagen. Mehl, Buttermilch, Kakao, Kaffee-Essenz und Eier etwa 3–4 Min. dazurühren. Den Schüsselrand ab und zu abschaben.

3 Die Mischung in die Springform schütten und glattstreichen.

4 45 Min. backen, bis ein hineingesteckter Spieß trocken ist.

5 Den Kuchen etwa 10 Min. auf einem Gitter auskühlen lassen. Mit dem Palettenmesser vom Rand lösen. Rand abnehmen und den Kuchen auf ein Gitter stürzen. Papier ablösen. Ganz auskühlen lassen.

6 Inzwischen aus der Schokolade-Couverture Löckchen drehen.

7 Vanille-Butter-Creme zubereiten.

8 Den Kuchen auf eine große Platte legen. Wenn Likör verwendet wird, die ganze Oberfläche mit der Gabel einstechen und mit Likör beträufeln.

Vanille-Butter-Creme

In einer großen Schüssel mit dem Elektromixer *450 g Puderzucker, 90 g weichgemachte Butter, 3 EL Milch und 1 1/2 TL Vanilleessenz* gut verrühren. Wenn nötig, etwas mehr Milch dazugießen, bis die Creme glatt und streichbar ist.

9 Etwa ein Drittel der Buttercreme in einen Dressiersack mit großer runder Tülle füllen. Beiseite legen. Oberfläche und Seiten mit der verbleibenden Buttercreme bestreichen. Dann mit dem Dressiersack dem Rand entlang große Tupfen und auf einem inneren Kreis kleinere Tupfen spritzen. Schokoladeflocken seitlich an den Kuchen drücken und oben zwischen die Tupfenreihen. Wenn der Kuchen nicht sofort gebraucht wird, im Kühlschrank aufbewahren.

Österreichische Schokoladetorte

8 Portionen
kann am Vortag zubereitet und an der Kühle aufbewahrt werden

250 g Bitterschokolade, in Stücken
175 g Butter
6 Eier, getrennt
30 g selbsttreibendes Mehl
200 g Zucker
60 g Bitterschokolade-Couverture
1 EL Puderzucker
Schlagsahne (siehe S. 73)

1 Den Ofen auf 170 Grad vorheizen; Gas 3. Eine 24-cm-Springform einfetten und bemehlen.

2 In einem schweren, nichthaftenden Topf über kleiner Hitze Schokolade und Butter unter Rühren schmelzen, bis sie glatt sind.

3 In einer großen Schüssel mit dem Elektromixer bei voller Geschwindigkeit die Eiweiß sehr steif schlagen. Langsam 60 g Zucker einfließen lassen und weiterschlagen, bis er sich ganz aufgelöst hat und das Eiweiß Spitzchen bildet.

4 In einer anderen großen Schüssel mit dem Mixer die Eigelb und den restlichen Zucker etwa 5 Min. schlagen, bis die Masse dick und zitronengelb ist.

5 Mehl hinzumischen und weiterverarbeiten, bis alles glatt ist.

6 Mit Gummischaber oder Schwingbesen die geschlagenen Eiweiß sehr sorgfältig unter die Schokolademasse ziehen, immer etwa ein Drittel aufs Mal.

7 Mischung in die Form füllen, glatt streichen und 30–35 Min. backen. (Der Kuchen reißt beim Steigen ein.)

8 Der Kuchen ist fertig, wenn die Mischung fest aussieht und ein Spießchen, in die Mitte gesteckt, trocken herauskommt. Das Zentrum sollte nicht naß sein.

9 Den Kuchen auf einem Gitter ganz abkühlen lassen. Dabei fällt er etwas zusammen und die Oberfläche kriegt Risse.

10 In der Zwischenzeit aus der Schokolade-Couverture dunkle Locken ziehen (Seite 142).

11 Den Kuchen mit dem Palettenmesser vom Rand lösen. Den Rand entfernen, und den Kuchen auf eine Platte stellen.

Zum Servieren
Puderzucker über den Kuchen streuen. Mit Schokoladelocken garnieren.

Puderzucker kann großzügig über die Oberfläche gestreut werden.

Die Risse im Kuchen sind nicht zu vermeiden und passen auch gut zum rustikalen Österreich. Niemand wird sich darüber aufhalten, wenn er erst einmal den ersten Bissen gekostet hat.

Cappuccino-Cake

Die Lagen dieses Schokolade-Cakes sind italienisch inspiriert und werden mit Mehl gemacht wie die Rouladen. Das Bisquit wird beim Backen erst steigen und dann zusammenfallen und hat eine leichte Schwammstruktur – also ideal für einen Lagen-Cake mit üppiger Füllung.

8 Portionen
kann am Vortag zubereitet und an der Kühle aufbewahrt werden

5 Eier, getrennt

165 g Puderzucker, gesiebt

45 g Kakaopulver, gesiebt und etwas zum Besieben

150 ml Doppel- oder Schlagsahne

225 g vollfetter Quark, weichgerührt

30 g Schokolade, grob gerieben

Kaffee-Buttercreme (siehe Kasten oben rechts)

Schokolade-Kaffeebohnen zum Garnieren

1 Den Ofen auf 200 Grad vorheizen; Gas 6. Eine 23 x 33-cm-Cakeform einfetten. Den Boden mit Backtrennpapier auslegen.

2 In einer großen Schüssel mit dem Elektromixer die Eiweiß sehr fest schlagen.

3 Langsam den Puderzucker einfließen lassen. Weiter schlagen, bis er ganz geschmolzen ist.

4 In einer anderen großen Schüssel die Eigelb mit dem Elektromixer solange schlagen, bis sie zitronengelb sind.

Kaffee-Buttercreme

In einem Becher *2 EL heißes Wasser mit 2 TL Kaffeepulver* angießen. In einer großen Schüssel mit dem Elektromixer *225 g Puderzucker* und *225 g weiche Butter* 10 Min. schlagen, bis die Masse weich und luftig ist. Langsam den Kaffee zugießen. Falls die Buttercreme im voraus zubereitet wird, in einem gutschließenden Gefäß aufbewahren, damit sich oben keine Kruste bildet.

5 Mit dem Gummischaber oder Schwingbesen Eiweiß sorgfältig unter die Eigelbmasse ziehen. Immer ein Drittel aufs Mal.

6 Den rohen Teig in die Form schütten. 15 Min. backen oder bis die Oberfläche unter Fingerdruck elastisch ist.

7 Ein sauberes Tuch mit Kakaopulver bestreuen. Wenn das Bisquit gebacken ist, sofort auf das Tuch stürzen. Sorgfältig das Backpapier entfernen. Eventuell die harten Ecken abschneiden. Ganz auskühlen lassen.

8 Während das Bisquit auskühlt, Quarkfüllung zubereiten: In einer kleinen Schüssel Sahne fest schlagen.

Wie man den Cake in Lagen schichtet:

Die unterste Lage wird auf eine Cakeplatte gelegt.

Die weiche Quarkfüllung ist mit geriebener Schokolade gemischt.

Aufstreichen der Füllung: Mit einem Palettenmesser die Hälfte der Quarkfüllung auf die unterste Lage streichen.

Die Krusten sind weggeschnitten worden, um dem Cake eine gleichmäßige Form zu geben.

Die Lagen beenden: *Auf die zweite Lage die restliche Quarkfüllung streichen und mit der dritten Lage bedecken.*

9 In einer großen Schüssel mit dem Elektromixer den restlichen Puderzucker in den Quark mischen. Geriebene Schokolade dazurühren. Mit dem Gummischaber unter die Sahne heben. Im Kühlschrank bis zum Gebrauch kaltstellen.

10 Die Kaffee-Buttercreme zubereiten. Ein Viertel davon in einen Dressiersack mit kleiner Sterntülle füllen.

11 Bisquit mit einem Sägemesser in drei gleiche Stücke schneiden.

12 Eine Lage auf eine Cakeplatte legen und mit der Hälfte der Quarkfüllung bestreichen (siehe Kasten Seite zuvor).

13 Die Lagen wiederholen, mit einem Bisquitstück beenden (siehe Kasten Seite zuvor).

14 Buttercreme an den Seiten und auf die Oberfläche streichen. Zuerst dem Rand entlang einen Streifen spritzen und dann ein Gitter in Diagonalen. In jedes Feld eine Schokolade-„Kaffeebohne" setzen. Wenn man den Cake nicht sofort serviert, an die Kühle stellen.

Die Buttercreme spritzt man mit dem Spritzbeutel und einer dünnen Tülle in Form eines Gitters auf den Cake.

Die Schokolade-„Kaffeebohnen" in jedem Feld des Gitters sehen sehr effektvoll aus.

Caraque Schokolade-Torte

Die langen, dünnen Röllchen auf dieser spektakulären Torte werden in Frankreich „caraques" genannt. In diesem Rezept werden sie aus Schokolade-Couverture gemacht, die sehr leicht anzuwenden ist.

8 Portionen
kann am Vortag zubereitet und in der Kühle aufbewahrt werden

150 g selbsttreibendes Mehl
150 g Zucker
175 ml saure Sahne
120 g Butter, weichgemacht
30 g Kakao
1/2 TL Backpulver
1 Ei
175 g Bitterschokolade-Couverture
Schokoladeglasur (siehe Kasten oben rechts)
Puderzucker zum Besieben

1 Eine 24 cm große, runde Backform einfetten. Den Boden mit Backtrennpapier belegen.

2 Den Ofen auf 180 Grad vorheizen; Gas 4. In einer großen Schüssel die ersten 7 Zutaten mit einem Elektromixer zusammenrühren. Die Schüsselwand ab und zu abschaben.

3 Die Mischung gleichmäßig in der Form verteilen. 30–35 Min. backen. Ein Spießchen muß sauber herauskommen. In der Form 10 Min. abkühlen. Mit dem Palettenmesser das Bisquit vom Rand lösen. Den Kuchen auf ein Gitter stürzen. Das Backpapier wegziehen. Vollkommen abkühlen lassen.

4 In der Zwischenzeit in einer kleinen Schüssel über leicht kochendem Wasser die Schokolade erhitzen. Rühren, bis sie glatt ist. Die geschmolzene Schokolade auf zwei große Backbleche glatt ausstreichen und Röllchen abziehen (siehe Kasten unten).

Schokolade-Überzug

In einer kleinen Pfanne schmilzt man bei kleiner Hitze 90 g in Stücke gebrochene Bitterschokolade, 45 g Butter und 2 EL Golden Sirup. Öfters umrühren, damit die Masse glatt wird. Vom Herd nehmen, auskühlen lassen, dabei hie und da umrühren, bis der Überzug dicklich ist.

5 Auch auf dem zweiten Blech Röllchen abziehen. (Die Konsistenz der Couverture ist wichtig. Zu weich, gibt es keine Röllchen; zu hart, zerbröckelt sie. Um sie weicher zu machen, bei Zimmertemperatur einige Minuten stehen lassen; um sie zu festigen, in den Kühlschrank stellen.)

6 Schokoladeglasur zubereiten.

7 Sorgfältig alle Krumen vom Kuchen wischen. Das Bisquit auf ein mit Backtrennpapier belegtes Gitter stellen.

8 Die Glasur mit einem Löffel über Oberfläche und Seiten der Torte streichen. Tropfen fallen auf das Papier.

9 Den Kuchen mindestens 3/4 Std. bei Zimmertemperatur stehen lassen, bis die Glasur trocken ist.

10 Auf eine Kuchenplatte legen und mit den Schokoladeröllchen verzieren.

Schokolade-Röllchen

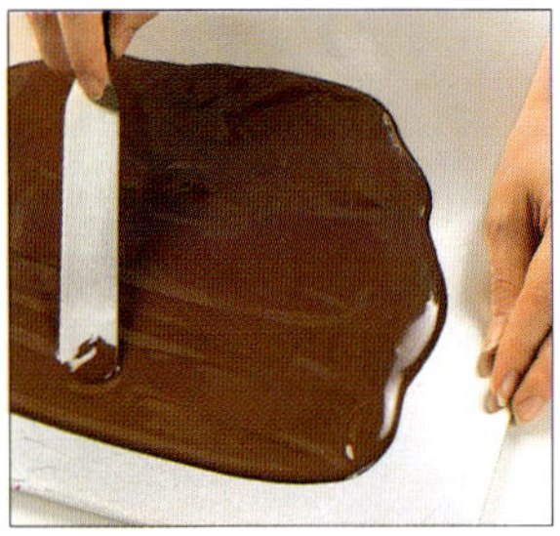

Schokolade ausstreichen: *Mit dem Palettenmesser wird die geschmolzene Schokolade-Couverture auf einem Backblech ausgestrichen. Abkühlen, bis die Masse fest, jedoch nicht brüchig ist.*

Röllchen drehen: *Das Backblech auf ein feuchtes Tuch legen, damit es nicht rutscht. Eine glatte Messerklinge oder das Palettenmesser über die Schokoladeoberfläche stoßen, bis es Röllchen gibt.*

Röllchen verlegen: *Mit einem Cocktailhölzchen oder Zahnstocher läßt sich das Röllchen verlegen.*

Schokoladetrüffel-Torte

Dies ist die Torte für spezielle Gelegenheiten. Sie ist drei Lagen dick, gefüllt und mit einer mundwässernden Verzierung versehen. Der weiche Satinglanz, eine köstliche Kombination von Sahne und Schokolade, gibt der fertigen Torte ein ganz fachmännisches Aussehen und ist doch ganz einfach herzustellen.

10 Portionen
kann am Vortag zubereitet und an der Kühle aufbewahrt werden

750 g Bitterschokolade, in Stückchen
325 g Butter, weichgemacht
3 Eier
400 g selbsttreibendes Mehl
400 g Zucker
300 g Puderzucker, gesiebt
175 ml Doppel- oder Schlagsahne
Rose zum Verzieren

1 Eine 24 cm große, runde Kuchenform einfetten. Ofen auf 170 Grad vorheizen; Gas 3.

2 In einem schweren nichthaftenden Topf über schwacher Hitze 350 g Schokolade, 225 g Butter und 600 ml Wasser unter Rühren erhitzen, bis alles glatt und geschmolzen ist. Vom Feuer ziehen und etwas abkühlen lassen.

3 In einer großen Schüssel die Eier mit dem Elektromixer schlagen und langsam die warme Schokolademischung dazurühren.

4 Dieser Mischung Mehl und Zucker zufügen, weiterschlagen mit dem Schneebesen oder einer Gabel, bis die Masse glatt verarbeitet ist.

5 Die Mischung in die Backform gießen und 45 Min. backen, bis ein Spießchen trocken herausgezogen werden kann. Die Torte in der Form auf einem Gitter 10 Min. abkühlen lassen. Aus der Form nehmen und auf dem Gitter ganz auskühlen lassen.

6 In der Zwischenzeit bereiten wir die Trüffelmischung zu: In einer Schüssel über leicht kochendem Wasser 125 g Schokolade unter Rühren erhitzen, bis sie geschmolzen ist. Etwas abkühlen lassen. Mit dem Löffel den Puderzucker, die verbleibende Butter und 4 Eßlöffel Sahne dazugeben, bis die Mischung glatt und weich ist.

7 Wenn das Bisquit ausgekühlt ist, horizontal in drei Lagen schneiden.

8 Die Glasur vorbereiten: In einem mittleren Topf über schwacher Hitze 225 g Schokolade und die restliche Sahne so lange verrühren, bis alles glatt und geschmolzen und etwas dicklich ist. Warm halten.

9 Den Kuchen glasieren (siehe Kasten unten). Etwa 30 Minuten in den Kühlschrank stellen, bis die Glasur fest ist.

10 Die Torte auf eine Kuchenplatte stellen und die Ränder mit der restlichen Trüffelmischung garnieren (siehe Kasten unten). Die restliche Schokolade grob reiben und dem oberen Rand entlang streuen. Die Rose in die Mitte legen.

Wie man die Torte aufbaut und die Glasur anbringt:

Aufbauen der Torte: *Mit dem Palettenmesser etwa 1/6 Füllung auf den untersten Tortenboden streichen. Den zweiten Boden darauflegen und etwas andrücken. Mit dem zweiten Sechstel bestreichen. Zuoberst die dritte Bisquitlage gut andrücken.*

Glasieren der Torte: *Über die aufgeschichteten Lagen die Glasur gießen. Mit dem Palettenmesser Oberfläche und Seiten völlig bedecken.*

Die Verzierung spritzen: *Mit der Sterntülle wird die Verzierung rund um die Torte angebracht.*

Schokolade-Kokosnuß-Torte

Diese Schokoladetorte rühmt sich der Kokossplitter im Kuchenteig, der geriebenen Walnüsse in der süßen Füllung, der Schlagsahne, die den Schokoladegeschmack richtig hervorhebt, und der papierdünnen Kokosnuß-Krausen, die das Ganze krönen. Wenn Sie keine Buttermilch erhalten, verwenden Sie frische Milch, die Sie mit ein paar Tropfen Zitronensaft ansäuern.

8 Portionen
kann am Vortag zubereitet und an der Kühle aufbewahrt werden

90 g Bitterschokolade, in Stückchen gebrochen
225 g selbsttreibendes Mehl
300 g Zucker
300 ml Buttermilch
120 g Butter, weichgemacht
1/2 TL Backpulver
3 Eier
100 g grob geriebene Kokosnuß
Schokolade-Walnuß-Füllung (siehe Kasten oben rechts)
300 ml Doppel- oder Schlagsahne
Kokosnuß-Krausen zum Verzieren (siehe Kasten S. 93)

1 Ofen auf 180 Grad vorheizen; Gas 4. Zwei 24 cm große runde Kuchenformen einfetten und Böden und Innenseiten mit Kakaopulver einstäuben.

2 In einer kleinen Schüssel über leicht kochendem Wasser die Schokoladestückchen unter Rühren schmelzen, bis sie zergangen sind.

3 In einer großen Schüssel die ersten 6 Zutaten mit dem Elektromixer 2 Min. lang mischen. Kokosnuß hineinrühren.

Schokolade-Walnuß-Füllung

In einem großen nichthaftenden Topf über mittlerer Hitze *250 ml Kondensmilch, 120 g hellbraunen Rohzucker, 120 g Butter, 60 g Schokolade und 3 leicht verrührte Eigelb* etwa 10 Min. zusammen schlagen, bis die Schokolade leicht geschmolzen ist und einen Löffel überzieht. Nicht kochen lassen, damit die Mischung nicht gerinnt. Vom Feuer ziehen und *225 g Walnuß-Stücke* darunterziehen. Soweit abkühlen lassen, bis die Mischung streichfähig ist.

4 Den Teig auf die beiden Formen verteilen. Etwa 35 Min. backen, bis ein in die Mitte gestecktes Spießchen sauber herauskommt.

5 Die beiden Kuchen in der Form auf einem Gitter 10 Min. abkühlen lassen. Mit dem Palettenmesser Bisquit von den Rändern lösen und auf ein Gitter stürzen. Vollständig auskühlen lassen.

6 Schokolade-Walnuß-Füllung zubereiten; in einer kleinen Schüssel die Sahne sehr fest schlagen.

7 Jeden Kuchen horizontal in zwei Lagen schneiden. Die erste Lage auf eine Platte legen und mit der Hälfte der Walnuß-Füllung bestreichen (siehe Kasten S. 93).

8 Die zweite Lage mit der Hälfte der Sahne bestreichen. Dann wieder von vorne anfangen, bis alle Lagen aufgebraucht sind. Die oberste Schicht mit Schlagsahne bestreichen (siehe Kasten S. 93).

Zum Servieren
Die Torte mit Kokos-Krausen verzieren. Etwas Kakaopulver darübersieben. Verwendet man die Torte nicht gleich, im Kühlschrank aufbewahren.

Die vier Lagen der Schokolade-Walnußtorte werden abwechselnd mit Schokolade-Walnuß-Masse und Schlagsahne gefüllt.

Läßt man die innere braune Haut, dann sehen die Kokosstreifen ganz nach Krausen aus.

Die oberste Sahneschicht läßt man etwas überlappen, damit die Torte eleganter aussieht.

Wie man die Torte aufbaut:

Den Kuchen in Lagen schneiden: *Mit einem Sägemesser jeden der beiden Kuchen horizontal halbieren, so daß vier Lagen entstehen.*

Die Torte aufbauen: *Auf eine Tortenplatte legt man den ersten Boden.*

Die erste Füllung ausstreichen: *Mit dem Palettenmesser läßt sich die Walnußfüllung am besten glattstreichen.*

Die dritte Lage aufsetzen: *Über die Schlagsahneschicht kommt der dritte Boden, geschnittene Seite nach oben.*

Sahne verteilen: *Auf dem obersten Teigboden verteilt man die Sahne etwas überlappend.*

Kokosnuß-Krausen

Mit Nagel und Hammer öffnet man die „Augen“ der Kokosnuß. Die Milch auslaufen lassen (ergibt mit Orangensaft vermischt einen schmackhaften Drink). Mit dem Hammer rund um die Mitte schlagen, bis die Nuß zertrümmert ist.

Fleischstücke mit dem Messer herausschneiden.

Mit dem Gemüseschäler den gebogenen Kanten des Nußfleisches entlangfahren und waffeldünne „Krausen“ mit braunem Rändchen davon abziehen.

Die restliche Kokosnuß kann gehackt oder gerieben werden. In Folie verpackt oder in einem gut schließenden Behälter kann man diese Reste 1–2 Tage im Kühlschrank aufbewahren.

Großmutters Gugelhopf

8 Portionen
kann am Vortag zubereitet werden

400 g Zucker
225 g weiche Butter
350 g selbsttreibendes Mehl
250 ml Milch
1/2 TL Backpulver
4 Eier
Puderzucker zum Bestreuen
Kirschen zur Dekoration

1 Ofen auf 180 Grad vorheizen; Gas 4. Eine 24 cm weite Gugelhopfform leicht einfetten.

2 In einer großen Schüssel mit dem Elektromixer Zucker und Butter 10 Min. lang rühren, bis sie weich und luftig sind. Die Schüsselwand mit dem Schaber immer wieder säubern.

3 Mehl, Milch, Backpulver und Eier dazumixen.

4 Weitere 2–3 Min. schlagen und Schüsselwand immer wieder abkratzen.

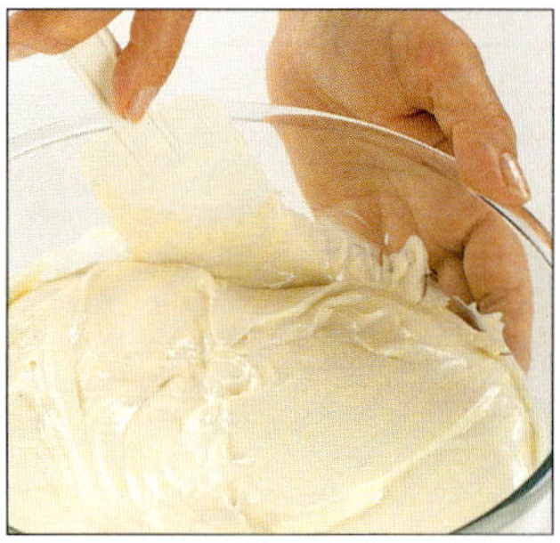

5 Den Teig in die Form gießen.

6 Den Kuchen im Ofen 50–55 Min. backen, bis ein Stäbchen trocken herausgezogen werden kann. In der Form etwa 10 Min. abkühlen lassen. Dann auf ein Kuchengitter stürzen und völlig auskühlen lassen.

7 Mit Puderzucker bestreuen.

Ein hübsches Spitzenpapier gibt diesem Kuchen eine besondere Note, besonders wenn es in der Farbe so gut zur Tortenplatte und den roten Kirschen paßt.

Mit einem großzügigen Zuckermantel sieht der Gugelhopf nach viel mehr aus als einem gewöhnlichen Kuchen.

Zum Servieren

Wenn man Lust hat, kann man den Gugelhopf mit frischen Kirschen garnieren.

Mandel-Muscheln

8 Portionen
etwa 2 Std. Vorbereitungs- und Backzeit

150 g blanchierte Mandeln
215 g selbsttreibendes Mehl
200 g Zucker
2 Eier
150 ml Milch
2 EL Pflanzenöl
1 TL Mandelessenz
Erdbeeren zum Garnieren

1 In einer kleinen Bratpfanne über mittlerer Hitze die Mandeln golden rösten. Abkühlen lassen. Dann fein mahlen.

2 Ofen auf 180 Grad vorheizen; Gas 4. 8 Muschelformen (etwa 12 cm) gut einfetten.

3 In einer großen Schüssel die gemahlenen Mandeln, Mehl und Zucker vermischen.

4 In einer kleinen Schüssel die Eier leicht schlagen.

Teig in die Form gießen.

5 Die flüssige Mischung in die Mehlmischung einrühren und dann gleichmäßig auf die Muschelformen verteilen, so daß etwa 1 cm Rand stehen bleibt.

6 Damit die Muscheln beim Backen fest stehen bleiben, mit anderen Metallformen stützen oder etwas zerknüllte Folie dazwischenlegen.

7 Die Muscheln etwa 20 bis 25 Min. backen oder bis ein Hölzchen trocken herauskommt.

8 Etwa 5 Min. in der Form auf einem Gitter abkühlen lassen. Dann die Muscheln aus der Form stürzen und ganz kalt werden lassen. Mit Erdbeeren servieren.

Die goldbraunen Ränder wirken wie Spitzen.

In diesem hübschen kleinen Teekuchen wirken die Mandelsplitter sehr dekorativ. Man kann auch Walnüsse statt der Mandeln verwenden.

Mokkacreme-Schmetterlingstorte

16 Portionen
kann am Vortag zubereitet und an der Kühle aufbewahrt werden

225 g Bitterschokolade
8 Eier, getrennt
200 g Zucker
75 g Mehl
Schokolade-Schmetterlinge
500 ml Doppel- oder Schlagsahne
45 g Kakaopulver
2 TL Pulverkaffee

1 175 g Schokolade reiben. Wegstellen.

2 In einer großen Schüssel mit dem Elektromixer bei voller Geschwindigkeit Eiweiß sehr steif schlagen.

3 Den Ofen auf 180 Grad vorheizen; Gas 4. In einer anderen großen Schüssel mit dem Elektromixer die Eigelb und die Hälfte des Zuckers schlagen, bis die Masse dick und zitronenfarbig ist. Mehl zufügen. Mit dem Gummischaber die geriebene Schokolade untermischen. Die geschlagenen Eiweiß in diese Mischung ziehen, immer etwa ein Drittel aufs Mal.

4 Diese Masse in eine ungefettete 24 cm große Springform geben und 40 bis 45 Min. backen oder so lange, bis die Oberfläche zurückspringt, wenn sie mit dem Finger berührt wird. Den Kuchen auf ein Gitter setzen und in der Form vollkommen abkühlen lassen.

Schokolade-Schmetterlinge

Rechtecke schneiden: *Backpergament in fünf 10 x 6 cm große Rechtecke schneiden. Jedes querdurch halbieren.*

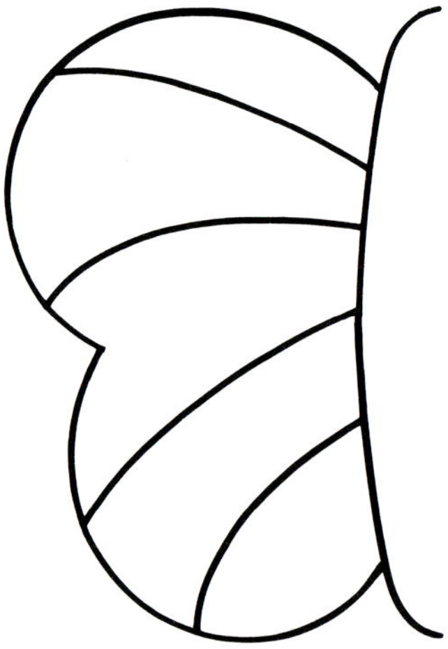

Schmetterlinge zeichnen: *Mit einem Bleistift den Umriß eines halben Schmetterlings zeichnen, indem man den Bruch als Mitte des Insektenkörpers nimmt. Wenn man das Papier gefaltet läßt, drückt es auf der Gegenseite durch. Die Rechtecke mit etwas Klebstreifen nebeneinander festkleben.*

Schmetterlinge spritzen: *In kontinuierlichen Linien die Insekten mit dem Spritzsack nachzeichnen und in der Mitte den Körper ausfüllen. Einige solcher Schmetterlinge spritzen.*

Schmetterlinge formen: *Die einzelnen Schmetterlinge mit Hilfe eines Förmchenblechs oder Eierkartons in einer Mulde etwas biegen und so im Kühlschrank mindestens eine Stunde hart werden lassen.*

Pergament abziehen: *Mit kühlen Händen das Papier sorgfältig lösen. Die Schmetterlinge bis zum Gebrauch im Kühlschrank lassen.*

5 In der Zwischenzeit die Schokolade-Schmetterlinge zubereiten: Nichthaftendes Backpergament in Rechtecke schneiden und darauf die Form von Schmetterlingen zeichnen (siehe Kasten Seite zuvor). In einem schweren nichthaftenden Topf über kleiner Hitze die restliche Schokolade schmelzen und rühren, bis sie glatt und glänzend ist. 10 Min. abkühlen lassen, damit sie sich besser spritzen läßt. Schokolademischung in einen Dressiersack mit kleiner runder Tülle geben. Schmetterlinge spritzen und abkühlen lassen.

6 Wenn der Kuchen abgekühlt ist, die Mokkacreme zubereiten. In einer großen Schüssel die Sahne mit dem Kakaopulver, Pulverkaffee und dem restlichen Zucker ganz steif schlagen. Ein Viertel der Mokkacreme in einen Dressiersack mit Sterntülle füllen.

7 Mit dem Palettenmesser den Kuchen von der Form lösen und dann die Form entfernen. Mit einem Sägemesser horizontal in drei Lagen schneiden.

8 Die unterste Lage auf eine Platte legen. Mit einem Viertel der Mokkacreme bestreichen. Wiederholen und mit einer Kuchenlage beenden. Die Seiten gleichmäßig mit dem Messer abschneiden.

9 Oberfläche und Seiten mit dem Rest der Mokkacreme überziehen und mit der Sterntülle hübsche Kreismuster ziehen. Kühlstellen, wenn die Torte nicht gleich gegessen wird.

10 Vor dem Servieren die Torte mit Schokolade-Schmetterlingen verzieren.

Die Mokkacreme wird mit einer Sterntülle in konzentrischen Kreisen auf die Torte gespritzt.

Die Schmetterlinge werden auf Pergamentpapier vorgezeichnet und mit flüssiger Schokolade zu luftigen Dekorationen gespritzt.

Mit Schokolade verzieren

Ein Schmetterling als Krönung eines Desserts wird selbst den anspruchsvollsten Dinnergästen ein Lächeln entlocken und Kinder werden davon entzückt sein. Wie die meisten dieser Schokoladeverzierungen sind die Schmetterlinge sehr leicht herzustellen, nur brauchen sie Zeit zum Trocknen. Alle Verzierungen, außer den Locken, können aus reiner Schokolade hergestellt werden. Für die Locken braucht es Schokolade-Couverture, weil sie leichter zu handhaben ist.

Schokolade schmelzen: Die Stückchen in einer kleinen Schüssel über einem Pfännchen mit leicht kochendem Wasser schmelzen. 5 Min. rühren, bis die Schokolade glatt und geschmolzen ist. Wenn Sie den Spritzsack brauchen wollen, erst etwas abkühlen lassen.

Ungiftige Blätter

Mit folgenden eßbaren Blättern können Sie Schokolade-Blätter zubereiten: Gardenie, Traube, Zitrone, Magnolie, Kapuziner, Rose und Veilchen.

Keine der folgenden Blätter mit Schokolade oder anderen Lebensmitteln zusammen verwenden: Amaryllis, Azalee, Narzisse, Rittersporn, Efeu, Hortensie, Lorbeer, Lilie, Mistel, Oleander, Rhododendron, Weihnachtsstern.

Die ungiftigen Blätter in warmem Seifenwasser waschen, abspülen und vor Gebrauch gut trocknen.

Schokolade-Früchte
Kleine Früchte wie Trauben, Kirschen und Erdbeeren werden in Schokolade getaucht und hübsch um einen Kuchen oder häufchenweise auf ein Dessert gruppiert.

Schokolade-Blätter
Mit den verschiedenen Blättern kann man abwechslungsreiche Dekorationen anbringen. Man taucht die Blätter in Schokolade und läßt sie trocknen.

Schokolade-Becher
Kleine Papierförmchen werden mit Schokolade ausgestrichen und erst abgezogen, wenn die Schokolade ganz trocken ist. Mit Sahne oder geschnittenen Früchten gefüllt, passen die Schälchen sehr gut an einen Teller- oder Kuchenplatten-Rand.

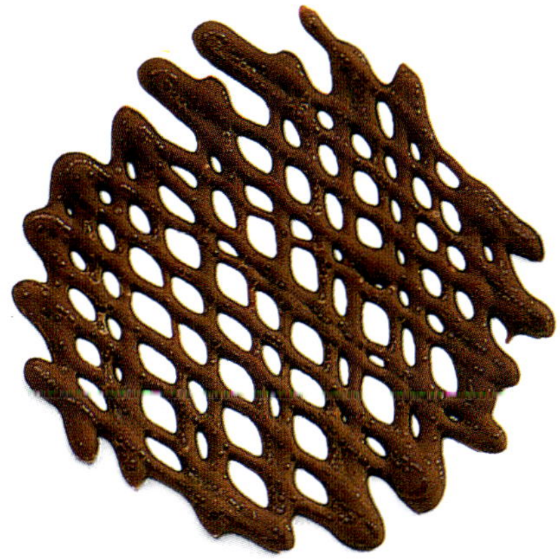

Spitzenmuster
Die geschmolzene Schokolade wird von freier Hand als Spitzenmuster auf Pergamentpapier aufgetragen, dann abgekühlt und sorgfältig gelöst.

Schokolade-Herz
Mit einer Herzform wird dieses Herz aus der geschmolzenen Bitterschokolade gestochen und mit weißer Schokolade verziert. Oben wird ein kleines Loch zur Befestigung eines Bändchens angebracht.

Schokolade-Röllchen
Die eleganten Röllchen erhält man, wenn man einen Messerrücken über leicht weiche Schokolade-Couverture stößt.

Schokolade-Krausen
Sie werden wie die Röllchen gemacht, nur wird das Messer über die Hälfte der Schokoladefläche gestoßen.

Gänseblümchen
Die geschmolzene Schokolade wird über ein Blümchenmuster gespritzt. Wenn sie etwas trocken ist, füllt man die Blätter mit weißer Schokolade aus.

Einfache Locken
Man erhält sie, indem man weiße Schokolade-Couverture in den Händen etwas anwärmt und den Gemüseschäler über die Fläche zieht.

Lilien
Die Umrisse einer Lilie auf Pergamentpapier zeichnen und mit geschmolzener Schokolade nachspritzen.

Marmorierte Dreiecke
Geschmolzene dunkle und weiße Schokolade werden zusammen zu einem Marmormuster vermischt. Dann sticht man mit einem Förmchen Dreiecke aus.

Schokolade-Früchte

Kirschen in dunkle und helle Schokolade getaucht.

1. *Die Früchte unter kaltem Wasser spülen. Stiele daran lassen. Mit einem Küchenpapier trocken tupfen. Zum Eintauchen sollten die Kirschen Zimmertemperatur haben.*

2. *Schokolade in einem Schüsselchen über schwach kochendem Wasser schmelzen und etwas abkühlen lassen.*

3. *Kirsche am Stiel mit den Fingern halten und eine Frucht nach der anderen teilweise in die Schokolade tauchen.*

4. *Ein Zuviel an Schokolade abschütteln. Die Kirschen auf einem Pergamentpapier trocknen lassen.*

Schokolade-Locken

Schokoladeröllchen (siehe S. 88) mit weißen Schokoladelocken.

1. *Ein Stück weißer Schokolade oder Couverture zwischen die Handflächen legen, damit sie weicher wird.*

2. *Langsam mit dem Gemüseschäler auf der breiten Seite Löckchen abziehen.*

3. *Mit Zahnstochern kann man die Locken aufheben, damit sie nicht zerbrechen.*

Schokolade-Schmetterlinge

Zweifarbige Schmetterlinge aus weißer und brauner Schokolade

1. *Mit einem Bleistift zeichnet man Schmetterlinge auf Pergament-Rechtecke. Dann klebt man sie, die Bleistiftseite nach unten, mit Kleber fest.*

2. *Die geschmolzene Schokolade füllt man in einen Dressiersack mit kleiner runder Tülle.*

3. *In einer fortlaufenden Linie die Umrisse der Schmetterlinge nachzeichnen.*

4. *Dann die weiße Schokolade schmelzen und mit dem Spritzsack die Umrisse ausfüllen.*

Schokolade-Dreiecke

Braune und weiße Schokoladedreiecke

1. Ein Blatt nichthaftendes Backpapier festkleben, damit die Arbeitsfläche nicht verrutscht.

2. Mit einem Palettenmesser die geschmolzene Schokolade glatt und gleichmäßig darauf ausstreichen.

3. Mit einem Förmchen Dreiecke ausstechen und trocknen lassen, bis sie hart sind.

Schokolade-Schnörkel

Dunkle Schokolade-Schnörkel

1. Die geschmolzene Schokolade in einen Papiersack mit 3-mm-Loch an der Spitze füllen.

2. Mit freien Handbewegungen Schnörkel auf das ausgelegte Pergamentpapier spritzen.

3. So lange in den Kühlschrank legen, bis sie hart sind.

4. Mit dem Palettenmesser die Schnörkel sehr sorgfältig abheben.

Schokolade-Blätter

Schokoladeblätter in verschiedenen Farben und Formen

1. Blätter Ihrer Wahl abspülen und mit Küchenpapier trocknen.

2. Mit einem kleinen Pinsel geschmolzene Schokolade auf die Unterseite der Blätter streichen. (Die Blattstruktur ist an der Unterseite deutlicher.)

3. Die Blätter etwa 30 Min. kaltstellen, bis sie hart sind.

4. Mit kühlen Händen die Schokolade von den Blättern lösen.

Walnuß-Creme-Kuchen

10 Portionen
kann am Vortag zubereitet und an der Kühle aufbewahrt werden

450 g Walnußkerne
50 g selbsttreibendes Mehl
1/2 TL Backpulver
5 Eier, getrennt
150 g Zucker
2 EL Maisöl
600 ml Doppel- oder Schlagsahne
30 g Puderzucker, gesiebt

1 3/4 der Walnüsse mit Mehl und Backpulver im Mixer fein mahlen.

2 Den Ofen auf 180 Grad vorheizen; Gas 4. Zwei 24 cm große, runde Kuchenformen einfetten und die Böden mit Backtrennpapier belegen.

3 In einer großen Schüssel mit dem Elektromixer bei großer Geschwindigkeit die Eiweiß sehr fest schlagen. Langsam ein Drittel Zucker einlaufen lassen und schlagen, bis der Zucker geschmolzen ist und sich Spitzchen bilden.

4 In einer anderen großen Schüssel mit dem Elektromixer die Eigelb, Maisöl und den restlichen Zucker schlagen, bis die Mischung sehr dick und zitronengelb ist. Die Nußmischung und die geschlagenen Eiweiß alternierend sorgfältig darunter ziehen.

5 Die Masse auf die zwei Formen verteilen und 20–25 Min. backen oder bis die Oberfläche leicht zurückspringt, wenn man sie mit dem Finger berührt.

6 In einer großen Schüssel die Sahne steif schlagen. Etwa ein Viertel davon in einen Dressiersack mit großer Sterntülle füllen und für die Dekoration zurückbehalten. Die restlichen Nüsse hacken.

Parallele Linien auf die Oberfläche spritzen, getrennt durch Walnüsse.

7 Mit einem Sägemesser den Kuchen horizontal in 4 Lagen schneiden.

8 Eine Lage auf die Kuchenplatte legen und mit einem Viertel der Schlagsahne bestreichen.

9 So weiterfahren und mit einer Kuchenlage abdecken. Mit einem weiteren Viertel der Sahne bestreichen.

10 30 g der gemahlenen Walnüsse wegstellen. Den Rest in die Sahne auf der Seite des Kuchens pressen. Auf die Oberfläche parallele Linien aus Schlagsahne spritzen.

11 Dazwischen den Rest der Walnüsse streuen.

12 Die Torte kühlstellen, wenn sie nicht gleich aufgetragen wird.

Schokolade-Marshmallow-Cake

8–10 Portionen
kann am Vortag zubereitet werden

350 g weiche Margarine

90 g Walnußkerne, fein gehackt

60 g Teebisquit, zerkrümelt

165 g heller Rohzucker

215 g selbsttreibendes Mehl

200 g Zucker

30 g Kakaopulver

1/4 TL Backpulver

4 Eier

100 g gehackte Kokosnuß

75 g Mini-Marshmallows oder ganze halbiert

Schokoladeglasur (siehe Kasten unten)

Schokoladelocken (siehe Kasten S. 104)

Quirlige Schokoladelocken sind eine reizvolle Garnitur.

1 Den Ofen auf 180 Grad vorheizen; Gas 4. Zwei 24 cm große, runde Formen einfetten. Böden mit Backpapier belegen.

2 In einem mittleren Topf über schwacher Hitze 120 g Margarine schmelzen. Vom Feuer ziehen. Die Walnüsse, Bisquitkrumen und den braunen Zucker hineinmischen. Die Mischung auf die zwei Formen verteilen.

3 In einer großen Schüssel mit dem Elektromixer Mehl, Zucker, Kakao, Eier, Kokosnuß und die verbleibende Margarine etwa 1 Min. lang gründlich mischen.

4 Die Mischung in die Formen schütten und 30 Min. backen oder so lange, bis ein Spießchen trocken herausgezogen werden kann.

5 Solange er noch heiß ist, sorgfältig einen Kuchen, die Krumenmischung nach oben, auf die Tortenplatte legen. Marshmallows daraufstreuen.

6 Sofort den zweiten Kuchen, Krumenseite nach oben, darüberlegen, so daß die Marshmallows schmelzen.

7 Einen langen Metall- oder Holzspieß im Zentrum durchstecken, damit die Kuchenhälften nicht verrutschen.

8 Den Kuchen erst abkühlen lassen und dann in den Kühlschrank stellen, bis die Marshmallows fest sind.

9 Schokoladeglasur zubereiten.

10 Den Spieß entfernen. Glasur über Oberfläche und Seiten streichen. Mit Schokoladelocken garnieren. Warten, bis die Glasur fest ist.

Schokolade-Glasur

In einer kleinen Schüssel über leicht kochendem Wasser *225 g dunkle Schokolade, in Stücke gebrochen, 45 g Butter und 3 Eßlöffel Wasser* unter häufigem Rühren schmelzen. Schüssel vom Topf nehmen. Die Schokolademischung bei Zimmertemperatur abkühlen lassen, dann *3 Eßlöffel Puderzucker* darunter schlagen, damit die Glasur gut aufgetragen werden kann.

Schweizer Schokoladetorte

Diese schön verzierte Schokoladetorte enthält Sauerrahm, eine Zutat, die man in der Schweiz, Österreich und Deutschland gerne verwendet, um den Kuchen feuchter zu halten. Wenn Sie den Orangengeschmack noch verstärken wollen, nehmen Sie zur Dekoration kandierte Orangenstückchen statt der Zuckerveilchen.

8–10 Portionen
kann am Vortag zubereitet und an die Kühle gestellt werden

120 g Bitterschokolade
2 Eier, getrennt
300 g Zucker
120 g weiche Butter
340 g selbsttreibendes Mehl
125 ml Sauerrahm
2 TL Orangenblütenwasser
175 g dunkle Schokolade-Couverture
Schokoladecreme (siehe Kasten S. 105)
300 ml Doppel- oder Schlagsahne
Zuckerveilchen zum Dekorieren

1 Eine 24 cm große Springform einfetten und bemehlen.

2 In einem kleinen nichthaftenden Topf über kleiner Hitze die Schokolade schmelzen.

3 In einer mittleren Schüssel mit dem Elektromixer die Eiweiß sehr fest schlagen.

4 Ofen auf 180 Grad vorheizen; Gas 4.

5 In einer großen Schüssel die Eigelb, 250 g Zucker und die Butter etwa 5 Min. schlagen; ab und zu Schüsselrand abschaben.

6 Geschmolzene Schokolade, Mehl, Sauerrahm, Orangenblütenwasser und 250 ml Wasser hinzugeben. 2 Min. schlagen und ab und zu die Schüsselwand abschaben.

7 Mit einem Gummischaber die Eiweiß sorgfältig unter die Schokolademischung ziehen.

8 Die Mischung in die Springform geben und 45 Min. backen. Die Form auf einem Gitter 10 Min. abkühlen.

9 Mit dem Palettenmesser den Kuchen vom Rand lösen und den Rand wegnehmen, den Kuchen aber auf dem Formboden lassen.

10 In der Zwischenzeit Schokolade-Couverture in Stücke brechen und über leicht kochendem Wasser in einer Schüssel so lange rühren, bis sie geschmolzen sind. Schokoladelocken daraus machen.

11 Schokoladecreme zubereiten.

12 Den Kuchen vom Blech nehmen. Mit einem Sägemesser in zwei Schichten schneiden. Eine Kuchenscheibe auf die Tortenplatte legen, ein Drittel der Schokoladecreme daraufstreichen und mit der anderen Lage zudecken.

Wie man Schokoladelocken macht

***Schokoladeblock zubereiten:** In eine 15 x 8 cm große, mit Folie ausgelegte Brotform die geschmolzene Schokolade-Couverture gießen. Abkühlen lassen und etwa 2 Std. in den Kühlschrank stellen.*

***Fertiger Block:** Den Schokoladeblock aus der Form nehmen und Folie abziehen.*

Den Block an einem Raffeleisen grob reiben.

13 Die übrige Schokoladecreme über Oberfläche und Seiten streichen und sorgfältig Schokoladelocken an die Seiten pressen.

14 In einer kleinen Schüssel die Sahne und den restlichen Zucker schlagen, bis er sehr steif ist. Schlagsahne in einen Dressiersack mit großer Sterntülle füllen. Rand und Oberfläche verzieren und mit Zuckerveilchen schmücken.

Schokoladecreme

In einem nichthaftenden Topf über mittlerer Hitze 350 ml Doppel- oder Schlagsahne, 225 g dunkle Schokolade in Stücken und 60 g Butter unter ständigem Rühren zum Kochen bringen, bis die Mischung glatt ist. Die Mischung in eine große Schüssel gießen. Bei Zimmertemperatur ganz abkühlen lassen. Mit dem Elektromixer schlagen, bis die Mischung leicht und luftig ist.

Um diese Schnörkellinie zu erhalten, muß man gleich noch einmal darüber fahren.

Die Zuckerveilchen werden an den „Kreuzungen" angebracht.

Manhattan Roulade

10 Portionen
kann am Vortag zubereitet und an der Kühle aufbewahrt werden

6 Eier, getrennt

215 g Zucker

120 g selbsttreibendes Mehl

45 g Kakaopulver + etwas zum Besieben

Weiße Schokolade-Buttercreme (siehe Kasten rechts)

Weiße und dunkle Schokoladelocken (siehe S. 100 und 142)

1 Zwei 33 x 23 cm große Backbleche einfetten und mit Backpapier auskleiden.

2 In einer großen Schüssel mit dem Elektromixer die Eiweiß sehr steif schlagen. Langsam 75 g Zucker einfließen lassen und weiterschlagen, bis alles aufgelöst, glatt und glänzend ist.

3 Ofen auf 190 Grad vorheizen; Gas 5. In einer großen Schüssel mit dem Elektromixer die Eigelb und den restlichen Zucker so lange schlagen, bis die Masse dick und zitronengelb ist. Mehl und 45 g Kakao dazugeben. Alles gleichmäßig mixen. Schüsselrand ab und zu abkratzen. Dann die Eiweiß sorgfältig unter die Eigelb-Zucker-Mischung ziehen, immer ein Drittel um das andere.

Weiße Schokolade-Buttercreme

In einer kleinen Pfanne *3 Eßlöffel Milch* auf mittlerer Hitze erwärmen, bis sich am Rand Bläschen bilden. Pfanne vom Herd nehmen. Mit dem Schneebesen *60 g weiße Schokolade* in Stückchen einrühren, bis die Schokolade geschmolzen ist. *4 Eßlöffel Kaffeelikör* einrühren. Abkühlen lassen, danach etwa 30 Minuten in den Kühlschrank stellen, gelegentlich umrühren. In eine große Schüssel *120 g Puderzucker gesiebt* und *175 g weiche Butter* geben (keine Margarine verwenden, weil sie sich vom Zucker scheidet). Mit dem Elektromixer 10 Minuten rühren, bis die Masse leicht und luftig ist. Den Schüsselrand öfters abkratzen. Die Schokolademischung allmählich in die Buttercreme einrühren, bis die Masse glatt ist. Gelegentlich mit dem Gummischaber den Schüsselrand abkratzen.

4 Die Mischung in die Formen geben und 8–10 Min. backen oder bis die Oberfläche beim Antippen federt.

5 Kakao über zwei saubere Tücher sieben. Sobald die Kuchen gebacken sind, sofort darauf legen.

6 Sorgfältig das Backpapier ablösen. Die Ränder etwas schneiden. An einem schmalen Ende beginnen und mit den Tüchern aufrollen. Die Rollen mit dem Tuchsaum nach unten auf ein Gitter legen.

Wie man eine Roulade macht

Die erste Kuchenlage mit Creme bestreichen: *Mit dem Palettenmesser die Buttercreme gleichmäßig ausstreichen.*

Die Lagen verbinden: *Dem schmaleren Ende der zweiten Lage das schmale Ende der gefüllten Rolle anlegen.*

Die Lagen zusammenrollen: *Die zweite Kuchenlage um die erste rollen.*

7 In der Zwischenzeit weiße Schokoladecreme zubereiten.

8 Eine der Teigplatten aufrollen und ein Drittel der Buttercreme daraufstreichen (siehe Kasten vorhergehende Seite). Dann ohne Tuch wie vorher aufrollen, am schmalen Ende beginnend. Mit der zweiten Teigplatte ebenso verfahren und mit einem weiteren Drittel der Creme bestreichen. Die Kuchen verbinden und zusammen aufrollen.

9 Die Roulade auf eine Servierplatte legen und die restliche Buttercreme über die Roulade streichen. Mit Schokoladelocken verzieren und gleich auftragen oder an die Kühle stellen.

Wie man die Roulade richtig schneidet

Es ist wichtig, daß man Rouladen schön schneidet, damit die Spiralenmuster der Füllung erhalten bleiben. Am besten tunkt man ein langes Messer mit Wellenschliff in heißes Wasser. Die Schneide nach jedem Schnitt mit einem Tuch abwischen und wieder ins heiße Wasser tunken.

Zwei kontrastierende Farben von Schokoladelocken passen gut zu der zweifarbigen Rolle

Die Lagen der Roulade sind so dünn, weil sie in zwei Formen gebacken und nachher zusammen aufgerollt wurden.

Haselnußcreme-Roulade

12 Portionen
kann am Vortag zubereitet und an der Kühle aufbewahrt werden

4 Eier, getrennt
120 g Puderzucker + etwas zum Besieben
120 g selbsttreibendes Mehl
300 ml Doppelrahm
120 g Haselnuß-Kerne
1 EL flüssiger Honig

Wie man eine Roulade macht

1. Puderzucker über ein sauberes Tuch streuen. Sobald der Teig gebacken ist, auf das Tuch stürzen.

2. Mit den Fingern das Backpapier ablösen.

3. Indem man an einem schmalen Ende beginnt, Bisquit aufrollen und mit der Saumseite auf ein Gitter legen.

1 Eine 23 x 33 cm große Cakeform einfetten und mit Backpapier auslegen.

2 In einer großen Schüssel mit dem Elektromixer auf voller Stärke die Eiweiß sehr fest schlagen. Langsam 60 g Puderzucker dazugießen und weiterschlagen, bis alles gelöst und fest ist.

3 Den Ofen auf 190 Grad vorheizen; Gas 5.

4 In einer großen Schüssel mit dem Elektromixer die Eigelb und 60 g Puderzucker schlagen, bis die Masse dick und zitronengelb ist. Mehl zufügen und gut verarbeiten.

5 Das Eiweiß sehr sorgfältig unter die Eigelbmasse heben, immer nur ein Drittel aufs Mal.

6 Die Mischung gleichmäßig in die Form verteilen. Etwa 12–15 Minuten backen oder bis der Teig beim Antupfen zurückspringt.

7 Die Roulade zubereiten (siehe Kasten oben).

8 Während die Roulade abkühlt, die Sahne steif schlagen.

9 In einer kleinen Bratpfanne über mittlerer Hitze die Haselnüsse goldbraun rösten.

10 12 Haselnüsse für die Dekoration grob hacken. Den Rest feiner hacken und für die Füllung gebrauchen.

11 Die gehackten Nüsse und den Honig unter die Hälfte der Sahne mischen.

12 Die Oberfläche der abgekühlten Roulade gleichmäßig mit der obigen Mischung bestreichen.

13 Am schmalen Ende beginnend, die Teigplatte aufrollen,

Alternative Füllung

Die Sahne-Haselnuß-Füllung ist sehr schnell zubereitet. Wenn Sie mehr Zeit haben, können Sie es mit der Ahorn-Creme-Füllung versuchen:

Ahorn-Creme-Füllung

In einen mittleren Topf *2 EL Mehl* geben und langsam mit dem Schneebesen *150 ml Milch* und *5 EL Ahornsirup* dazurühren, bis alles glatt ist.
Diese Mischung bei mittlerer Hitze zum Sieden bringen. Topf vom Feuer ziehen.
Mit der Gabel in einer Tasse 2 Eigelb leicht schlagen. Einen Teil Ahornsirup dazumischen. Die Eimischung langsam in die übrige Ahornmischung einlaufen lassen. Mit einem Löffel kräftig rühren, damit sich keine Klumpen bilden. Über schwacher Hitze etwa 5 Min. weiterschlagen, bis die Masse einen Löffel überzieht. Den Topf vom Feuer nehmen und die Füllung in eine Schüssel gießen. Nicht kochen lassen! Gegen Hautbildung Backpapier auf die Oberfläche legen.

14 Mit dem Dressiersack und großer Sterntülle ein attraktives Muster auf die Roulade zeichnen. Wenn sie nicht gleich serviert wird, an der Kühle aufbewahren.

Zum Servieren

Streuen Sie die restlichen gehackten Haselnüsse auf den Schlagsahnebelag.

Erdbeer-Creme-Torte

8–10 Portionen
kann am Vortag zubereitet und an der Kühle aufbewahrt werden

175 g weiche Margarine
175 g Zucker
3 Eier, geschlagen
175 g selbsttreibendes Mehl
1 1/2 TL Backpulver
700 g Erdbeeren
750 ml Doppel- oder Schlagsahne
4 EL Erdbeer-Marmelade

1 Zwei runde 18-cm-Kuchenformen einfetten und mit Backtrennpapier auslegen.

2 Ofen auf 180 Grad vorheizen; Gas 4.

3 In eine große Schüssel Margarine, Zucker, Eier, Mehl und Backpulver geben. Mit dem Elektromixer gut schlagen, bis alle Zutaten gut vermischt sind.

4 Die Mischung in die vorbereiteten Formen geben, gleichmäßig verstreichen.

5 25 Min. backen, bis Stäbchen trocken herauskommt.

6 Die Kuchen in der Form auf Gitter auskühlen lassen.

7 Mit einem Palettenmesser die Ränder lösen und die Kuchen auf Gitter stürzen.

8 Von der Hälfte der Erdbeeren die Blättchen zupfen und halbieren.

9 Mit einem Sägemesser jeden der Kuchen horizontal halbieren, so daß es vier Lagen gibt.

10 In einer großen Schüssel die Sahne sehr steif schlagen.

Die Erdbeeren sehen am hübschesten mit Blättchen und Stiel aus.

Weiche Sahnewellen aus der Sterntülle auf Oberfläche und Seiten.

Wie man Sahne spritzt

Das Gewinde des Spritzbeutels

Doppel- oder Schlagsahne kann auf das doppelte Volumen geschlagen werden und hält sich einige Stunden frisch. Für ein perfektes Resultat müssen Schüssel, Schläger und Sahne kalt sein. Sehr steif schlagen, bis sich Spitzchen bilden, jedoch beachten, daß die Sahne nicht körnig und zu Butter wird. Die geschlagene Sahne an die Kühle stellen, wenn man sie nicht gleich braucht. Nachdem man das Muster angebracht hat, bis zum Gebrauch in den Kühlschrank stellen. Hier zeigen wir Ihnen, wie man mit der großen Sterntülle eine ganze Reihe von Mustern spritzen kann.

Spritzbeutel mit Gewinde und Tülle

11 Eine Kuchenlage auf eine Platte legen. Sahne darüber streichen und Erdbeerhälften darauf auslegen.

12 Darauf eine zweite Kuchenlage und Erdbeermarmelade darüber streichen.

13 Darüber die dritte Kuchenlage und diese wieder mit Sahne bestreichen und mit Erdbeeren belegen. Die vierte Kuchenscheibe darauflegen.

14 Ein Drittel der verbliebenen Schlagsahne auf Oberfläche und Seiten der Torte streichen. Den Rest in einen Dressiersack mit großer Sterntülle geben. Oberfläche und Seiten dekorieren.

15 Legen Sie drei ganze Erdbeeren in die Mitte. Schneiden Sie die restlichen Beeren in Hälften und dekorieren Sie damit die Seitenflächen. Stellen Sie die Torte in den Kühlschrank, wenn sie nicht sofort serviert wird.

Alternative Füllung

Die Torte auf diesen zwei Seiten hat eine klassische Füllung aus Erdbeeren, Marmelade und Sahne. Zur Abwechslung können Sie auch die folgende Füllung versuchen.

Himbeer-Eierrahm-Füllung:

225 g gefrorene Himbeeren mit 60 g Zucker bestreuen. Auftauen lassen, abgießen, jedoch 125 ml des Saftes zurückbehalten. In einem Topf 1 Eßlöffel Gelatinepulver, 4 Teelöffel Zucker und 4 Teelöffel Mehl vermischen. 2 Eigelb mit 250 ml Milch und dem Himbeersaft verquirlen und die Gelatine-Mischung einrühren. 1 Min. zur Seite stellen. Über kleiner Hitze, unter Rühren, die Mischung so dick werden lassen, daß sie einen Löffel überzieht. Vom Feuer nehmen und Himbeeren hineinmischen. Abkühlen lassen und dann in den Kühlschrank stellen. Ab und zu aufrühren. 150 ml Doppel- oder Schlagsahne schlagen; unter die Eierrahm-Mischung rühren. Mindestens 20 Min. kaltstellen.

Festlicher Buffet-Cake

8–10 Portionen
kann am Vortag zubereitet und an der Kühle aufbewahrt werden

450 g dunkle Schokolade, in Stücke gebrochen
350 ml Doppel- oder Schlagsahne
125 ml Creme-Likör
2 x 225 g fertige Bisquit-Mischung
30 g Kakaopulver
Erdbeeren zum Dekorieren

1 Die Schokolade in eine große Schüssel geben. In einem mittleren Topf über mittlerer Hitze die Sahne und den Creme-Likör erwärmen, bis sich am Rande Bläschen bilden. Die heiße Mischung in die Schüssel mit der Schokolade gießen. Mit dem Elektromixer schlagen, bis die Schokolade geschmolzen und die Mischung glatt ist. Zudecken und an die Kühle stellen, bis die Mischung dick geworden ist.

2 Den Ofen auf 180 Grad vorheizen; Gas 4. Zwei 33 x 23-cm-Formen mit Backtrennpapier auskleiden.

3 Die Bisquit-Mischung nach Vorschrift vorbereiten. Die Hälfte in eine der Formen gießen und gleichmäßig verteilen. Dreiviertel des Kakaos in die restliche Mischung sieben, gut verrühren und in die zweite Form geben.

4 Die Kuchen 10 Min. backen oder bis ein Stäbchen sauber herauskommt. 10 Min. in der Form abkühlen lassen. Mit dem Palettenmesser die Ränder lösen. Bisquits auf Gitter stürzen, das Backpapier abziehen und kalt werden lassen.

5 Mit Hilfe eines Kartons jedes Bisquit der Länge nach mit dem Sägemesser in 4 gleichmäßige Streifen zerschneiden.

6 Mit dem Elektromixer die abgekühlte Schokolademischung schlagen, bis sie streichfähig ist.

7 Einen weißen Streifen auf ein großes Backblech legen und 5 EL der Schokolademischung darauf verstreichen. Einen Schokoladebisquit-Streifen darauf legen. Wieder 5 EL der Füllung daraufstreichen.

8 Die Lagen wiederholen, mit einem Schokoladestreifen beenden. Die restliche Füllung beiseite stellen.

9 Den Kuchen zudecken und für etwa 1 Stunde in den Kühlschrank stellen.

10 Den Kuchen aufbauen und mit der restlichen Füllung bestreichen (siehe Kasten rechts). Mit Kakaopulver besieben.

11 Auf eine Cake-Platte stellen und, falls nicht sofort gebraucht, an die Kälte stellen.

12 Beim Servieren mit frischen Erdbeeren garnieren.

So baut man den Kuchen auf:

Schräg schneiden:
Den kalten Kuchen der Kante der Arbeitsfläche entlang legen. Mit einem langen Sägemesser diagonal von der oberen hinteren Ecke zur vorderen unteren Ecke in zwei dreieckige Teile schneiden. Jeden Teil auf einen folienbedeckten Kartonstreifen legen, Schnittseite nach vorn.

Erste Hälfte mit Füllung bestreichen:
Auf der ungeschnittenen Kuchenhälfte mit dem Palettenmesser 5 EL Schokoladefüllung verstreichen.

Cakehälften zusammensetzen:
Die beiden Teile gegeneinander legen und sorgfältig zu einem Dreieck zusammendrücken.

Cake fertig stellen:
Die Schrägseiten mit der restlichen Schokoladecreme bestreichen.

Niemand wird glauben, daß dieser dramatisch aussehende Dreieck Kuchen mit einer fertigen Bisquit-Mischung leicht und schnell zuzubereiten ist.

Karotten-Kuchen

8–10 Portionen
Vorbereitungszeit etwa 3 Std.

450 g selbsttreibendes Mehl
500 g Zucker
1/2 TL Backpulver
1 EL Zimtpulver
4 Eier
350 ml Pflanzenöl
3 mittelgroße Karotten, geschält und geraspelt
225 g Walnußkerne, gehackt
250 ml Apfel-Sauce
150 g Puderzucker

Die Glasur sollte dickflüssig sein, doch so, daß sie über die Seiten hinunterfließt.

1 Ofen auf 170 Grad vorheizen; Gas 3. Eine 25 cm große Gugelhopfform einfetten; leicht mit Mehl bestäuben.

2 In einer großen Schüssel mit dem Kochlöffel Mehl, Zucker, Backpulver und Zimt zusammenrühren.

3 In einer mittleren Schüssel die Eier leicht mit der Gabel schlagen. Die geriebenen Karotten, Walnüsse und Apfelsauce in die Mehlmischung geben, bis alles feucht ist.

4 Die Mischung in die Form gießen und etwa 1 Std. 20 Min. backen.

5 Den Kuchen in der Form 10 Minuten abkühlen lassen.

Cremige Quarkglasur

In eine große Schüssel 350 g vollfetten Quark, weichgerührt, 120 g weichgemachte Butter und 1 EL Zitronensaft geben. Mit dem Elektromixer die Zutaten verrühren, bis sie glatt sind. Langsam 625 g Puderzucker dazusieben. Die Glasur sollte leicht streichbar sein.

6 Mit dem Palettenmesser vom Formrand lösen; den Gugelhopf auf ein Gitter stürzen und ganz auskühlen lassen.

7 Die Glasur vorbereiten: in einer kleinen Schüssel mit dem Kochlöffel den gesiebten Puderzucker mit 5 EL Wasser vermischen; die Glasur sollte leicht streichbar sein.

8 Den Kuchen auf eine Platte setzen und glasieren.

Alternative Form

Sie können auch die doppelte Karottenmischung zubereiten und einen Sandwich-Karottenkuchen backen und ihn zum Beispiel ganz mit Glasur überziehen.

Sandwich-Karottenkuchen
Bei Schritt 4 die doppelte Karottenmischung in 2 runde, 23 cm große Formen gießen und 40–45 Min. backen oder bis ein in der Mitte eingestecktes Stäbchen sauber herauskommt. Kuchen in der Form 10 Min. abkühlen lassen. Die cremige Quarkglasur herstellen (siehe Kasten oben links). Den einen Kuchen, Rundung nach unten, auf eine Platte legen und gleichmäßig mit 250 ml Glasur bestreichen. Den anderen Kuchen, runde Seite nach oben, auf den ersten legen. Das Ganze mit der übrigen Glasur überziehen und dabei mit dem Palettenmesser die Oberfläche in Bewegung bringen.

Schokoladecreme-Kuchen

16 Portionen
kann am Vortag zubereitet und an der Kühle aufbewahrt werden

225 g dunkle Schokolade
6 Eier, getrennt
75 g Zucker
50 g Mehl
120 g blanchierte Mandelflocken
Schokoladecreme-Füllung
25 g Kakaopulver

1 Den Ofen auf 180 Grad vorheizen; Gas 4. Eine 24-cm-Springform einfetten.

2 Die halbe Schokolade reiben; beiseite stellen.

3 In einer großen Schüssel mit dem Elektromixer die Eiweiß ganz steif schlagen.

4 In einer anderen großen Schüssel mit dem Elektromixer Eigelb und Zucker zusammenschlagen, bis die Masse dick und zitronengelb ist. Mehl dazugeben und gut verarbeiten. Die geriebene Schokolade und dann die Eiweiß, immer ein Drittel, sorgfältig unterziehen.

5 Die Mischung in der Springform gleichmäßig verteilen und 25 Min. backen. Den Kuchen etwa 5 Min. in der Form abkühlen lassen, die Ränder von der Form lösen und Form entfernen. Dann den Formboden abnehmen und den Kuchen auf ein Gitter gleiten lassen.

6 In einer Bratpfanne über mittlerer Hitze die Mandelflocken golden rösten und abkühlen lassen.

7 Schokoladecreme-Füllung vorbereiten. Eine kleine Quantität davon in einen Dressiersack mit kleiner Sterntülle geben für die Dekoration. Eine weitere Kleinigkeit davon in ein Schüsselchen geben und für die Seiten zurückbehalten.

8 Die übrige Schokolade in Stücke brechen und mit 2 Eßlöffel Wasser über leicht kochendem Wasser schmelzen, bis sie glatt ist.

9 Mit dem Sägemesser den Kuchen horizontal in zwei Lagen schneiden. Die obere Lage mit der geschmolzenen Schokolade bestreichen und dann etwa 10 Min. stehen lassen, bis sich der Überzug gesetzt hat.

Schokoladecreme-Füllung

In einer großen Schüssel mit dem Elektromixer 750 ml Doppelsahne, 60 g Kakaopulver, gesiebt und 150 g Zucker so lange schlagen, bis sich Spitzchen bilden.

10 Die untere Lage mit der Schnittseite nach oben auf die Platte geben und mit der restlichen Füllung in der großen Schüssel bestreichen.

11 Die obere Lage in 16 Stücke schneiden und diese auf die Füllung der unteren Lage setzen. Die Seiten mit der Creme aus dem Schüsselchen bestreichen und die gerösteten Mandeln seitlich andrücken. Kakao über die Oberfläche sieben. Mit einem Messer die Stücke bezeichnen und auf die Stücke Rosetten spritzen. Wird er nicht gleich serviert, den Kuchen in den Kühlschrank stellen.

Mit der Schokoladecreme-Füllung werden Rosetten auf jedes Kuchenstück gespritzt.

Nachdem die Oberfläche mit Kakao besiebt wurde, bezeichnet man die Stücke wieder.

Die gerösteten Mandelflocken verleihen der cremigen Torte etwas Biß.

Cannoli-Torte

8-10 Portionen
kann am Vortag zubereitet und an der Kühle aufbewahrt werden

6 Eier, getrennt
200 g Zucker
120 g selbsttreibendes Mehl
2 große Orangen
2 EL Orangenlikör
900 g Ricotta-Käse
200 g vollfetter Quark
120 g Puderzucker, gesiebt
100 g dunkle Schokoladechips
Vanillecreme-Glasur (siehe Kasten gegenüberliegende Seite)

1 Den Ofen auf 190 Grad vorheizen; Gas 5. Den Boden einer 24-cm-Springform mit Backpapier belegen.

2 In einer großen Schüssel mit dem Elektromixer die Eiweiß sehr steif schlagen. Langsam den Zucker dazugießen und rühren, bis er geschmolzen ist und die Masse Spitzchen zeigt.

3 In einer anderen großen Schüssel mit dem Elektromixer Eigelb, Mehl, den restlichen Zucker und 2 Eßlöffel Wasser glatt rühren. Dann die Eiweiß, drittelweise, sehr sorgfältig unterziehen.

4 Den Teig in die Springform gießen und 30–35 Min. backen oder bis ein Spießchen trocken herausgezogen werden kann.

Wie man ein Federmuster spritzt

Kreise auf den Kuchen zeichnen:
In die Spitze des Papier-Spritzsacks ein 3 mm großes Loch schneiden. Geschmolzene Schokolade einfüllen und konzentrische Kreise auf die Kuchenoberfläche ziehen.

Speichen ins Zentrum ziehen: Bevor die Schokolade hart wird, mit einem Zahnstocher speichenartige Linien von der Mitte nach außen und umgekehrt ziehen.

Das Federmuster beenden: So weiterfahren, bis der Kuchen von einem schönen Federmuster bedeckt ist.

5 Den Kuchen in der Form ganz abkühlen lassen.

6 Von den Orangen 2 Teelöffel Schale abreiben und 5 Eßlöffel Saft ausdrücken. (Wer keinen Likör verwendet, nimmt 8 Eßlöffel Saft.)

7 In einer großen Schüssel mit dem Elektromixer den Ricotta-Käse, Quark, geriebene Orangenschale und Puderzucker zusammenrühren. Die Schokoladechips dazugeben.

Papier-Spritzsack

Ein Quadrat aus einem fettabstoßenden Papier schneiden. In Dreiecke falten. Ein Dreieck so flach auf den Tisch legen, daß die lange Kante oben liegt. Die linke Ecke zum Mittelpunkt herunterklappen. Dann die rechte Ecke fassen und über die linke Hand legen, damit eine Tüte entsteht. Beide Ecken treffen sich im Zentrum des ursprünglichen Dreiecks.

Diese Enden zweimal falten, damit sie zusammenhalten.

Die Papiertüte zu zwei Drittel füllen. Von oben zuklappen.

8 Den Kuchen mit dem Palettenmesser vom Formrand lösen und den Rand entfernen. Dann den Formboden entfernen. Den Kuchen horizontal in zwei Lagen schneiden. Orangensaft gleichmäßig über die beiden Schnittstellen verteilen.

9 Die untere Lage mit der Schnittseite nach oben auf eine Platte legen. Die Ricotta-Quark-Füllung ins Zentrum geben und nach außen ziehen, so daß ein Kuppel-Effekt entsteht.

10 Aus der zweiten Lage ein Stück herausschneiden und den Deckel auf die Füllung legen. (Wenn man ein Stück herausschneidet, paßt sich der Teig besser an.)

11 Die Vanilleglasur vorbereiten und über den ganzen Kuchen verteilen.

12 In einer kleinen Schüssel über leicht kochendem Wasser die restlichen Schokolade-Chips unter Rühren gleichmäßig schmelzen.

13 Die geschmolzene Schokolade in einen papiernen Spritzsack geben (siehe Kasten vorhergehende Seite).

14 Den Kuchen etwa 3 Std. in den Kühlschrank stellen, damit die Füllung fest wird.

Vanille-Überzug

In einer mittelgroßen Schüssel mischt man mit dem Elektromixer *45 g weiche Butter mit 3 EL Milch, 200 g Puderzucker* und *3/4 TL Vanilleessenz*. Evtl. etwas mehr Milch zugeben, die Masse sollte sich gut ausstreichen lassen. *45 ml Sahne* schlagen, bis sich Spitzen bilden, mit der Butter-Vanillemasse mischen.

Die Schokoladegarnitur im Federmuster ergibt einen Spinnweben-Effekt

Die kuppelartige Ricotta-Füllung hat Orangengeschmack und verbirgt überraschende Schokolade-Chips

Eßbare Blumendekorationen

Viele Blumen verleihen einem Tisch als Mittelstück eine farbige, frische Note. Verwendet man Blumen mit oder auf dem Essen, dann darf man zwei Punkte nicht vergessen. Erstens muß man sich vergewissern, daß sie nicht giftig sind. Sobald der geringste Zweifel besteht, kann man sich in einem Botanischen Garten erkundigen oder in einem botanischen Lexikon nachsehen. Alle Blumen auf diesem Bild sind ungiftig und ohne weiteres eßbar.
Als nächstes wäre zu beachten, daß Sie nur Blumen nehmen, die nicht mit Pestiziden oder anderen chemischen Spritzmitteln behandelt wurden. Beim Blumenhändler werden sie meistens gespritzt. Blumen aus dem eigenen Garten, wo keine Pestizide verwendet wurden, sind deshalb die besten.
Blumen pflückt man am besten früh am Morgen. Man legt sie kurz in frisches, kaltes Wasser und schüttelt dann die Feuchtigkeit ab. Man kann sie auch in Wasser in den Kühlschrank stellen, jedoch sollte man sie sobald als möglich verwenden, da sie doch rasch welken.
Man kann Blumen auf manche Art verwenden: als Knospen oder offene Blüten, mit oder ohne Stiel und Blütenblätter, oder man kann einzelne Blütenblätter herauszupfen und sie über ein Dessert streuen.

Marigold

Kapuziner

Taglilie

Geißblatt

Gladiole

wilde Rose

Freesie

Wicke

Rose

Amerikanischer Engelskuchen

16 Portionen
braucht 3 Std. Vorbereitungs- und Backzeit

150 g Puderzucker, gesiebt

120 g Mehl

385 ml Eiweiß (von 12–14 Eiern)

3 EL Instantkaffee

1 1/2 TL Creme de Mocca-Likör

Kaffeeglasur (siehe Kasten oben rechts)

75 g geröstete Mandeln, grob gehackt

1 Den Ofen auf 190 Grad vorheizen; Gas 5. In einer kleinen Schüssel mit der Gabel Puderzucker und Mehl zusammenrühren.

2 In einer großen Schüssel mit dem Elektromixer auf der höchsten Geschwindigkeit die Eiweiß mit dem Kaffeepulver und dem Mokkalikör schlagen, bis sich Spitzchen bilden. Langsam den Zucker, stets 2 Löffel aufs Mal, hineinrühren, bis sich alles gut gelöst hat und Spitzchen entstehen. Die Mehlmischung unterheben, bis sie verschwindet.

3 Die Mischung in eine ungefettete Heferingform von 25 cm geben und 35–40 Min. backen, d.h. bis bei Fingerberührung die Oberfläche elastisch ist. Den Kuchen in der Form vollständig abkühlen lassen.

4 Den Kuchen mit dem Palettenmesser vom Formrand lösen, die Form entfernen und den Kuchen auf eine runde Platte setzen.

5 Die Kaffeeglasur zubereiten und auf den Kuchen streichen. Mit grob gehackten Mandeln bestreuen.

Kaffee-Glasur

In einer kleinen Schüssel *1 Eßlöffel Instantkaffee in 2 Eßlöffel sehr heißem Wasser* auflösen. *175 g Puderzucker* dazurühren, bis alles glatt und streichbar ist.

Die grobgehackten gerösteten Mandeln und die Kaffeeglasur verleihen dem Kuchen etwas Biß und Geschmack. Unglasiert ist er sehr kalorienarm.

Quark-Kuchen

Quarkkuchen sind ein ideales Partydessert, denn auf dem Dessertbuffet sind sie mit ihrem appetitlichen Aussehen richtige Blickfänger und sind groß genug, für eine große Anzahl Leute auszureichen. Sie sind weich und cremig in der Substanz und köstlich reich und angenehm zu essen. Die verschiedenen Zubereitungsmöglichkeiten erlauben es, den Quarkkuchen für alle möglichen Gelegenheiten zu brauchen. Alle hier vorliegenden Quarkkuchen können im voraus zubereitet, sogar über einen Monat voraus, und im Gefrierfach aufbewahrt werden. Nachdem man den Kuchen zubereitet hat, wickelt man ihn einfach in Folie und friert ihn ein. Dann läßt man ihn in der Verpackung einige Stunden oder über Nacht im Kühlschrank auftauen und bringt schließlich vor dem Servieren die Verzierungen an.

Pekannuß-Quarkkuchen

Mit den Nüssen ein hübsches Muster auf den Quarkkuchen legen.

12 Portionen

kann am Vortag zubereitet und im Kühlschrank aufbewahrt werden

Teig

150 g Mehl

90 g Butter oder weiche Margarine

45 g Zucker

1 Eigelb

Füllung

135 g Pekan- oder Walnüsse

700 g vollfetten Quark

100 g Zucker

4 Eier

4 EL Golden Sirup

15 g Mehl

Extranüsse zum Dekorieren

1 Erst den Teig zubereiten: In einer kleinen Schüssel mit dem Elektromixer Mehl, Butter oder Margarine, Zucker und Eigelb zusammenrühren. Zwei Kugeln formen, einwickeln und in den Kühlschrank legen.

2 Ofen auf 200 Grad vorheizen; Gas 6. Einen der Teigbälle in eine 24-cm-Springform drücken.

3 Diese Basis 8 Min. backen, bis sie golden ist. In der Form abkühlen lassen. Die Ofentemperatur auf 180 Grad (Gas 4) herunterstellen.

4 Während der Teigboden abkühlt, die Füllung vorbereiten: 30 g der Nüsse als Dekoration zurückbehalten, die restlichen hacken. In einer großen Schüssel mit dem Elektromixer den Quark schlagen, bis er weich ist. Langsam den Zucker dazugeben. Dann fügt man Eier, Golden Sirup und Mehl bei und rührt alles 2 Min. weiter. Die gehackten Nüsse dazugeben.

Man mischt die gehackten Pekannüsse in die Füllmasse.

5 Die zweite Teighälfte dem inneren Formrand entlang ausstreichen, bis etwa 1 cm unter die obere Kante. Die Quarkfüllung hineingießen.

6 Den Quarkkuchen 45–50 Min. backen; nach 10 Min. die Form bedecken, ohne daß das Papier die Füllung berührt. Dann den Ofen abstellen und den Kuchen 30 Min. darin ruhen lassen und schließlich auf einem Gitter außerhalb ganz abkühlen lassen. Bedecken und mindestens 3 Std. im Kühlschrank lassen.

7 Sobald die Quarkmasse fest ist, den Rand und Formboden sorgfaltig losen und den Kuchen auf eine Platte gleiten lassen.

8 Kurz vor dem Servieren mit den Nüssen garnieren.

Schokolade-Quarkkuchen

10–12 Portionen
kann 1 Tag im Kühlschrank aufbewahrt werden

Teig

300 g Weißmehl

60 g Zucker

1/2 TL Backpulver

150 g Butter oder Margarine

2 Eigelb

2 EL Milch

Füllung

225 g Bitterschokolade, in Stücke gebrochen

700 g Rahmquark oder 3 1/2 Packungen Frischkäse zu 200 g

300 g Zucker

450 ml saure Sahne

3 Eier

Puderzucker zum Bestreuen

Es sieht sehr hübsch aus, wenn man die Teigrollen diagonal übereinander legt.

Vor dem Servieren
Das Teiggitter mit Puderzucker bestreuen.

1 Bereiten Sie zuerst den Teig zu: Mehl, Zucker und Backpulver mit einer Gabel in einer Schüssel verrühren. Mit einem Teigmischer oder den Fingerspitzen die Butter oder die Margarine daruntermischen, bis die Masse krümelig ist.

2 Milch und Eigelb mit einer Gabel dazumischen. Mit den Händen bearbeiten, bis der Teig zusammenhält. Auf einer leicht bemehlten Unterlage den Teig während ca. 2 Min. kneten, bis er glatt ist. Zu 2 Kugeln formen, diese in Folie wickeln und im Kühlschrank für 1 Stunde kühlen.

3 Den Ofen auf 190 Grad vorheizen; Gas 5. Den Boden einer Springform von 23 cm ausbuttern.

4 Die eine Teigkugel auf dem Boden ausrollen, die andere im Kühlschrank belassen. Den Teigboden ca. 15–20 Min. backen, bis er goldgelb ist. Den Ofen auf 170 Grad stellen; Gas 3.

5 Während der Teigboden auskühlt, bereitet man die Füllung vor: die Schokolade in einem kleinen Topf über leise kochendem Wasser schmelzen, bis sie glatt ist, dabei öfters umrühren. Den Topf vom Herd nehmen, die Schokolade auskühlen lassen.

6 In einer großen Schüssel rührt man mit dem Elektromixer den Quark oder den Käse, bis er glatt ist. Langsam Zucker einrühren, dabei mit dem Teigschaber öfters der Schüsselwand entlangfahren. Eier und Sauerrahm beigeben und 1 Min. mixen. Die geschmolzene Schokolade untermischen. Die Masse in die Springform gießen.

7 Den restlichen Teig in 10 Stücke teilen. Jedes Stück mit den Händen zu einer 23 cm langen Rolle formen.

8 5 Rollen 4 cm voneinander entfernt auf die Torte legen.

9 Die restlichen 5 Rollen diagonal darüberlegen, so daß ein Gitter entsteht. Die Enden am Rand der Springform abschneiden.

10 Den Kuchen während 50–60 Min. backen. Die Oberfläche nach 45 Min. mit einer Folie bedecken, wenn sie zu braun wird. Den Kuchen noch 50 Min. im ausgeschalteten Ofen belassen. Herausnehmen, in der Form auf einem Kuchengitter auskühlen lassen. Zudecken und mindestens 4 Std. kaltstellen.

11 Wenn der Kuchen fest geworden ist, löst man ihn mit einem Palettenmesser vom Rand der Springform. Diesen entfernen, den Kuchen vom Boden der Form abheben und auf eine Platte gleiten lassen (Kasten oben).

Deutscher Quarkkuchen

12 Portionen
kann am Vortag zubereitet und im Kühlschrank aufbewahrt werden

Teig

- *185 g Mehl*
- *120 g weiche Butter oder Margarine*
- *60 g Zucker*
- *1 Eigelb*
- *Abgeriebenes einer großen Zitrone*

Füllung

- *1,2 kg vollfetter Quark*
- *350 g Zucker*
- *5 Eier*
- *4 EL Milch*
- *25 g Mehl*
- *2 Eigelb*
- *Abgeriebenes einer großen Zitrone*
- *Erdbeeren und Kiwis mit gewärmter Himbeer-Marmelade*

1 Erst den Teig zubereiten: In einer mittleren Schüssel mit dem Elektromixer Mehl, Butter oder Margarine, Zucker, Eigelb und Zitronenabgeriebenes gut verarbeiten. Den Teig zum Ballen formen und eingewickelt etwa 1 Std. kühlstellen.

2 Ofen auf 200 Grad vorheizen; Gas 6. Ein Drittel des Teiges auf den Boden einer 24-cm-Springform festdrücken. Den restlichen Teig weiterhin kühlstellen.

3 Den Teig 8 Min. backen, bis er goldbraun ist. In der Form abkühlen lassen. Ofentemperatur auf 230 Grad einstellen; Gas 8.

4 Füllung zubereiten, während der Teigboden kalt wird: In einer großen Schüssel mit dem Elektromixer den Quark weich rühren. Langsam den Zucker einarbeiten; Schüsselwand immer wieder abschaben. Eier, Milch, Mehl, Eigelb und Zitronenabgeriebenes dazumixen, etwa 5 Min. lang.

5 Den restlichen Teig den Seitenwänden entlang festdrücken, bis etwa 1 cm unter den Rand. Quarkmischung hineingießen.

So gießt man den Teig in die Springform

Alternative Garnitur

Statt der Erdbeeren und Kiwis kann man auch köstliche schwarze Kirschen als Garnitur verwenden.

Schwarze Kirschen-Garnitur: 150 ml Saft von 425 g schwarzen Dosenkirschen in einen kleinen Kochtopf abgießen. Einen gehäuften Teelöffel Pfeilwurzpulver dazurühren. Langsam zum Kochen bringen und eindikken lassen. Die Kirschen hinzufügen und leicht umrühren. Über den Quarkkuchen gießen und ganz kalt werden lassen. Vor dem Servieren in den Kühlschrank stellen.

6 Den Quarkkuchen 12 Min. backen. Dann Ofentemperatur tieferstellen auf 150 Grad, Gas 2, und etwa 45 Min. weiterbacken. Hitze abstellen, doch den Kuchen noch etwa 30 Min. im Ofen lassen.

7 Dann den Kuchen aus dem Ofen nehmen und vollständig kalt werden lassen.

8 Kuchen zudecken und mindestens 4 Std. in den Kühlschrank stellen.

9 Sobald der Kuchen fest ist, mit dem Palettenmesser die Seitenwände lösen und den Formenrand abnehmen. Kuchen vom Blech abheben und auf eine Platte gleiten lassen.

10 Nach Belieben Früchte auf den Quarkkuchen legen und mit der geschmolzenen Himbeer-Marmelade überziehen.

Zitronen-Quarkkuchen

6–8 Portionen
kann am Vortag zubereitet und an der Kühle aufbewahrt werden

175 g Roggenmehl-Kekse
60 g Butter
25 g brauner Zucker
350 g vollfetter Quark
Abgeriebenes und Saft von 3 großen Zitronen
400 g süße Kondensmilch
150 ml Doppelsahne
150 ml saure Sahne
frische Früchte zum Garnieren

1 Die Roggenmehl-Kekse in eine Plastiktüte füllen und mit dem Wallholz zu feinen Bröseln zerdrücken.

2 Butter in einem kleinen Topf schmelzen und Zucker und die Keksbrösel beifügen und gut mischen.

3 Diese Mischung in eine 20-cm-Springform geben und mit einem Löffel fest auf den Boden pressen.

4 In einer mittleren Schüssel mit dem Elektromixer den Quark weichschlagen. Zitronenabgeriebenes und -saft sowie Kondensmilch zugeben und mixen, bis sich alles gut gemischt hat.

5 In einer anderen mittleren Schüssel die Sahne ganz steif schlagen. Unter die Quarkmischung ziehen.

6 Die Quarkmischung langsam über den Keksboden gießen, bis alles gleichmäßig bedeckt ist.

7 Die Oberfläche glattstreichen. Zudecken und an die Kühle stellen.

8 Dann die Form sorgfältig entfernen, Boden lösen und den Kuchen auf eine Platte gleiten lassen.

9 Mit dem Palettenmesser die saure Sahne über den Quarkkuchen streichen.

10 Mit frischen Beeren garnieren.

Eine Girlande aus Johannisbeeren, Blaubeeren und Erdbeeren sieht auf der Oberfläche des Quarkkuchens sehr hübsch aus.

Schweizer Schokolade-Quarktorte

12 Portionen
kann am Vortag zubereitet und an der Kühle aufbewahrt werden

315 g dunkle Schokoladebisquits
200 g weiche Butter
450 g weiße Schokolade, in Stücke gebrochen
900 g vollfetter Quark
60 g Zucker
4 Eier
weiße Schokoladelocken und Kakaopulver zum Garnieren

1 Die Schokoladekekse in eine Plastiktüte geben und mit dem Wallholz zu Krumen zerdrücken. Oder in einem Mixer bearbeiten.

2 Eine 24-cm-Springform leicht einfetten. Kekskrumen und 90 g Butter gut mischen, in die Form geben und am Boden und den Seiten festpressen.

3 Den Ofen auf 170 Grad vorheizen; Gas 3. Die Schokoladestücke über leicht kochendem Wasser schmelzen, bis sie glatt sind. Evtl. mit dem Schneebesen nachhelfen. Vom Feuer nehmen und die Schokolade erkalten lassen.

4 In einer großen Schüssel mit dem Elektromixer den Quark und die restliche Butter weichrühren. Langsam den Zucker, die geschmolzene weiße Schokolade und die Eier dazugeben.

5 Die Quarkmischung über die Kekskrumen gießen. Eine Stunde backen und zugedeckt mindestens 4 Std. im Kühlschrank fest werden lassen.

6 Wenn der Quarkkuchen fest ist, sorgfältig aus der Form nehmen und auf eine Platte gleiten lassen.

7 Schokoladelocken auf die Oberfläche häufen und mit Kakao besieben.

Die Locken aus weißer Schokolade sehen wunderschön aus auf dieser weißen Schokoladetorte, besonders, wenn man sie mit dunklem Schokoladepulver überpudert.

Servieren Sie diese Torte wenn möglich auf dunklen Tellern – der Farbkontrast ist effektvoll.

Mokka-Quarkkuchen

10–12 Portionen
kann am Vortag zubereitet und an der Kühle aufbewahrt werden

315 g Mandelmakronen

90 g weiche Butter

175 g dunkle Schokolade, in Stücke gebrochen

900 g vollfetter Quark

135 g Zucker

3 Eier

5 EL Milch

2 TL Instant-Kaffeepulver

Puderzucker, Schokoladeblätter und Himbeeren zum Garnieren

Zum Servieren

Puderzucker über den Quarkkuchen sieben und mit Schokoladeblättern und Himbeeren garnieren.

1 Die Mandelmakronen in einer Plastiktüte mit dem Wallholz oder in einem Mixer zerkrümeln.

2 In einer 24-cm-Springform von Hand Krümel und Butter auf dem Boden verarbeiten und anpressen.

3 Den Ofen auf 170 Grad vorheizen; Gas 3. Die Schokoladestücke über leicht kochendem Wasser schmelzen, bis sie weich sind. Vom Feuer ziehen.

4 In einer großen Schüssel mit dem Elektromixer den Quark weich schlagen und langsam den Zucker einarbeiten. Die geschmolzene Schokolade, Eier, Milch und Kaffeepulver dazugeben und 3 Min. verrühren.

5 Die heiße Schokolademischung über die Brösel gießen.

6 Die Form sorgfältig bewegen, damit sich die Quarkmischung gleichmäßig verteilt. 1 Std. backen. Dann zudecken und im Kühlschrank mindestens 4 Std. fest werden lassen.

7 Sobald der Kuchen fest ist, die Form sorgfältig entfernen und den Kuchen auf eine Platte gleiten lassen.

Wie man Schokolade schmilzt

Man muß sehr aufpassen, daß die Schokolade beim Schmelzen nicht anbrennt. Sie schmeckt dann bitter. Darum mit kleiner Hitze arbeiten. Man kann zum Schmelzen verschiedene Methoden anwenden:

- Schokolade in kleine Stücke brechen und in einem kleinen Pfännchen über leicht kochendem Wasser schmelzen.
- Oder in einen kleinen nichthaftenden Topf geben und über sehr kleiner Hitze schmelzen. Ist der Topfboden zu dünn, dürfte die Schokolade allerdings leicht anbrennen.
- Oder in kleinen Mengen in der Folie lassen und diese an einen warmen Ort legen.
- Um das Schmelzen zu beschleunigen, die Stücke kleiner brechen.
- Das Wasser im Kochtopf sollte man nicht sieden lassen, um das Schmelzen zu beschleunigen. Jede zugesetzte Flüssigkeit bringt die Schokolade zum Gerinnen.
- Wenn die Schokolade dick wird oder gerinnt, vegetarisches Fett (keine Butter oder Margarine) zufügen. Immer nur wenig und dann wieder rühren.

Ricotta-Torte

12 Portionen
kann am Vortag zubereitet und an der Kühle aufbewahrt werden

Teig

300 g Mehl

175 g Butter oder weichgemachte Margarine

60 g Zucker

2 EL Marsala-Wein

2 Eigelb

Füllung

900 g Ricotta-Käse

200 g Zucker

250 ml Doppel- oder Schlagsahne

50 g Mehl

6 Eier

Abgeriebenes von 2 mittelgroßen Orangen

Abgeriebenes von 2 mittelgroßen Zitronen

Puderzucker zum Besieben

Orangentwists zum Garnieren

1 Zuerst den Teig zubereiten: In einer großen Schüssel mit dem Elektromixer Mehl, Butter oder Margarine, Marsala und Eigelb gut verrühren. Den Teig zur Kugel formen. Einwickeln und 1 Std. kühl stellen.

2 Ofen auf 180 Grad vorheizen; Gas 4.

3 In eine 24-cm-Springform Dreiviertel des Teiges über den Boden und den Seiten entlang (2 cm unter der oberen Kante) festpressen.

4 Den Teig 15 Min. backen, bis er golden ist. Dann in der Form abkühlen lassen.

5 Während sich der Teig abkühlt, die Füllung zubereiten: Ricotta durch ein Sieb in eine große Schüssel pressen und mit dem Elektromixer weichrühren. Den Zucker langsam beigeben. Sahne, Mehl, Eier, Zitronen- und Orangenschale und -saft dazugeben und so lange rühren, bis alles geschmeidig ist. In die Form gießen.

6 Auf einer bemehlten Oberfläche mit dem leicht bemehlten Wallholz den restlichen Teig auswallen in ein Rechteck von 25 x 12,5 cm. Den Teig der Länge nach in zehn 1 cm breite Streifen schneiden. Diese Streifen etwa im Abstand von 2,5 cm kreuzweise über die Kuchenoberfläche legen. Die Enden der Streifen abschneiden.

7 Den Quarkkuchen 1 1/4 Std. backen. Dann den Ofen abstellen und die Form etwa für 1 Std. noch im Ofen lassen. Dann den Kuchen aus dem Ofen nehmen und in der Form noch ganz abkühlen lassen. Zudecken und mindestens für 4 Std. in den Kühlschrank stellen.

8 Wenn der Quarkkuchen fest ist, Form und Boden sorgfältig abnehmen, und den Kuchen auf eine Platte stürzen.

9 Mit Puderzucker bestreuen und mit Orangentwists garnieren.

Ricotta-Käse

Ricotta ist ein schneeweißer, cremiger, satinweicher Käse von feiner, etwas feuchter Struktur und süßlichem Geschmack. Er gleicht am ehesten dem Weißkäse, ist aber noch cremiger.

- Die Ricotta-Torte gehört in Italien zu den Klassikern. Ein anderer von Italien inspirierter Ricotta-Kuchen ist die Cannoli-Torte (S. 116).
- Ricotta wird aus der Molke hergestellt, die bei der Käsezubereitung entsteht.

Früchte-Kuchen

Ein wunderschön dekorierter Früchtekuchen gibt ein großartiges Mittelstück auf einer festlichen Tafel und kann als Krönung zum Dessert oder auch mit einem Glas Wein oder einer Tasse Tee oder Kaffee gegessen werden. Will man den Kuchen auch später noch genießen, muß man nur die Regeln zur Aufbewahrung genau befolgen.

Amerikanischer festlicher Früchtekuchen

gibt einen 25 cm großen Kuchen
entweder am Tag oder 1 Monat zuvor zubereiten

450 g rote glasierte Kirschen
120 g grüne glasierte Kirschen
350 g entsteinte Pflaumen
300 g entsteinte Datteln
120 ml Sherry-Creme
700 g gemischte Nüsse
175 g geschälte Pekan- oder Walnüsse
215 g selbsttreibendes Mehl
200 g Zucker
6 Eier

1 In einer großen Schüssel die ersten 5 Zutaten vermischen. Mindestens 15 Min. stehen lassen, bis alle Flüssigkeit aufgesogen ist.

2 In der Zwischenzeit eine etwa 3,5 Liter fassende Hefering-Form großzügig mit Öl einfetten und so glatt als möglich mit Folie auslegen. Auch die Folie einfetten.

3 Den Ofen auf 150 Grad vorheizen; Gas 2. Die Nüsse in die Früchtemischung einrühren. 225 g der Nuß-Frucht-Mischung zur Seite stellen. In einer großen Schüssel Mehl und Zucker über die restliche Frucht-Nuß-Mischung streuen, bis alles gut überzogen ist. Die Eier daruntermischen.

4 Die Mischung gleichmäßig in der Form verteilen. Die beiseite gestellten Früchte obendrauf verteilen. Die Form lose mit einer Folie bedecken. 2 Std. backen.

5 Die Folie entfernen und nochmals 30 Min. weiterbacken, bis ein Messer sauber herauskommt.

6 Den Kuchen in der Form etwa 30 Min. abkühlen lassen. Dann die Form entfernen, und den Kuchen auf einem Gitter kalt werden lassen.

7 Den Fruchtkuchen gut verpacken und über Nacht in den Kühlschrank stellen, damit er fest wird und leicht zu schneiden ist.

Wie man den Fruchtkuchen aufbewahrt

Den Kuchen, gut eingepackt, in einem luftdichten Behälter im Kühlschrank aufbewahren. Man kann den Kuchen auch zuvor noch mit Wein oder Brandy beträufeln. Oder man

kann ein Tuch in Wein oder Brandy tränken, um den Kuchen legen und mit Folie einpacken. Das Tuch wöchentlich wieder anfeuchten.

Die Oberfläche des Kuchens wird reich mit Nüssen und bunten Früchten bedeckt.

Calypso Fruchtkuchen

ergibt einen 25 cm großen Kuchen
1 Tag oder 1 Monat zuvor zubereiten

350 ml trockener Rotwein
90 g entsteinte Pflaumen
120 g Rosinen
100 g kandierte Zitrone, gewürfelt
300 g Zucker
225 g Butter oder Margarine
425 g selbsttreibendes Mehl
1 TL Zimtpulver
3 Eier
1 TL Abgeriebenes einer Limette oder Zitrone
Limetten-Glasur
100 g gemischte glasierte Früchte, gewürfelt
1 EL Golden Sirup

1 Die ersten vier Zutaten über großer Hitze in einem Kochtopf zum Sieden bringen. Dann wegziehen und 30 Min. weich werden lassen.

2 Die Früchte im Mixer mixen, eventuell in 2 Malen, bis sie weich sind.

3 Den Ofen auf 170 Grad vorheizen; Gas 3.

4 Eine 25-cm-Gugelhopf- oder Savarinform einfetten.

5 In einer großen Schüssel mit dem Elektromixer Zucker und Butter oder Margarine 10 Min. schlagen, bis sie leicht und luftig sind. Die Schüsselwand immer wieder gut abschaben.

6 Der Zucker-Butter-Mischung Mehl, Zimt, Eier und die Früchtemischung zusetzen und etwa 1 Min. verarbeiten, bis alles gut gemischt ist.

Limetten-Glasur

In einer mittleren Schüssel mit dem Löffel *175 g Puderzucker, gesiebt, 4 Teelöffel heißes Wasser, 2 Teelöffel Limettensaft und 1/2 Teelöffel Limetten-Abgeriebenes verrühren*, bis alles weich ist.

7 Die Mischung in die Form geben und etwa 1 Std. backen, bis ein Spieß trocken herauskommt. Den Kuchen in der Form 10 Min. auf dem Gitter abkühlen lassen, dann die Form entfernen und kalt werden lassen.

8 Zum Servieren die Limettenglasur über den Kuchen gießen.

9 In einer kleinen Schüssel die gemixten Früchte mit dem Golden Sirup vermischen.

10 So schnell wie möglich, bevor sich die Glasur setzt, die Früchte im Kranz darauf geben. Trocknen lassen vor dem Servieren.

Der Calypso-Früchtekuchen wird mit einer Limettenglasur begossen und mit glasierten Früchten verziert.

Gewürzter Dörrfrüchte-Kuchen

ergibt einen 24 cm großen Kuchen
1 Tag oder 1 Monat zuvor zubereiten

300 g entsteinte Datteln

225 g gedörrte Feigen, in Streifen

175 g Pekan- oder Walnußhälften

120 g grüne glasierte Kirschen

120 g rote glasierte Kirschen

600 g selbsttreibendes Mehl

325 g weicher brauner Zucker

200 g Zucker

225 g weiche Margarine

6 Eier

1/2 TL Zimtpulver

1/2 TL Muskatnuß-Pulver

1/2 TL Allspice (z.B. McCormik)

800 g Dörrfrüchte-Konserve (in guten Lebensmittelgeschäften)

2 EL Golden Sirup

Um dem Kuchen einen Party-Look zu geben, schlingt man ein Seidenband um seine Mitte.

1 Zuerst 75 g Datteln, 120 g Feigen, 45 g Pekan- oder Walnüsse und je 60 g grüne und rote Kirschen beiseite legen. Die übrigen Datteln und Früchte würfeln. In einer Schüssel die gewürfelten Datteln und Kirschen mit den Feigen und Nüssen mischen. Mit 150 g Mehl überdecken.

Das Mehl mischt man durch Schütteln in die Nuß-Früchtemischung.

2 Den Ofen auf 150 Grad vorheizen; Gas 2. Eine 24-cm-Springform mit einem Kamin einfetten.

3 In einer großen Schüssel mit dem Elektromixer braunen und weißen Zucker und die weiche Margarine 10 Min. schlagen, bis sie leicht und flockig ist. Eier, Zimt, Muskatnuß und Allspice beifügen. Das Dörrgut löffelweise einarbeiten.

4 Die Kuchenmischung in die Form gießen und mit dem Löffel gleichmäßig verteilen.

5 Etwa 2 Std. backen, bis sich der Kuchen von selbst von der Wand löst.

6 Den Kuchen in der Form 30 Min. abkühlen lassen, Form entfernen und auf dem Gitter kalt werden lassen.

7 Wenn der Kuchen abgekühlt ist, in einem mittleren Topf über mittlerer Hitze die beiseitegelegten Früchte und Nüsse mit dem Golden Sirup 5 Min. erhitzen. Dann auf dem Kuchen verteilen.

8 Früchte und Nüsse abkühlen lassen.

9 Den Früchtekuchen fest einpacken und über Nacht in den Kühlschrank stellen, dann läßt er sich besser schneiden.

Pasteten, Obstkuchen, Gebäck und heiße Fruchtpuddings

131–198

Pasteten, Obstkuchen, Gebäck und heiße Fruchtpuddings

In diesem Kapitel wird zeitloses und einfaches Gebäck beschrieben, das in vielen Variationen zubereitet werden kann. Beginnen Sie mit den Grundrezepten und den verschiedenen Füllungen, bis Sie mit der Zeit Ihre Familie mit köstlichen Süßspeisen, wie Apfel-, Kirschen-, Erdbeer- und Rhabarber-Pastete, verwöhnen können. Die Sommer- und Herbst-Obsternten bieten eine Fülle zur Auswahl: die Mittsommer-Frucht-Pastete, den Ascot Obstkuchen, die individuellen Pfirsich-Pastetchen und viele Fruchtdesserts mit besonderer Note. Da gibt es Gebäck aus der ganzen Welt: Baklava und Apfel-Strudel, angenehm heiße Obst-Puddings wie Banana Brown Betty oder der Apfel-Cobbler sind rasch hergestellt, und großartige Rezepte wie die Schwan-Windbeutel und der Windbeutel Paris-Brest krönen auch das festlichste Mahl.

Inhalt

Süße Pasteten

Süße Pasteten können einfach und gemütlich sein oder auch aufwendig und elegant, ganz wie Sie wollen. Viel von dem Erfolg hängt vom Teig ab, der zwar den Geschmack der Füllung betonen, doch nicht übertreffen soll, und der knusprig und zart sein sollte, und ja nicht feucht. Zur Abwechslung steht es Ihnen frei, das eine Mal einen festen Deckel über die Pastete zu spannen, das andere Mal einen durchbrochenen. Und für die offenen Obstkuchen versuchen Sie es mit verschiedenen Füllungen. Seien Sie ruhig kreativ.

Mürbeteig für eine gedeckte Pastetete

300 g Mehl

1 TL Salz

175 g Butter oder Margarine

3–4 EL kaltes Wasser

1 Den Teig so vorbereiten wie für einen Mürbeteig (siehe Kasten rechts), Schritt 1-3.

2 Den Teig in zwei nicht ganz gleich große Stücke schneiden.

3 Das größere Stück auf einer bemehlten Fläche mit dem leicht bemehlten Wallholz etwa 3 mm dick und etwa 4 cm breiter als die umgestülpte Pastetenform auswallen.

4 Den ausgewallten Teig vorsichtig um den Teigroller wickeln und so auf das Blech transportieren. Den Teig auf dem Boden und den Seiten des Blechs gleichmäßig flachdrücken. Den vorstehenden Rand abschneiden und den Teigboden nach Angaben im Rezept füllen.

5 Für den Deckel das kleinere Teigstück rund auswallen. Mit einem scharfen Messer einige Schnitte oder ein Muster in der Mitte anbringen. Den Deckel über den Boden spannen.

6 Hübsche Randverzierungen anbringen (S. 136–137). Die Pastete gemäß Rezept backen.

Den Teig in der Küchenmaschine zubereiten

Um Zeit zu sparen, kann man den Teig in der Küchenmaschine zubereiten. Das lohnt sich vor allem, wenn man für viele Leute eine große Anzahl von Kuchen zubereiten will.

1. In der Maschine mit der Messerklinge Butter und Mehl zusammenrühren, etwa 1–2 Sek. lang, bis die Masse krümelig ist.

2. Kaltes Wasser zugießen und 1–2 Sek. weitermixen, bis der Teig Blasen wirft.

3. Den Teig aus der Schüssel nehmen und von Hand zur Kugel formen.

Mürbeteig für Pastetenmuscheln

200 g Mehl

1 TL Salz (freiwillig)

120 g Butter oder Margarine

2–3 EL kaltes Wasser

1 In einer mittleren Schüssel Salz und Mehl zusammen verrühren.

2 Mit der Teighexe oder den Fingerspitzen Butter oder Margarine in die Mehlmischung einarbeiten, bis sich grobe Brösel gebildet haben.

3 Kaltes Wasser, eßlöffelweise, über die Mischung spritzen. Jedesmal mit der Gabel die Flüssigkeit einarbeiten. Solange weitermachen, bis der Teig feucht ist.

4 In derselben Schüssel mit leicht bemehlten Händen die Kugel zu einem weichen Ball kneten.

5 Auf einer bemehlten Oberfläche die Kugel 3 mm dick mit dem leicht bemehlten Wallholz auswallen.

6 Immer vom Zentrum nach außen wallen, damit der Kreis rund wird. Falls der Teig zu kleben beginnt, die Kanten evtl. nach innen schieben, und das Wallholz nicht ganz nach außen ziehen, damit der Rand nicht zu dünn ist.

7 Den Rand 4 cm außerhalb der umgestürzten Pastetenform (20–23 cm groß) abschneiden.

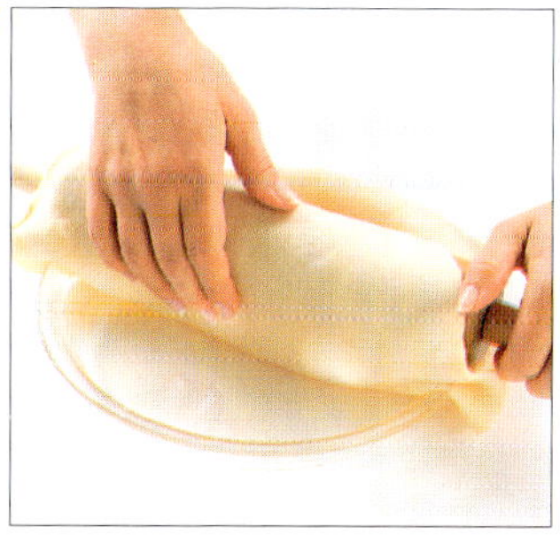

8 Den Teig um das Wallholz rollen, sorgfältig über die Form legen, und wieder abrollen.

9 Die Form vorsichtig auslegen.

10 Auf dem Deckel schließlich hübsche Verzierungen anbringen, Pastete füllen und entsprechend dem Rezept backen.

Blind backen

Manche Pastetenschalen werden mit einem rohen Inhalt gefüllt, so daß der Teig zuerst blind gebacken werden muß. Eine frisch gebackene Pastetenschale, die mit gekühltem Inhalt gefüllt werden soll, muß zuerst selbst kaltgestellt werden.

1. Den Ofen auf 220 Grad vorheizen; Gas 7.

2. Mit einer Gabel Löcher in den Teig stechen.

3. Den Teig mit Folie bedecken und trockene Bohnen auf den Boden füllen.

4. 15 Min. backen, bis der Teig golden ist.

5. Bohnen und Folie entfernen. Noch etwas einstechen und 3–4 Min. weiterbacken.

6. Auf einem Gitter abkühlen lassen.

Dekorative Pastetenränder

Diese dekorativen Teigränder, die eine Pastete so hübsch herausputzen, sind gar nicht schwer herzustellen. Man kann wählen zwischen den leicht oder stark gekerbten, zwischen Rüschchenrändern oder Muschelmustern, die sowohl für einfache wie Deckelpasteten geeignet sind. Blätter-, Zopf- und Herzränder passen am besten zu offenen Pasteten.

Pastetenschalen

1. Die Form mit dem Teig auslegen. Etwa 2,5 cm über den Rand herabhängen lassen, den Rest mit der Schere abschneiden.

2. Den überhängenden Teil auf den Rand heraufbiegen.

3. Einen hübschen Rand nach Ihrer Wahl anbringen und dann die Pastete direkt nach Rezept backen.

Gedeckte Pastete (Seite 135)

1. Den Rand des Deckels mit der Küchenschere abschneiden, jedoch etwa 2,5 cm überhängen lassen. Den Überhang nach unten falten und dann den Rand nach oben bringen.

2. Einen dekorativen Rand Ihrer Wahl anbringen und die Pastete nach Rezept backen.

Gekerbter Rand

Kanadische Pfirsich-Pastete mit gekerbten Rand (Seite 158)

***1.** Den Rand aufstellen. Um die Kerben anzubringen, setzt man den Zeigefinger an den inneren Rand des Teiges und drückt von außen mit Daumen und Zeigefinger den Teig zur Kerbe zusammen.*

***2.** Ringsum wiederholen, indem man zwischen jeder Kerbe 1,5 cm frei läßt.*

Scharfer Kerbenrand

Altenglische Apfel-Pastete (Seite 145)

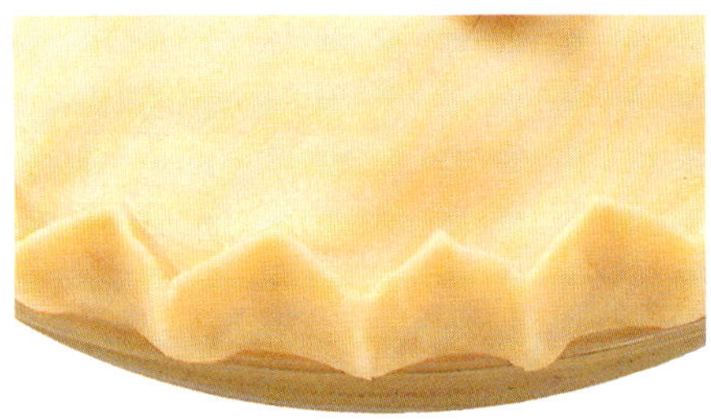

***1.** Den Rand aufstellen. Einen Sternausstecher von innen an die Kante drücken. Mit dem Zeigefinger und Daumen der anderen Hand fest von außen zusammendrücken.*

***2.** Rundherum wiederholen mit 5 mm Zwischenraum.*

Blätter- oder Herzrand

Pekan-Pastete mit Blätterrand (Seite 148)

__1.__ Mürbeteig für eine Deckelpastete herstellen. Das größere Teigstück zum Auskleiden der Form brauchen.

__2.__ Den restlichen Teig 3 mm dick auswallen. Mit einem scharfen Messer Blätter oder Herzen schneiden.

__3.__ Diese Verzierungen auf den leicht befeuchteten Teig kleben.

Rüschchen-Rand

Kirschenpastete mit Rüschchenrand (Seite 156)

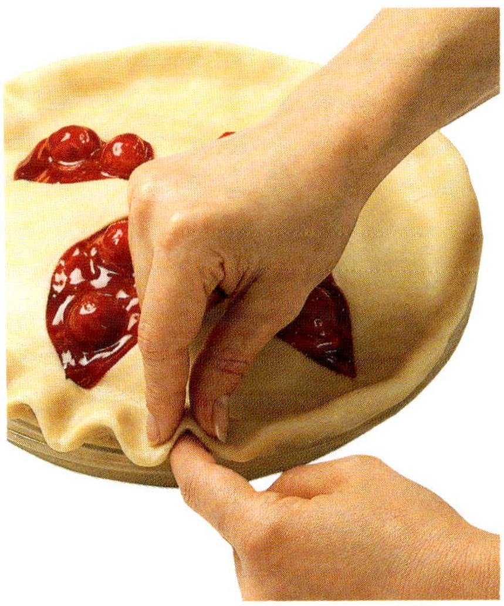

__1.__ Den Rand aufstellen. Den Zeigefinger unter den Teigrand legen und von oben her ein Rüschchen drücken.

__2.__ Rundherum weiterfahren mit 5 mm Zwischenraum.

Zopfrand

Kürbispastete mit geflochtenem Rand (Seite 149)

__1.__ Mürbeteig für eine Deckelpastete herstellen. Das größere Teigstück zum Auslegen der Form benutzen.

__2.__ Den übrigen Teig 3 mm dick auswallen. In 5 mm breite Streifen schneiden.

__3.__ Die Streifen zusammenflechten und auf den angefeuchteten Rand drücken. Die Zopfenden schön zusammenfügen.

Birnen-und Ananas-Pastete

10 Portionen
etwa 2 Std. Zubereitungs- und Backzeit

Füllung

2 x 800-g-Dosen halbe Williamsbirnen

2 x 400-g-Dosen Ananas im Saft

1 gehäufter Eßlöffel Maismehl

1/2 TL Muskatnuß-Pulver

1/2 TL Zimtpulver

45 g Butter

Teig

225 g Mehl

1/2 TL Salz

120 g Butter

1 Eigelb, leicht geschlagen

Die Pastete, die für eine ganze Menge Gäste ausreicht, sieht mit ihrem hübschen Rand ganz besonders festlich aus.

1 Den Saft von den Birnen abgießen und wegstellen. Die Birnenhälften in Streifen schneiden. Ananassaft absieben.

2 In einem großen Kochtopf Maismehl, Muskat, Zimt und den restlichen Birnensaft mischen. Über mittlerer Hitze bei ständigem Rühren die Mischung zum Sieden bringen und dick werden lassen. Topf wegnehmen und die Birnen- und Ananasstücke dazumischen.

3 In eine etwa 23 cm große quadratische Backform die Fruchtmischung gießen.

Früchte in eine Pastetenform gießen

4 Butter in Würfel schneiden und über die Früchte streuen. Die Füllung etwa 30 Min. lang auf Zimmertemperatur abkühlen lassen.

5 Inzwischen den Pastetenteig bereiten: In einer Schüssel Mehl und Salz mischen. Mit der Teighexe oder mit den Fingerspitzen Butter oder Margarine ins Mehl mischen, bis grobe Brösel entstehen. Dann 3 EL kaltes Wasser, löffelweise, darüber gießen und mit der Gabel leicht weitermischen, bis der Teig feucht ist und zusammenhält. Den Teig zur Kugel formen.

6 Den Ofen auf 220 Grad vorheizen; Gas 7. Auf einer bemehlten Unterlage mit dem leicht bemehlten Wallholz den Teig 3 mm dick auswallen und 2,5 cm über den Rand hängen lassen. Über die Füllung spannen.

7 Das Überhängende erst hinunterschlagen und dann heraufbiegen. Einen Seil-Rand herstellen (siehe Kasten rechts).

8 Einige Schnitte in den Deckel machen, damit der Dampf austreten kann. Mit dem leicht geschlagenen Eigelb bestreichen.

9 Die Pastete etwa 25–30 Min. backen, bis die Füllung blubbert und der Deckel goldbraun ist.

Seil-Rand

Den Daumen in einem Winkel gegen den Innenrand drücken. Dann den Teigrand zwischen dem Daumen und dem Zeigefingerknöchel zusammendrücken. Anschließend den Daumen in die Grube legen, wo vorher der Zeigefinger war.

Wenn man rundherum so weiterfährt, erhält man den gewünschten Seileffekt.

Schokoladen-Pastete

8 Portionen
am Vortag zubereiten und an der Kühle aufbewahren

125 g Teebisquit
120 g weiche Butter
60 g Bitterschokolade
500 g vollfetter Quark
400 g süße Kondensmilch
kandierte Orangenschale (siehe Kasten rechts)

1 Ofen auf 190 Grad vorheizen; Gas 5. Die Bisquits in eine Plastiktüte legen und mit dem Wallholz darüberfahren, bis feine Krumen entstehen. Man kann auch den Mixer dazu verwenden.

2 In einer Schale von 20 bis 23 cm die Bisquitkrumen mit der Butter verarbeiten und die Mischung auf Boden und Wände der Form drücken.

3 Diese Kruste etwa 8 Min. backen, bis sie golden ist. Abkühlen lassen.

4 Die Schokoladestücke über schwach kochendem Wasser schmelzen und solange rühren, bis alles glatt ist.

5 In einer großen Schüssel mit dem Elektromixer Quark und Kondensmilch zusammenrühren und die geschmolzene Schokolade dazumischen.

6 Die Schokolademischung über den Bisquitboden gießen und über Nacht in den Kühlschrank stellen.

7 Am nächsten Tag die Orangenschale fein schneiden und die Pastete vor dem Servieren damit bestreuen.

Kandierte Orangenschale

Mit dem Gemüseschäler dünne Streifen von zwei mittelgroßen Orangen in langen Bahnen abziehen. Dann in 3 mm feine, zündholzlange Streifen schneiden. In einem mittleren Topf bringt man über großer Hitze die Orangenstreifen, *125 ml Wasser und 60 g Zucker* zum Kochen. Die Hitze reduzieren und etwa 10 bis 15 Min. kochen, bis die Orangenstreifen weich und durchsichtig sind. Etwa *30 g Zucker* in eine kleine Schüssel geben. Die Orangenstreifen abgießen und in dem

Zucker wenden. Wenn alles schön gleichmäßig überzogen ist, auf ein Backblech zum Trocknen ausstreuen.

Eine attraktive Girlande von kandierten Orangenstreifen gibt der Pastete ein festliches Aussehen.

Die Teebisquit-Kruste ist besonders knusprig, weil sie im Ofen gebacken wurde.

Die Füllung aus Schokolade, Quark und Kondensmilch ist die Einfachheit selbst.

Erdbeer- und Rhabarber-Pastete

Erdbeeren und Rhabarber passen wirklich gut zusammen, sowohl in den Farben als im Geschmack. Und da sie zur gleichen Zeit geerntet werden, lassen sie sich zu vielen perfekten Kombinationen verarbeiten.

8–10 Portionen
etwa 3 Std. Zubereitungs- und Backzeit

Füllung

450 g Erdbeeren
450 g Rhabarber, geschält
175 g Zucker
45 g Mehl
15 g Butter

Teig

Mürbeteig für gedeckte Pastete (S. 134)
1 EL Milch

1 Blättchen von Erdbeeren entfernen und halbieren. Den geschälten Rhabarber in 1 cm große Stücke schneiden.

2 In einer großen Schüssel die halbierten Erdbeeren, Rhabarberstückchen, Zucker und Mehl sorgfältig vermischen.

Die Mischung aus Erdbeeren und Rhabarber wird mit dem Zucker und dem Mehl gut vermischt.

3 Den Teig zubereiten.

4 Auf einer leicht bemehlten Fläche mit einem leicht bemehlten Wallholz zwei Drittel des Teiges in eine 40 cm große Scheibe auswallen.

5 Den Teig in einer etwa 20–25-cm-Pastetenform (4 cm tief) auslegen und den Rand etwa 4 cm überhängen lassen.

6 In die Schale die Fruchtfüllung geben.

7 Butter in kleine Stückchen schneiden und über die Füllung streuen.

8 Ofen auf 220 Grad vorheizen; Gas 7.

9 Den restlichen Teig in eine 26 cm große Rondelle auswallen. Mit einem Teigrädchen oder Messer 2 cm breite Streifen schneiden.

10 Fünf Streifen über die Füllung legen, ohne die Enden zu befestigen.

11 Mit den anderen fünf Streifen ein Rautenmuster darüberlegen.

12 Die Enden abschneiden. Den Pastetenrand mit Wasser anfeuchten. Die Streifenenden daraufdrücken. Den Überhang darüberklappen und ein Rüschchenmuster anbringen. Mit Milch bepinseln.

13 Die Pastete 45 bis 50 Min. backen, bis der Inhalt blubbert und der Deckel golden ist. Nach 30 Min. die Pastete leicht mit Folie zudecken, damit sie nicht zu schnell braun wird.

14 Die Pastete eine Stunde stehen lassen, damit sich der Saft setzt.

Alternative zum Rautenmuster

Eine schnelle und leichte Alternative zum Rautenmuster ist das Wagenrad, bei welchem die Teigstreifen wie Speichen gelegt werden.

Wagenrad

1. Mit dem Teigrädchen etwa 12 1 cm breite Streifen schneiden.

2. 6 Streifen V-förmig aus dem Zentrum anlegen.

3. Mit weiteren Streifen kleinere V formen und in die großen einlegen.

4. Man kann auch kleine Figuren aus dem Teig schneiden und sie in die Mitte des Teiges legen.

Wie man eine Raute legt

Man biegt die Streifen rückwärts: *Jeden zweiten Streifen auf Dreiviertel seiner Länge zurückbiegen.*

Den mittleren Kreuzungsstreifen legen: *Einen Streifen diagonal übers Zentrum legen und von hier aus das Rautenmuster legen.*

Alternative Streifen zurückbiegen: *Die Streifen, die noch nicht zurückgebogen waren, nach hinten legen.*

Zweiten Kreuzungsstreifen legen: *2,5 cm entfernt einen zweiten Kreuzungsstreifen legen.*

Webmuster anbringen: *Man faltet die Streifen zurück und legt sie wieder vor über eine Diagonale, so daß ein eigentliches Webmuster entsteht.*

Der wellige Rand entsteht, wenn man die Streifen mit einem Teigrädchen ausschneidet.

Die köstliche Erdbeer-Rhabarber-Füllung schaut durch die „Fenster" des Rautenmusters.

Alexander-Pastete mit Weinbrand

8–10 Portionen
kann am Vortag zubereitet und an der Kühle aufbewahrt werden

225 g dunkle knusprige Schokoladebisquits

175 g Butter, weich

225 g Puderzucker

120 g dunkle Schokolade geschmolzen

3 EL Weinbrand

150 g Doppel- oder Schlagsahne

dunkle Schokoladelocken (siehe Kasten rechts)

1 Die Schokoladebisquits in einer Plastiktüte mit einem Wallholz zerkrümeln. Andernfalls Mixer nehmen.

2 Die Bisquitkrumen mit 60 g Butter zusammen auf den Boden und die Seiten einer 20–23-cm-Keramikform ausstreichen.

3 Im Mixer den Puderzucker und die restliche Butter zusammenrühren, bis sie cremig und weich sind. Die geschmolzene Schokolade und den Weinbrand zufügen und verarbeiten, bis alles dick und weich ist.

4 Die Sahne sehr fest schlagen und unter die Schokolademischung heben. Dann in der Pastetenform ausstreichen.

Diese besonders reiche Marquise-Füllung besteht aus Butter, Zucker, Schokolade, Schlagsahne und – Weinbrand!

5 Die Pastete mit Schokoladelocken verzieren. Mindestens 1 Std. in den Kühlschrank stellen.

Dunkle Schokoladelocken

In der Hand 60 g dunkle Schokolade-Couverture weichmachen. Mit dem

Gemüseschäler einer Kante entlangfahren, um Locken zu erhalten. Für große Locken die breite,

für kleinere die schmale Kante wählen. Sie können auch weiße Schokolade-Couverture verwenden.

Zum Servieren

Diese Weinbrand-Schokoladepastete schmeckt kalt am besten.

Blaubeeren-Pastete

10 Portionen
etwa 3 Std. Vorbereitungs- und Backzeit

Teig

300 g Mehl

3/4 TL Salz

175 g Butter oder Margarine

1 Ei

2 TL Zucker

Füllung

700 g frische oder gefrorene Blaubeeren

100 g Zucker

1 TL Zitronen-Abgeriebenes

15 g Butter

1 Zuerst den Pastetenteig zubereiten: In einer großen Schüssel mit der Gabel Salz und Mehl vermischen. Dann mit den Fingerspitzen Butter oder Margarine mit dem Mehl verarbeiten, bis sich grobe Brösel bilden. In einer Tasse das Ei leicht schlagen und zum Mehl mischen und mit einer Gabel so lange schlagen, bis der Teig zusammenhält. Wenn nötig etwas kaltes Wasser beifügen. Von Hand zwei Teigballen formen, den einen etwas größer als den anderen.

2 Auf leicht bemehlter Unterlage mit leicht bemehltem Wallholz den größeren Ballen etwa 4 cm breiter auswallen als die umgestülpte 20–23-cm-Form. Den Teig gleichmäßig in die Form legen.

3 Verwendet man gefrorene Blaubeeren, sollten sie aufgetaut und ohne Flüssigkeit sein. Mit Zucker und abgeriebener Zitronenschale sorgfältig mischen.

4 Blaubeeren-Mischung in die Pastetenform geben. Butter in kleine Stückchen schneiden und auf die Blaubeeren streuen.

5 Ofen auf 220 Grad vorheizen; Gas 7. Den zweiten Ballen wie den ersten auswallen. Teigkanten anfeuchten und den Deckel daraufkleben.

6 Das Teigende so abschneiden, daß 4 cm überhängen. Zuerst nach unten schlagen und dann den Rand nach Belieben verzieren.

7 Mit einem scharfen Messer ein 10 cm großes X ins Zentrum schneiden.

8 Die Ecken des X nach außen klappen, damit eine Öffnung im Zentrum entsteht.

9 Die Pastete mit Zucker bestreuen.

10 40 Min. backen, bis die Füllung blubbert. Wird der Deckel zu schnell braun, Folie auflegen. Pastete auf dem Gitter etwas abkühlen und warm oder kalt servieren.

Bananencreme-Pastete

8 Portionen
etwa 4 Std. Vorbereitungs- und Backzeit

100 g Kokosnußspäne
60 g Quick-Haferflocken, ungekocht
75 g weiche Butter
750 ml Milch
45 g Maisstärke
100 g Zucker
3 Eigelb
3 große Bananen
150 ml Doppel- oder Schlagsahne
geröstete Mandelflocken zum Verzieren

1 Den Ofen auf 150 Grad vorheizen; Gas 2. In einer 20–23-cm-Form Kokosnuß, Haferflocken und 50 g Butter zusammenarbeiten. Mit der Mischung auch seitlich die Form ausstreichen.

2 15 Min. backen, bis die Kruste golden ist. Abkühlen lassen.

3 In einem mittleren Topf Milch, Maismehl, Zucker und die verbliebene Butter so lange über mittlerer Hitze unter Rühren kochen, bis alles dick ist. 1 Min. weiterkochen.

4 Topf von der Hitze ziehen; die Eigelb hineinrühren.

5 2 Bananen schälen, in 5 mm dicke Scheiben schneiden und in die Pastete schichten. Die Creme über die Bananen gießen.

6 Gut verstreichen und kalt stellen.

7 In einer kleinen Schüssel die Sahne sehr steif schlagen.

8 Mit dem Palettenmesser die Sahne gleichmäßig über die Füllung streichen.

9 Die Pastete zudecken und kalt stellen.

Zum Servieren
Die restlichen Bananen scheibeln und die Pastete damit dekorieren.

Die Kokosnuß- und Haferflocken-Kruste steht im knusprigen Gegensatz zu der weichen, cremigen Bananenfüllung.

Altenglische Apfelpastete

8 Portionen
etwa 2 Std. Vorbereitungs- und Backzeit

Füllung

8 mittlere Äpfel

2 TL Zitronensaft

1 EL Maismehl

100 g Zucker

15 g Butter

Teig

Mürbeteig für eine gedeckte Pastete (S. 134)

Milch zum Glasieren

1 EL Zucker

7 Käse-Scheibletten je nach Belieben

1 Äpfel schälen, ausstechen und in feine Scheiben schneiden. In einer großen Schüssel die Apfelscheiben, Zitronensaft, Maismehl und Zucker verrühren. Beiseite stellen.

2 Den Pastetenteig zubereiten. Teilen und den einen Teil etwas größer machen. Auf einer leicht bemehlten Fläche mit einem leicht bemehlten Wallholz das größere Stück etwa 4 mm dick auswallen, etwa 2,5 cm größer als die umgekehrte Form von etwa 20–23 cm. Mit dem Teig die Pastetenform auskleiden. Die Teigreste aufbewahren.

3 Apfelmischung in die Form geben. Kleine Butterstückchen darüberstreuen.

4 Den Ofen auf 220 Grad vorheizen; Gas 7. Den zweiten Teig wie zuvor auswallen und über die Füllung spannen. Den Rand 2,5 cm überhängen lassen. Erst hinunterklappen, dann aufstellen und beliebiges Muster anbringen.

5 Die Teigreste noch einmal auswallen und 7 Blätter daraus formen. Auf der Pastete zurechtlegen und alles mit Milch bestreichen.

6 Mit der Messerspitze ein Loch in der Mitte einstechen, damit der Dampf abziehen kann.

7 Mit Zucker bestreuen. Im Ofen 45 Min. backen.

8 Die Pastete aus dem Ofen nehmen und abkühlen lassen. Nach Belieben die Käsescheiben in Blätter schneiden und sorgfältig unter die Teigblätter schieben.

Äpfel und Käse passen sehr gut zusammen. Die Garnitur in der Mitte besteht aus je einem Käse und Teigblatt.

Die Teigoberfläche wird vor dem Backen mit Zucker bestreut, damit es wie gefrostet aussieht.

Eierrahm-Pfirsich-Pastete

8 Portionen
etwa 3 Std. Zubereitungs- und Backzeit

Teig

Mürbeteig für eine Schale (S. 134)

Füllung

5 mittelgroße Pfirsiche (etwa 700 g)

150 ml saure Sahne

3 Eigelb

200 g Zucker

30 g Mehl

Streusel

60 g Butter

75 g Mehl

60 g Zucker

1/2 TL Zimt

1 Teig zubereiten.

2 Ofen auf 220 Grad vorheizen; Gas 7. Auf einer leicht bemehlten Fläche mit dem bemehlten Wallholz den Teig etwa 4 cm größer auswallen als eine Pastetenform von 20–23 cm. Den Teig hineinlegen.

3 Teigrand auf 2,5 cm zurückschneiden. Hinunterbiegen und einen dekorativen Rand anbringen (S. 136–137).

4 Die Pfirsiche schälen (s. Kasten S. 53). Mit einem scharfen Messer in 5 mm dicke Schnitze schneiden.

5 Die Pfirsichschnitze in konzentrischen Kreisen in die Pastete ordnen.

6 In einer mittleren Schüssel saure Sahne, Eigelb, Zucker und Mehl glatt zusammenrühren. Sorgfältig über die Pfirsiche gießen.

7 Pastete 30 Min. backen, bis sich die Füllung setzt.

8 In der Zwischenzeit Streusel zubereiten: In einer kleinen Schüssel Butter, Mehl und Zucker zusammenreiben, bis sich grobe Brösel bilden. Zimt dazuarbeiten.

Streusel

Die knusprigen Streusel werden aus Mehl, Butter und Zucker hergestellt und oft auch mit Zimt, Muskat oder Nelke gewürzt. Die Streusel werden vor dem Backen auf Brot, Kuchen oder Puddings gestreut. Streusel sind vor allem in Deutschland und Österreich beliebt und sind den Semmelbröselkrusten auf Fruchtdesserts sehr ähnlich.

9 Nachdem die Pastete 30 Min. gebacken wurde, Streusel daraufstreuen.

Die Streusel über Pfirsiche und Eierrahmcreme streuen.

10 Noch 15 Min. weiterbacken, bis auch die Streusel golden sind.

11 Wenn die Oberfläche zu rasch braun wird, Folie locker darüber legen.

12 Pastete auf einem Gitter etwa 1 Std. abkühlen. Warm servieren. Oder, wenn man sie kalt wünscht, in den Kühlschrank stellen.

Am Ende der Backzeit sticht man mit einer Messerspitze in die Mitte der Pastete, um zu sehen, ob die Füllung trocken ist.

Zum Servieren
Den aufgesparten fünften Pfirsich schneidet man in 5 mm dicke Schnitze, mit denen man die Mitte der Pastete dekoriert.

Pekannuß-Pastete

8 Portionen
etwa 4 Std. Zubereitungs- und Backzeit

Teig

Mürbeteig für eine gedeckte Pastete (S. 134)

Füllung

4 Eier

250 ml Golden Sirup

60 g heller Rohzucker

60 g Zucker

30 g geschmolzene Butter

90 g geschälte Pekannüsse oder Walnüsse, gehackt

Honig-Nuß-Guß (siehe Kasten rechts)

1 Den Teig zubereiten. Halbieren, eine Hälfte etwas größer.

2 Ofen auf 180 Grad vorheizen; Gas 4. Auf einer leicht bemehlten Fläche mit dem leicht bemehlten Wallholz den größeren Teig etwa 4 cm größer auswallen als eine umgedrehte Gratinform von 20–23 cm.

3 Mit dem Teig die Form sorgfältig auskleiden, so daß etwa 1 cm über den Rand hinaus hängt. Das Überlappende nach unten falten. Eine Blatt- oder andere Garnitur (S. 136–137) anbringen.

4 In einer mittleren Schüssel die Eier leicht schlagen. Den Sirup, braunen und weißen Zucker und die Butter dazurühren. Die gehackten Nüsse dazugeben. Füllung in die Form gießen und 40 Min. backen.

5 In der Zwischenzeit den Honig-Nuß-Guß zubereiten.

6 Sobald die Pastete gebacken ist, den Guß darübergießen.

Honig-Nuß-Guß

In einem mittleren Topf über mittlerer Hitze *75 g Rohzucker, 3 EL Honig und 45 g Butter* unter Rühren 2–3 Min. kochen, bis der Zucker ganz zergangen ist. *150 g geschälte Pekan- oder Walnüsse* darunter mischen. Topf vom Feuer ziehen.

Honig-Nuß-Masse über die Pastete streichen.

7 Nochmals für etwa 10–15 Min. in den Ofen stellen und backen, bis der Teig braun ist und die Füllung blubbert. Den Teig unter Umständen mit Folie abdecken, damit er nicht verbrennt.

8 Die Pastete abkühlen lassen und servieren.

Die goldbraunen Blätter geben dieser beliebten amerikanischen Nußtorte einen herbstlichen Anblick.

Eine Nußtorte, die zu jeder Winterparty paßt.

Kürbis-Pastete

8 Portionen
etwa 3 Std. Vorbereitungs- und Backzeit

Teig

Mürbeteig für eine gedeckte Pastete (S. 134)

Füllung

450 g Kürbismus frisch oder aus der Dose

400 g Kondensmilch

2 Eier

165 g feiner Rohzucker

1 1/2 TL Zimt

1/2 TL gemahlener Ingwer

1/2 TL gemahlene Muskatnuß

Walnuß-Guß (siehe Kasten unten)

150 ml Doppel- oder Schlagsahne zum Verzieren

1 Den Teig zubereiten und in zwei nicht ganz gleich große Stücke teilen.

2 Ofen auf 200 Grad vorheizen; Gas 6. Auf einer leicht bemehlten Fläche mit dem leicht bemehlten Wallholz das größere Teigstück etwa 4 cm größer auswallen als eine umgedrehte Form von 20 bis 23 cm.

3 Die Form mit dem Teig auslegen, so daß etwa 1 cm überhängt. Das Überlappende nach unten biegen. Mit einem Zopf oder anderen Teigmuster verzieren (S. 136–137).

4 In einer großen Schüssel mit dem Elektromixer das Kürbismus mit den ersten sechs Zutaten vermischen.

5 Diese Füllung in die Form gießen und die Pastete etwa 40 Min. backen oder bis eine Messerklinge trocken aus der Füllung gezogen werden kann.

6 Die Pastete etwa 1 1/2 Std. abkühlen lassen.

7 Sobald sie kalt ist, den Grill hoch einstellen. Den Guß gleichmäßig auf der Pastete verstreichen. Etwa 15 cm unter die Grillhitze einschieben und 3 Min. grillieren, bis die Oberfläche golden und der Zucker geschmolzen ist. Abkühlen lassen.

8 In einer kleinen Schüssel die Sahne sehr steif schlagen und die Pastete hübsch verzieren.

Die gehackten Nüsse, der Rohzucker und die Butter stehen in knusprigem Gegensatz zu der weichen Kürbisfüllung darunter.

Die Sahneschlingen passen sich dem Zopfrand bestens an.

Knuspriger Walnuß-Guß

In einem kleinen Topf über kleiner Hitze *60 g Butter* schmelzen. *120 g grob gehackte Walnüsse und 165 g feinen Rohzucker* gut damit vermischen. Kochen, bis die Butter aufgesogen ist.

Meringuierte Zitronen-Pastete

6–8 Portionen
etwa 50 Min. Vorbereitungs- und Backzeit

Krumenkruste

175 g Teebisquits

75 g Butter

45 g Rohzucker

Zitronen-Füllung

Abgeriebenes von 2 großen Zitronen

45 g Stärkemehl

2 Eigelb

75 g Zucker

Meringuenaufstrich

3 Eiweiß

120 g Zucker

Die Eiweißmasse kann man aufspritzen oder von Hand verzieren.

1 Krumenkruste: Die Bisquits in einer Plastiktüte mit dem Wallholz zermahlen.

2 Butter in einem kleinen Topf über kleiner Hitze schmelzen und Zucker und Bisquitkrumen gut damit vermischen.

3 Diese Mischung in eine 23 cm große Form geben und mit dem Löffel gut verstreichen.

Die Bisquitmischung fest auf Boden und Seiten anpressen.

4 Zitronenfüllung: Das Abgeriebene mit dem Stärkemehl in einer Schüssel gut verarbeiten.

5 In einem mittleren Topf 300 ml Wasser zum Sieden bringen. Die Stärkemischung sorgfältig einrühren und für etwa 3 Min. unter Rühren leicht zum Kochen bringen.

6 Den Topf von der Hitze ziehen und Eigelb und Zucker einrühren. Auf dem Feuer etwa 1 Min. lang eindicken lassen. Leicht abkühlen lassen und in die Form gießen.

7 Den Ofen auf 170 Grad vorheizen; Gas 3.

8 In einer großen Schüssel mit dem Elektromixer auf oberster Stufe die Eiweiß sehr steif schlagen. Den Zucker löffelweise dazugeben, bis er ganz zergangen ist und das Eiweiß Spitzchen wirft.

9 Die Eiweißmasse sehr sorgfältig auf die Pastete streichen.

10 Etwa 30 Min. backen, bis die Meringuenmasse golden wird. Warm oder kalt servieren.

Walnuß-Fondant-Pastete

8–10 Portionen
etwa 4 Std. Zubereitungs- und Backzeit

225 g Walnußhälften
Murbeteig für eine gedeckte Pastete
60 g Butter
60 g Bitterschokolade, in Stücken
200 g Zucker
5 EL Milch
4 EL Schokoladesirup aus der Flasche
4 Eier
Vanilleeis (nach Belieben)

Zum Servieren:
Nach Belieben kann man zu jedem Pastetenstück eine Kugel Vanilleeis servieren.

1 Ofen auf 180 Grad vorheizen; Gas 4. Die Walnüsse auf ein Backblech legen und im Ofen etwa 10 Min. braun werden lassen. Das Blech ab und zu schütteln. Nüsse abkühlen lassen. Ofen nicht abstellen.

2 In der Zwischenzeit den Teig zubereiten und in zwei nicht ganz gleich große Stücke teilen.

3 Auf einer leicht bemehlten Fläche mit dem leicht bemehlten Wallholz die größere Teighälfte etwa 4 cm größer auswallen als die umgekehrte Form von 20–23 cm Durchmesser.

4 Die Form gut mit dem Teig auskleiden und etwa 1 cm überlappen lassen.

5 In einem mittleren Topf über mittlerer Hitze unter Rühren Butter und Schokolade schmelzen. Vom Feuer ziehen und mit dem Schneebesen Zucker, Milch, Schokoladesirup und 3 Eier gut einrühren. Diese Mischung in die Pastete gießen.

6 Den restlichen Teig 3 mm dick auswallen. Mit zwei verschieden großen Förmchen Herzchen ausstechen und als Verzierung auf die Pastetenfüllung legen.

7 Legt man die Herzen dem Rand entlang, kommt die Füllung besser zur Geltung.

8 In einer Tasse mit der Gabel das verbliebene Ei schlagen und mit dem Pinsel auf Herzen und Rand auftragen.

9 Man pinselt am besten vom Zentrum der Herzen nach außen.

10 Pastete etwa 1 Std. backen; Messerklinge muß trocken herauskommen. Auf einem Gitter abkühlen lassen und warm oder kalt servieren.

So legt man die Herzen auf die Füllung

Mittsommer-Früchtepastete

8–10 Portionen
etwa 4 Std. Vorbereitungs- und Backzeit

Mandelteig

225 g Mehl
1 EL Zucker
1/2 TL Salz
120 g Butter
2 EL feingehackte blanchierte Mandeln

Fruchtfüllung

300 g frische oder tiefgekühlte Blaubeeren
30 g Zucker
1 EL Stärkemehl
1 EL Zitronensaft
1 EL Zitronenabgeriebenes
30 g Butter

Weiße Schokoladefüllung

215 g weiße Schokolade, in Stückchen
15 g Butter
30 g blanchierte Mandeln, geröstet und grob gehackt
150 ml Doppel- oder Schlagsahne

Sahneschicht

300 ml Doppel- oder Schlagsahne
30 g Puderzucker

1 Den Teig zubereiten: In einer großen Schüssel mit der Gabel Mehl, Zucker und Salz mischen. Mit der Teighexe oder den Fingern die Butter stückweise in die Mehlmischung einarbeiten, bis sie grobflockig wird. Die Mandeln dazugeben. 3 EL kaltes Wasser, einen nach dem anderen, mit der Gabel langsam dazumischen, bis der Teig zusammenhält. Kugel formen.

2 Ofen auf 220 Grad vorheizen; Gas 7.

3 Auf einer leicht bemehlten Fläche mit dem leicht bemehlten Wallholz den Teig etwa 4 cm breiter auswallen als die umgekehrte Form von 20–23 cm mißt.

4 Die Form mit dem Teig auslegen, den Teigrand so schneiden, daß etwa 1 cm überlappt. Nach unten biegen.

5 In regelmäßigen Abständen den Teigrand etwa 1 cm tief mit dem Messer einschneiden.

6 Den Daumen innen auf einen Teigabschnitt pressen und mit den Fingern der anderen Hand nach oben drücken, um ein Blütenblatt zu formen.

7 Den Teigboden mit der Gabel einstechen, damit er sich nicht wirft.

8 Eine Folie auflegen und trockene Bohnen darüber streuen.

Um diesen hübschen Rand herzustellen, schneidet man kleine Keile aus dem Teig heraus.

9 Blind backen, bis der Rand golden ist. Dann Bohnen und Folie entfernen und Teig nochmals 3–4 Min. in den Ofen stellen.

10 Die ausgeschnittenen Teigstücke nochmals auswallen und daraus Blüten und Blätter für die Verzierung ausschneiden. Etwa 10 Min. im Ofen auf einem Backtrennpapier backen.

11 Die Früchtefüllung zubereiten: Wenn man gefrorene Früchte verwendet, sie erst auftauen und den Saft abfließen lassen. In einem mittleren Topf Zucker, Stärkemehl, Zitronensaft und -abgeriebenes und die Hälfte der Früchte über kleiner Hitze zum Kochen bringen und dabei die Füllung mit einem Löffel zu Mus zerdrücken. Sobald die Mischung dick geworden ist, vom Feuer nehmen. Butter und die restlichen Beeren hineinrühren. Abkühlen lassen. Einige Beeren zur Verzierung zurückbehalten.

12 Weiße Schokoladefüllung: Schokoladestücke, Butter und 2 Eßlöffel Wasser in ein Schüsselchen geben und über leicht kochendem Wasser schmelzen. Schüsselchen wegnehmen und abkühlen lassen. Die gehackten Mandeln in die Schokolade mischen. Die Sahne in einer kleinen Schüssel sehr fest schlagen. Einige Löffel davon in die Schokolademischung rühren, damit sie etwas leichter wird. Schließlich mit dem Schneebesen die übrige Sahne unterheben.

13 Für die Sahneschicht in derselben Schüssel die Sahne zusammen mit dem Puderzucker steif schlagen.

14 Die Beerenmischung auf die Teigform geben.

15 Darüber kommt die weiße Schokoladefüllung und die Sahneschicht als Abschluß.

16 Die Pastete mit Teigblättchen und Beeren hübsch verzieren.

So verziert man die Pastete mit Teigblättchen und Beeren.

Blaubeeren (Heidelbeeren)

Die großen, saftigen Blaubeeren mit ihrer bläulich-roten Farbe und der weißen Puderschicht darüber sind wahrlich die „Aristokraten" unter den Beeren. Sie kommen in vielen Arten vor, kultiviert und wild, und sind fast in allen Supermärkten und Obstgeschäften erhältlich.

- Blaubeeren sind eine Sommerfrucht, von Juli bis September am geschmackvollsten.
- Bevor man die Beeren verwendet, erst Stielchen und Blättchen entfernen, gut abspülen und mit Küchenpapier trocknen.
- Zum Gefrieren die Beeren am besten in den Behältern lassen. Man kann sie auch lagenweise auf einem Tablett auslegen und gefrieren. Innert Jahresfrist verwenden.
- Verwendet man tiefgekühlte Beeren, dann taut man sie nur auf, wenn das Rezept es vorschreibt.

Hier sieht man eine Pastete mit verstecktem Innenleben: Die Schlagsahne verbirgt die weiße Schokoladecreme und die Beerenfüllung

Pariser Apfel-Pastetchen

6 Portionen
etwa 2 Std. Vorbereitungs- und Backzeit

Teig

375 g Mehl
225 g Butter, weich
75 g Zucker
2 Eigelb, leicht geschlagen
1 EL Milch

Füllung

8 große Golden Delicious Äpfel
100 g Zucker und etwas zum Bestreuen
60 g Butter

1 Teig zubereiten: In einer großen Schüssel mit den Fingerspitzen Mehl, Butter und Zucker rasch verarbeiten, bis Brösel entstehen. Mit dem Mixer Eigelb und Milch darunterarbeiten.

2 2/3 des Teiges zu einer Kugel formen, einwickeln und zur Seite legen. Auf einem nichthaftenden Backpapier das restliche Drittel auswallen und mit dem Teigrädchen oder Blattförmchen 36 „Blätter" ausstechen. Die „Adern" mit einem Zahnstocher einzeichnen. Auf dem Backpapier in den Kühlschrank stellen.

3 Den größeren Teigballen in sechs gleich große Stücke schneiden und 6 Tortenförmchen auskleiden. Kühl stellen.

4 Die Füllung zubereiten: Äpfel schälen und die Gehäuse ausstechen. In 5 mm dicke Scheibchen schneiden. In einer großen Bratpfanne über mittlerer Hitze Zucker und Butter verrühren, bis die Butter geschmolzen ist. (Keine Margarine verwenden, weil sie sich während des Kochprozesses vom Zucker trennt.) Der Zucker muß nicht ganz geschmolzen sein.

5 Die Apfelscheibchen auf die Butter-Zucker-Mischung legen (nicht rühren). Etwa 20 Min. dämpfen, bis die Zuckermischung caramelfarben wird. Nun die Äpfel sorgfältig unter den Zucker mischen. Die Äpfel sollten noch leichten Biß haben. Vom Feuer nehmen.

6 Ofen auf 200 Grad vorheizen; Gas 6. Die Apfelmischung in die Törtchen füllen. 6 Teigblätter auf jedem Pastetchen verteilen und alles auf einem Blech 25–30 Min. im Ofen backen lassen, bis der Teig goldbraun ist. Eventuell abdecken.

7 Die Pastetchen 10 Min. abkühlen lassen. Leicht bezuckern. Lauwarm oder kalt servieren. Vor dem Servieren die Förmchen entfernen.

Die Pariser Apfelpastetchen werden vor dem Servieren leicht mit Zucker bestreut.

Die Pastetchen werden in gerillten Formen gebacken, die vor dem Servieren entfernt werden.

Limetten-Pastete

6–8 Portionen

kann am Vortag zubereitet und im Kühlschrank aufbewahrt werden

135 g Teebisquits (Kekse)

60 g Zucker

75 g Butter, weich

400 g süße Kondensmilch

125 ml Limettensaft, frisch gepreßt

2 TL Limettenabgeriebenes

2 Eier, getrennt

grüne Speisefarbe (freiwillig)

300 ml Doppel- oder Schlagsahne

Limettendekoration (siehe Kasten oben rechts)

1 Ofen auf 170 Grad vorheizen; Gas 3. In einer flachen Pastetenform die Kekskrumen, Zucker und Butter mischen und die Form mit der Mischung auskleiden. Oben einen schmalen Rand frei lassen.

2 In einer mittleren Schüssel mit dem Schneebesen oder einer Gabel die Kondensmilch mit dem Limettensaft, dem Abgeriebenen und den Eigelb mischen, bis die Mischung dicklich wird. Man kann nach Belieben grüne Speisefarbe darunterziehen.

3 In einer kleinen Schüssel mit dem Elektromixer auf voller Geschwindigkeit die Eiweiß steif schlagen. Mit Gummischaber oder Schneebesen die Eiweiß unter die Limettenmischung ziehen.

4 Auf die Bisquitkruste gießen und etwa 15 bis 20 Min. backen, bis die Füllung fest ist.

5 Abkühlen lassen und für etwa 3 Std. in den Kühlschrank stellen.

6 In einer kleinen Schüssel die Sahne steif schlagen und den Rand der fertigen Pastete damit verzieren.

Zum Servieren

Den Sahnerand mit Limettenecken oder anderen Mustern verzieren.

Limetten-Verzierung

Durch den Kontrast des gelben Fleisches und der grünen Schale eignen sich die Limetten sehr schön für Verzierungen und bilden eine angenehme Abwechslung zu den bekannten Orangen und Zitronen.

Limetten-Tüten: Mit einem scharfen Messer schneidet man die Limetten in feine Scheiben. Durch einen Schnitt bis zum Zentrum kann man die Scheibe öffnen und zu einer Tüte formen.

Limetten-Winkel und -bögen: Mit einem scharfen Messer dünne Scheiben und diese wiederum in Segmente schneiden.

Kirschen-Pastete

8 Portionen
etwa 4 Std. Vorbereitungs- und Backzeit

Füllung

850 g entsteinte Dosenkirschen

75 g feiner Rohzucker

60 g Zucker

30 g Stärkemehl

15 g Butter

1 TL Mandelessenz

Teig

Mürbeteig für eine gedeckte Pastete (S. 134)

Milch zum Bepinseln

2 TL Zucker

1 Den Saft der Kirschen abgießen und 250 ml davon beiseite stellen.

2 In einem mittleren Topf beide Zucker, Stärkemehl und den abgemessenen Kirschensaft mischen. Unter ständigem Rühren auf schwacher Hitze zum Kochen bringen. 1 Min. weiterrühren. Vom Feuer nehmen und Butter sowie Mandelessenz hineinmischen. Die Kirschen dazugeben.

3 Den Mürbeteig zubereiten und in zwei nicht ganz gleich große Stücke teilen.

4 Ofen auf 220 Grad vorheizen; Gas 7. Auf einer leicht bemehlten Fläche mit leicht bemehltem Wallholz das größere Stück so auswallen, daß es 4 cm über die umgekehrte 20–23 cm große Pastetenform hinauslappt.

5 Füllung in die Pastete gießen. Den restlichen Teig auswallen und mit einem Blattförmchen oder einem scharfen Messer Blättchen ausschneiden und „Adern" einzeichnen. Den Teigdeckel über die Pastete spannen und 1 cm überlappen lassen. Nach unten falten. Ein beliebiges Muster anbringen (S. 136–137).

6 Aus den Teigresten „Beeren" formen (siehe Kasten rechts). Die Blatt- und Beerenverzierung anbringen, mit Milch bepinseln und mit Zucker bestreuen. Pastete 15 Min. backen. Ofen auf 180 Grad reduzieren; Gas 4. Etwa 25 Min. backen oder bis der Teig goldbraun ist.

7 Pastete vor dem Servieren abkühlen lassen.

Teigblätter und -beeren

Man kann die Teigblätter wie hier mit dem Ausstecher aus dem ausgewallten Teig stechen; man kann sie aber auch aus den flachgewallten Teigresten mit einem scharfen Messer ausschneiden. Die „Adern" zeichnet man mit der Messerspitze ein.

Für die „Beeren" rollt man Teigstückchen zwischen den Fingerspitzen. Beeren und Blätter werden hübsch angeordnet; die Blätter noch ein wenig gebogen.

Um eine große Pastete für einen besonderen Anlaß zu dekorieren, häuft man einige Beeren traubenartig zusammen. Für Weihnachten hingegen kann man aus Teig Stechpalmenblätter und die passenden Beeren formen.

Schokoladecreme-Pastete

8 Portionen
kann am Vortag zubereitet und im Kühlschrank aufbewahrt werden

120 g Teebisquits (Kekse)

120 g weiche Butter

50 g Stärkemehl

100 g + 1 TL Zucker

450 ml Milch

90 g dunkle Schokolade, in Stücken

2 Eigelb

1/2 TL Vanilleessenz

30 g Walnußstücke

150 ml Doppel- oder Schlagsahne

1 Ofen auf 190 Grad vorheizen; Gas 5. Die Kekse in einer Plastiktüte mit dem Wallholz zu Brösel wallen oder im Mixer zerkrümeln.

2 In eine flache, 20–23 cm weite Pastetenform die Brösel mit 90 g weicher Butter verarbeiten und die Form damit auskleiden.

Zum Servieren.
Die Pastete mit den gerösteten Nußbrösel bestreuen.

3 Diese Kruste 8 Min. im Ofen backen.

4 Inzwischen die Füllung vorbereiten: In einem großen nichthaftenden Topf das Stärkemehl und 100 g Zucker mischen. Milch und Schokolade dazugeben und das ganze bei mittlerer Hitze unter stetem Rühren so lange kochen, bis die Schokolade geschmolzen und die Mischung dicklich ist. Nach einer Kochminute vom Feuer ziehen.

5 In einer Tasse mit der Gabel die Eigelb schlagen und in die Schokolademischung rühren. Das Ganze so lange weiter erhitzen, bis die Masse einen Löffel überzieht. Nicht kochen lassen! Gerinnungsgefahr! Die Vanilleessenz und die restliche Butter in die Creme rühren.

6 Schokoladecreme in die Form gießen und gleichmäßig verstreichen.

Man gießt die Schokolade-Füllung in den gebackenen Pastetenboden

7 Damit sich beim Abkühlen keine Haut bildet, ein feuchtes Backpapier auf die Oberfläche pressen. Die Pastete mindestens 3 Std. in den Kühlschrank stellen.

8 Inzwischen die Walnüsse rösten und nach dem Abkühlen hacken.

9 Die Sahne in einer kleinen Schüssel zusammen mit dem Löffel Zucker steif schlagen.

10 Das Papier von der Oberfläche ziehen. Mit Sahne bestreichen oder verzieren.

Kanadische Pfirsich-Pastete

8 Portionen
etwa 3 Std. Zubereitungs- und Backzeit

Füllung
14 große Pfirsiche
30 g Stärkemehl
2 EL Zitronensaft
1 TL Zimt
200 g Zucker
15 g Butter
Teig
175 g Mehl
1/2 TL Salz
1 TL Zucker
90 g Butter
1 Eigelb, geschlagen

1 Füllung zubereiten: Pfirsiche schälen (siehe Kasten S. 53). Mit einem scharfen Messer in Schnitze schneiden.

2 In einer Schüssel die Pfirsiche, Stärkemehl, Zitronensaft, Zimt und Zucker mischen. Beiseite stellen.

3 Den Teig vorbereiten: In einer mittleren Schüssel mit einer Gabel Mehl, Salz und Zucker verrühren. Mit den Fingerspitzen die Butter in die Mischung reiben, bis grobe Brösel entstehen. 2–3 Eßlöffel kaltes Wasser löffelweise dazugeben und mit einer Gabel so lange verarbeiten, bis der Teig gut zusammenhält. Von Hand eine Kugel formen.

4 Die Pfirsichmischung in eine Pastetenform von 20–30 cm schütten. Butterstückchen darüber verteilen.

5 Ofen auf 220 Grad vorheizen; Gas 7. Den Teig 28–32 cm rund auswallen. Einige kleine Schlitze einschneiden, damit der Dampf entweichen kann.

6 Die Teigplatte über die Schüssel spannen und etwa 2,5 cm überlappen lassen. Erst nach unten falten und dann verzieren mit einem der Muster auf Seite 136–137.

7 Die Teigreste auswallen und Blätter zur Verzierung ausschneiden. Alles mit Eigelb bestreichen.

8 Weil die Pfirsiche unterschiedlich saften, Folie unter die Form legen und Ränder nach oben biegen. Pastete etwa 50 Min. backen oder bis der Teig goldbraun ist. Unter Umständen mit Folie abdecken, wenn die Oberfläche zu rasch braun werden sollte.

9 Lauwarm oder sehr kalt servieren.

Schlitze im Teig lassen den Dampf der dünstenden Pfirsiche entweichen.

Wegen des Aufweichens brauchen Schüsselpasteten nur einen Teigdeckel.

Obstkuchen

Obstkuchen – knusprig, reich und süß, gefüllt mit weichen Cremen, saftigen, frischen Früchten, feiner Schokolade und knackigen Nüssen – sind stets sehr erfreuliche süße Speisen. In dieser Rezeptsammlung finden Sie alte Favoriten neben neuen, aufregenden Ideen, jede von ihnen so schön anzuschauen wie gut zu essen. Und vor allem brauchen Sie kein Zuckerbäcker zu sein, um sie herzustellen.

Teig für Obstkuchen

175 g Mehl
1 EL Zucker
1/4 TL Salz (freiwillig)
120 g kalte Butter
2–3 EL kaltes Wasser

1 In einer mittleren Schüssel Mehl, Zucker und Salz mischen. Mit den Fingerspitzen die Butter hineinreiben, bis sich grobe Krümel bilden.

2 Das kalte Wasser, einen Löffel nach dem anderen, dazugeben und mit der Gabel gründlich einarbeiten, bis der Teig zusammenhält. Zur Kugel formen, einwickeln und mindestens 1 Std. kühl stellen.

3 Ofen auf 220 Grad vorheizen; Gas 7. Auf einer leicht bemehlten Fläche mit dem leicht bemehlten Wallholz den Teig etwa 2,5 cm größer auswallen als eine 23–25-cm-Backform.

4 Den Teig sorgfältig in die Form drücken.

5 Mit dem Wallholz über den Rand fahren und den überschüssigen Teig wegnehmen.

6 Mit der Gabel den Boden dicht einstechen, damit sich der Teig beim Backen weniger zusammenzieht und keine Blasen wirft.

7 Folie oder Backpapier darüber legen und mit trockenen Bohnen füllen. Auf diese Weise 10 Min. backen; dann Folie und Bohnen entfernen und den Teig nochmals 10–15 Min. weiterbacken, bis er goldbraun ist.

8 Wo sich der Teig doch gehoben hat, mit dem Löffel flachdrücken.

9 Den blindgebackenen Boden auf einem Gitter abkühlen lassen.

Törtchenböden

1. In einer Schüssel mit der Gabel *75 g Mehl, 1 EL Zucker* und *1/4 TL Salz* mischen. Mit den Fingerspitzen *60 g kalte Butter* darunterarbeiten, bis grobe Krümel entstehen. *4–5 TL kaltes Wasser* löffelweise mit der Gabel einarbeiten. Sobald der Teig zusammenhält, Kugel formen, einwickeln und mindestens 1 Std. kühlstellen.

2. Ofen auf 190 Grad vorheizen; Gas 5. Auf einer leicht bemehlten Fläche mit dem leicht bemehlten Wallholz die Hälfte des Teiges 3 mm dick auswallen. Mit bemehltem 7,5 cm rundem Ausstecher so viele Rondellen wie möglich ausstechen. Teigreste wieder auswallen und mit Ausstechen weiterfahren, bis es 18 Rondellen gibt.

3. Jede Rondelle in ein 6-cm-Förmchen drükken.

4. Mit der Gabel Teig einstechen, damit er sich nicht wirft. Etwa 12 bis 15 Min. backen, bis der Teig hellbraun ist.

5. Die Törtchenböden etwa 10 Min. abkühlen lassen. Aus den Formen nehmen und ganz kalt werden lassen.

6. Luftdicht aufbewahren.

Lasterhafte Trüffeltörtchen

18 Stück
können am Vortag zubereitet und im Kühlschrank aufbewahrt werden

350 g dunkle Schokolade, in Stückchen gebrochen

300 ml Doppelrahm

90 g Butter

2 EL Orangenlikör oder Weinbrand

18 Törtchenschalen (siehe Kasten S. 159)

Orangenstreifchen zum Garnieren

Diese zarten Törtchenböden sind hausgemacht; hat man aber wenig Zeit, verwendet man gekaufte.

1 In einem nichthaftenden Topf über schwacher Hitze Schokolade, Doppelsahne und Butter unter ständigem Rühren schmelzen. Topf vom Feuer ziehen und den Likör oder Weinbrand daruntermischen.

2 Diese Mischung etwa 2 1/2 Sd. in den Kühlschrank stellen, bis sie so fest ist, daß sie gespritzt werden kann.

3 In der Zwischenzeit die Törtchen zubereiten und backen.

Andere Füllungen

Zur Abwechslung kann man einmal weiße Schokolade für diese eleganten Törtchen verwenden.

Weiße Trüffel-Törtchen: Im 1. Schritt verwendet man 350 g weiße statt brauner Schokolade und gibt 2 TL Vanilleessenz statt des Likörs oder Brandys dazu. Dekorieren kann man sie dann mit Schokolade-„Kaffeebohnen“, Schokoladelocken (S. 100) oder einigen frischen Himbeeren.

4 Schokolademischung in einen Dressiersack mit großer Sterntülle geben und in die Törtchen spritzen.

5 Die Törtchen servieren, solange die Füllung noch weich ist. Will man die Füllung etwas fester, stellt man die Törtchen einige Stunden in den Kühlschrank.

Pflaumen- und Mandelkuchen

8 Portionen
etwa 3 Std. Zubereitungs- und Backzeit

Zimtteig

175 g Mehl

120 g weiche Butter

60 g Zucker

1/2 TL Zimt

Füllung

700 g Pflaumen

100 g Zucker

1 EL Stärkemehl

1/2 TL Zimt

1/4 TL Mandelessenz

30 g blanchierte Mandelsplitter

Schlagsahne zum Garnieren (freiwillig)

Dieser Teig ist weich und butterig

1 Zuerst den Zimtteig zubereiten: In einer mittleren Schüssel Mehl, Butter, Zucker und Zimt von Hand zu einer krümeligen Masse verarbeiten, bis der Teig zusammenhält.

2 Eine 20 cm große Form damit auskleiden.

3 Den Ofen auf 190 Grad vorheizen; Gas 5. Für die Füllung die Pflaumen halbieren, Stein entfernen und in Schnitze schneiden.

4 In einer großen Schüssel Pflaumenschnitze, Zucker, Stärkemehl, Zimt und Mandelessenz vermischen.

5 Die Pflaumen ziegelartig auf dem Teig in konzentrischen Kreisen auslegen.

Pflaumen

Die großen, saftigen Pflaumen sind von Mai bis Oktober zu haben; am besten schmecken sie im August.

- Pflaumen gibt es in allen Größen und Farben von einem hellen Gelbgrün über Rötlichblau bis zum dunklen Violett.
- Es spielt keine Rolle, welche Pflaumenart Sie fürs Backen verwenden. Man kann alle verwenden, wie auch Zwetschgen und Mirabellen.
- Eine reife Pflaume hat eine satte Farbe und ist fest, nur etwas weich am Stielansatz.
- 5 oder 6 Pflaumen wiegen etwa ein Pfund.
- Man kann die Pflaumen 3–5 Tage im Kühlschrank aufbewahren.
- Pflaumenhälften können sehr gut eingefroren werden. Man füllt dazu kleine Quantitäten in Spezialtüten.

Über die Pflaumen streut man Mandelstifte

6 Mandelsplitter darüber streuen.

7 45 Min. im Ofen backen, bis der Teig goldbraun und die Pflaumen weich sind. Abkühlen lassen.

8 Sorgfältig das Backblech entfernen und den Kuchen auf eine Platte gleiten lassen.

9 In Stücke schneiden und nach Belieben mit Schlagsahne servieren.

Ascot Beerenkuchen

8 Portionen
etwa 3 1/2 Std. Zubereitungs- und Backzeit

Kokosnuß-Teig

150 g Mehl
75 g Kokosnuß-Raspel
90 g Butter
30 g Zucker
1 Eigelb

Zitronencreme

1 große Zitrone
90 g Butter
60 g Zucker
1 EL Stärkemehl
4 Eigelb
300 ml Doppel- oder Schlagsahne

Beerenbelag

350 g Himbeeren
225 g Blaubeeren

1 Kokosnußteig: In einer mittleren Schüssel Mehl, Kokosnußraspel, Butter, Zukker und Eigelb mit den Fingerspitzen verarbeiten, bis der Teig gut zusammenhält.

2 Eine 25 cm große Blechform damit auskleiden. Boden mit der Gabel einstechen, damit der Teig sich nicht wirft.

3 Ofen auf 180 Grad vorheizen; Gas 4. Den Teig mit Folie belegen und Bohnenkerne darüber streuen. 10 Min. backen, dann Folie und Bohnen entfernen und 10–15 Min. weiterbacken, bis der Teig golden aussieht. Auskühlen lassen.

4 Während der Teig im Ofen ist, bereitet man die Zitronenfüllung vor: Aus der Zitrone preßt man 2 EL Saft ab und reibt 1 TL Schale. In einem schweren mittleren Topf über mittlerer Hitze Butter, Zucker und Stärkemehl zusammenrühren, bis die Mischung kocht und dick geworden ist. Eine Minute weiterkochen.

5 In einer kleinen Schüssel mit der Gabel die Eigelb schlagen. Einen kleinen Teil der heißen Zuckermischung einrühren.

6 Die restliche Eiermischung in die Zuckermischung im Topf geben und mit einem Kochlöffel rasch vermischen, damit das Ei nicht gerinnt.

7 Solange unter Rühren weiterkochen, bis die Masse einen Löffel überzieht. Vom Feuer nehmen.

8 Zitronenschale und -saft in die Creme rühren und diese etwa 1 Std. in den Kühlschrank stellen.

9 In einer kleinen Schüssel die Sahne steif schlagen und in die Zitronencreme heben.

Himbeeren

Diese kleinen saftigen, fingerhutförmigen Beeren gibt es in vielen Arten – rot, bläulich, schwarz und gelb. Am besten schmecken sie im Juni bis Juli und vom September bis Oktober.

- Stets feste, große Beeren aussuchen.
- Keine zerquetschten Beeren einkaufen oder solche, deren Saft schon durch die Verpackung dringt.
- Himbeeren können 2–3 Tage im Kühlschrank aufbewahrt werden.
- Himbeeren schmecken am besten frisch oder in Fruchtsalaten, auf Kuchen, Törtchen und als Marmeladen, Gelees und Fruchtsaucen.

10 Die Creme gleichmäßig auf dem abgekühlten Teigboden verstreichen.

So wird die Creme auf dem Teig verteilt.

Die Schlagsahne wird unter die Creme gehoben.

11 Himbeeren in Kreisen darauflegen.

12 In die Mitte die Blaubeeren streuen. Etwa 1 Std. an die Kühle stellen, bis die Creme fest ist.

Dieser Kuchen kann das ganze Jahr hindurch zubereitet werden, jeweils mit den der Jahreszeit entsprechenden Früchten. Man kann Bananen und Orangen im Winter, Ananas und Papaya im Frühling, Aprikosen und Kirschen im Sommer und Trauben und Birnen im Herbst verwenden. Je nach Bedarf schneidet man die Früchte zu, damit sie so schön wie möglich aussehen und leicht zu servieren sind.

Fürstliche Himbeertorte

8–10 Portionen
etwa 3 1/2 Std. Zubereitungs- und Backzeit

Tortenboden (S. 159)
60 g Zucker
20 g Stärkemehl
1 EL Gelatinepulver
2 Eier + 1 Eigelb
350 ml Milch
150 ml Doppel- oder Schlagsahne
450 g Himbeeren

1 Den Tortenboden nach Rezept zubereiten.

2 In einem mittleren Topf Zucker, Stärkemehl und Gelatinepulver mischen. In einer mittleren Schüssel mit einer Gabel die Eier, das Eigelb und die Milch zusammenschlagen und in die Gelatinemischung einrühren.
5 Min. stehen lassen.

3 Über schwachem Feuer die Mischung unter ständigem Rühren dick werden lassen. Dauer etwa 20 Min. Vom Feuer nehmen.

4 Die Creme in eine große Schüssel gießen, abkühlen lassen und etwa 1 Std. in den Kühlschrank stellen.

Andere Himbeer-Verzierungen

Auf unserem Hauptbild werden die Himbeeren einfach über die Creme aufgetürmt. Für etwas formellere Anlässe kann man sie aber auch zu schönen Mustern legen.

Windmühle:
Die Himbeeren in vier gleichmäßige Dreiecke auslegen, deren Spitzen sich in der Mitte treffen.

Kreise
Bei konzentrischen Kreisen beginnt man am äußeren Rand.

5 Die Sahne steif schlagen und unter die Creme ziehen.

6 Die Creme sorgfältig auf den Tortenboden gießen. Himbeeren darauf verteilen.

7 Vor dem Servieren 1 Std. kühlstellen, damit die Creme fest wird.

Frische Himbeeren werden in die Mitte der Torte gehäuft, evtl. kurz vor dem Servieren leicht gezuckert.

Nußknacker-Torte

8 Portionen
3 Std. Zubereitungs- und Backzeit

Ingwer-Teig
175 g Mehl
2 EL Zucker
1 TL gemahlener Ingwer
120 g Butter
1 Ei
Füllung
60 g Butter
60 g dunkler Sirup
175 g Golden Sirup
60 g Zucker
3 Eier
120 g geschälte Pekan- oder Walnüsse
100 g geschälte Haselnüsse
Schlagsahne und ungiftige Blumen (S. 118–119)

1 Ingwerteig: In einer mittleren Schüssel mit der Gabel, Mehl, Zucker und Ingwerpulver mischen und dann von Hand die Butter dazu verarbeiten, bis die Masse krümelig ist. Ei beifügen und mit der Gabel weiterarbeiten, bis der Teig zusammenhält.

2 Eine 25 cm große Blechform damit auslegen.

3 Ofen auf 180 Grad vorheizen; Gas 4.

4 Die Füllung vorbereiten: In einem mittleren Topf über kleiner Hitze Butter schmelzen.

5 Die beiden Sirups, Zucker und Eier mit dem Schneebesen dazuschlagen.

6 Pekan- oder Walnüsse und die Haselnüsse auf dem Teigboden in konzentrischen Kreisen auslegen.

7 Den Saft sorgfältig darübergießen, damit die Nüsse nicht verrutschen.

8 Die Torte 35 Min. backen, bis die Füllung trocken ist. Abkühlen lassen.

9 Zum Servieren entfernt man die Form und verziert das Zentrum mit Schlagsahne und einer Blume.

Die runden Haselnüsse passen gut zu den Pekan- oder Walnüssen. Schlagsahne und Blume putzen die Torte festlich heraus.

Französische Apfeltörtchen

8 Portionen
etwa 1 1/2 Std. Zubereitungs- und Backzeit

150 g gefrorener Blätterteig
4 mittlere Äpfel
3 Teebisquits (Kekse), zerkrümelt
45 g Butter
etwa 3 EL Orangenmarmelade
Puderzucker
Schlagsahne (nach Belieben)

1 Den Blätterteig nach Vorschrift auftauen.

2 Ofen auf 220 Grad vorheizen; Gas 7. Auf einer bemehlten Fläche mit dem bemehlten Wallholz die Hälfte des Blätterteigs in ein Quadrat von 36 cm Seitenlänge auswallen.

3 Mit Hilfe eines Tellers von ca. 17,5 cm 4 Rondellen ausschneiden.

4 2 Äpfel halbieren; Kerngehäuse entfernen und schälen. In dünne Scheiben schneiden.

5 Die Teigrondellen auf Backpapier legen. Bisquitkrumen darauf streuen und ein Viertel der Apfelschnitze ziegelartig darüberlegen.

Die feingemahlenen Kekskrumen machen die weichen Törtchen knusprig und saugen zudem beim Backen den austretenden Saft auf.

6 Die Schnitze mit geschmolzener Butter bepinseln.

7 Die Törtchen etwa 15 Min. backen, bis sie hellbraun und die Apfelschnitze weich sind.

8 In einem kleinen Topf die Orangenmarmelade erhitzen, bis sie schmilzt. Über die Äpfel streichen, solange sie noch heiß sind.

9 Bei den anderen drei Törtchen ebenso vorgehen.

Zum Servieren
Puderzucker über die Äpfel sieben und noch warm servieren.

Auf den heißen Äpfeln schmilzt der Puderzucker und caramelisiert.

Pfirsich-Galette

8 Portionen
etwa 3 Std. Zubereitungs- und Backzeit

Teig

175 g Mehl

30 g Zucker

120 g Butter

1 Ei

Füllung

2 x 800-g-Dosen halbierte Pfirsiche

1 TL Zitronensaft

1/4 TL gemahlener Ingwer

3 gehäufte EL Pfirsich- oder Aprikosenmarmelade

Die Muschelbögen des Teiges umrahmen die Pfirsichhälften.

1 Den Teig zubereiten: In einer mittleren Schüssel mit der Gabel Mehl und Zucker vermischen. Von Hand die Butter einarbeiten, bis sich grobe Brösel bilden. Das Ei mit der Gabel dazumischen, bis der Teig zusammenhält. (Verwendet man die Küchenmaschine, dann mixt man mit der Messerklinge Mehl, Zucker und die in 8 Stücke geschnittene Butter etwa 10 Sek. und gießt das Ei dazu. Nochmals 15 Sek. mixen oder bis der Teig zusammenhält.) Eine Kugel formen und etwa 1 Std. kühlstellen.

2 In der Zwischenzeit die Füllung vorbereiten: Saft von den Pfirsichen abgießen und 8 Hälften beiseite legen.

3 Die restlichen Pfirsiche scheibeln und in einen Topf geben. Ingwer und 1 Eßlöffel Marmelade dazufügen. Über mittlerer Hitze etwa 5–10 Min. kochen, bis die Masse nur noch etwa 300 ml ausmacht. Die Pfirsiche zu Mus zerstoßen. Abkühlen lassen.

4 Ofen auf 180 Grad vorheizen; Gas 4. Auf einer leicht bemehlten Fläche mit dem leicht bemehlten Wallholz den Teig 35 cm rund auswallen und auf ein Backpapier legen.

5 Von Hand den Rand einwärts rollen, bis der Teigdurchmesser noch 25 cm mißt. Rand nach innen ziehen, damit 7 Muscheln entstehen.

So schiebt man den Rand nach innen, um Muschelbögen zu formen.

6 25 Min. backen, bis der Teig golden ist. Auf einem Gitter abkühlen lassen.

7 Die übrige Marmelade in einem kleinen Topf über mittlerer Hitze schmelzen und durch ein Sieb in einen kleinen Krug pressen. Über den gebackenen Teigboden streichen.

8 Die acht Pfirsichhälften sorgfältig in feine Scheiben schneiden und zusammen auf dem flachen Messer in die Teigsegmente legen.

9 Die Pfirsichscheiben leicht fächerartig öffnen und mit Marmelade bestreichen. Auf einer schönen Platte servieren.

Umgedrehter Apfelkuchen

8–10 Portionen
etwa 1 1/2 Std. Zubereitungs- und Backzeit

300 g gefrorener Blätterteig
10 große Golden Delicious-Äpfel
200 g Zucker
120 g Butter
1/4 TL Mandelessenz
flüssige Sahne zum Begießen

1 Teig nach Vorschrift auftauen.

2 Inzwischen Äpfel schälen und Gehäuse entfernen. (Je grüner die Golden Delicious sind, desto besser bleiben die Schnitze fest.) Äpfel längs halbieren.

3 In einer schweren Gußpfanne über mittlerer Hitze Zucker, Butter und Mandelessenz verrühren, bis die Butter geschmolzen ist. (Keine Margarine verwenden, da sie sich vom Zucker trennt.) Auch wenn der Zucker nicht ganz geschmolzen ist, Pfanne vom Feuer ziehen.

4 Äpfelhälften sehr dicht in die Pfanne legen.

5 Auf mittlerer Hitze zum Kochen bringen. Etwa 20–40 Min., bis der Saft der Äpfel verdunstet ist und der Zucker caramelisiert. Vom Feuer ziehen.

6 Ofen auf 230 Grad vorheizen; Gas 8.

7 Auf einer leicht bemehlten Fläche mit dem bemehlten Wallholz aus dem Teig eine Rondelle von 30 cm auswallen.

8 Die Teigplatte sorgfältig über die Apfelhälften in der Pfanne spannen.

9 Mit den Gabelzinken ein Muster auf den Teigrand drücken.

10 Schlitze in den Deckel schneiden. Im Ofen etwa 20–25 Min. backen, bis der Teig goldbraun ist. Aus dem Ofen nehmen und 10 Min. abkühlen lassen.

11 Eine Kuchenplatte über die Pfanne legen und das Ganze stürzen, indem man Platte und Pfanne fest gegeneinander preßt und umkehrt.

Zum Servieren
Den umgedrehten Apfelkuchen kann man warm oder kalt, mit oder ohne flüssiger Sahne servieren.

Wenn die Obstseite nach oben schaut, sind die Äpfel karamelisiert, haben aber ihre Form schön beibehalten.

„Mincemeat"-Birnenkuchen

8–10 Portionen
etwa 2 Std. Zubereitungs- und Backzeit

Teig	
175 g Mehl	
30 g Zucker	
120 g Butter	
1 Ei	
Streusel	
30 g Mehl	
20 g feiner Rohzucker	
30 g Butter	
Füllung	
450 g engl. „Mincemeat" (in guten Lebensmittelgeschäften zu haben)	
400-g-Dose Birnenhälften	

Die süßen, buttrigen Streusel passen ausgezeichnet zu dem weichen „Mincemeat" und den saftigen Birnen.

1 Den Teig zubereiten: In einer mittleren Schüssel mit der Gabel Mehl und Zucker vermischen. Von Hand die Butter dazureiben, bis grobe Brösel entstehen. Das Ei zufügen und mit der Gabel weiterarbeiten, bis der Teig zusammenhält. Kugel formen und etwa 1 Std. kühlstellen.

2 Streusel zubereiten: In einer kleinen Schüssel Mehl und Rohzucker vermischen. Von Hand die Butter dazureiben, bis grobe Brösel entstehen. Kühlstellen.

3 Ofen auf 180 Grad vorheizen; Gas 4.

4 Auf einer leicht bemehlten Fläche mit dem bemehlten Wallholz eine 25 cm große Rondelle auswallen.

5 Den Teig in eine 23 cm große Form mit lockerem Boden einfüllen. Mit der Gabel den Boden einstechen.

6 Den Boden mit Folie belegen und Bohnenkerne daraufstreuen. 10 Min. backen.

7 Folie mit den Bohnen entfernen und den Teig etwa 10 Min. weiterbacken. Teig aus dem Ofen nehmen; Hitze auf 220 Grad erhöhen; Gas 7.

8 Die „Mincemeat"-Füllung auf dem gebackenen Teigboden verstreichen.

9 Die Birnenhälften abtropfen lassen und längs in 5 mm dünne Scheiben schneiden und auf dem „Mincemeat" anordnen.

10 Mit einem Löffel Streusel über die Birnen streuen.

11 Den Kuchen 15–20 Min. backen, bis die Füllung heiß und die Streusel leicht braun geworden sind. Auf Gitter abkühlen lassen.

12 Die Backform entfernen und den Kuchen warm oder kalt servieren.

So kann man die Birnen fächerartig auf die Füllung legen.

Obst-Törtchen

Kleine, hübsch geformte Törtchen, gefüllt mit einer Reihe farbenfreudiger Früchte und erst noch glänzend glasiert, wirken auf einem festlichen Tisch unwiderstehlich. Hier sind einige Ideen, wie man sie präsentieren kann, um Ihnen Anregung für Ihre eigenen Kreationen zu geben. Wählen Sie sich eine Vielfalt an Törtchenformen aus und füllen Sie die Teigschälchen mit kleinen Früchten oder aber mit größeren, passend zurechtgeschnittenen. Den Teig stellen Sie nach der Beschreibung auf Seite 159 (Kasten) her. Die gebackenen Törtchen füllen Sie erst mit einer Creme oder Schlagsahne. Dann legt man Beeren oder Früchte dekorativ darauf und bepinselt das Ganze mit Johannisbeer-Gelee für die dunklen und Aprikosen-Gelee für die hellen Früchte. Die dünne glänzende Glasur hält sie für Stunden frisch.

Himbeeren und Brombeeren

Blaubeeren

Erdbeeren

Orangen und Grapefruit

Blaue und weiße kernlose Trauben

Früchte-Belag

Suchen Sie Früchte aus, die zur Größe und Form des Törtchens passen. Beeren und Trauben können ganz verwendet werden, einzeln oder in Häufchen oder ziegelartig verlegt. Größere Früchte kann man halbieren oder für eine auffallendere Wirkung in Scheiben schneiden.

Trauben können ganz gelassen oder in Scheibchen geschnitten werden, je nach Größe.

Die Form der Sternfrüchte macht schon die ganze Wirkung.

Das Innere der Passionsfrucht kann als Verzierung über die Früchte gestreut werden.

Birnen-Streuselkuchen

8–10 Portionen
etwa 3 Std. Zubereitungs- und Backzeit

Füllung

30 g Zucker

1 TL Zimt

300 ml Doppel- oder Schlagsahne

2 Eigelb

800 g Dosen-Birnenhälften

Streuselboden

215 g Mehl

1/4 TL Salz

45 g Zucker

90 g Butter

Der süße, buttrige Streuselboden ist eher trocken.

Die Birnen sind in einer sahnigen Eiercreme fast versunken.

1 Füllung vorbereiten: In einer kleinen Schüssel Zucker und Zimt vermischen.

2 In einer anderen kleinen Schüssel erst das Eigelb mit einer Gabel schlagen und dann die Sahne dazumischen. Zudecken und kühlstellen.

3 Ofen auf 200 Grad vorheizen; Gas 6. Den Streuselboden zubereiten: In einer mittleren Schüssel Mehl, Salz und Zucker vermischen. Von Hand die Butter einarbeiten, bis sich grobe Brösel bilden. Die Mischung muß trocken und krümelig sein.

4 Von Hand die Streuselschicht in eine flache, 25 cm weite Schüssel pressen.

5 Die Birnen abtropfen lassen und mit einem Küchenpapier trocknen. Birnen scheibeln und fächerartig in der Schüssel verteilen.

6 Zucker-Zimt-Mischung darüber streuen.

7 Den Kuchen so lange im Ofen backen, bis Zucker-Zimt-Mischung geschmolzen ist.

8 Die Sahnemischung über die Birnen geben.

9 Den Kuchen etwa 20–30 Min. backen, bis eine Messerklinge trocken herauskommt.

10 Abkühlen lassen und warm oder aus dem Kühlschrank servieren.

Aprikosen-Linzertorte

8 Portionen
etwa 3 Std. Zubereitungs- und Backzeit

Füllung

350 g gedörrte halbe Aprikosen
250 ml Orangensaft
100 g Zucker
Mandelteig
120 g gemahlene blanchierte Mandeln
265 g Mehl
200 g Zucker
175 g Butter, weich
30 g Kakaopulver
1 TL gemahlener Zimt
1 TL Zitronenabgeriebenes
1 Ei
Puderzucker zum Bestreuen

1 Füllung zubereiten: In einem großen Topf Aprikosen, Orangensaft und 250 ml Wasser zum Sieden bringen. 30 Min. weiterkochen, bis die Aprikosen weich sind und die Flüssigkeit aufgesogen ist.

2 Die Aprikosenmasse mixen oder durch ein Sieb streichen.

3 Eine 28 cm große Kuchenform mit losem Boden großzügig einfetten.

4 Den Mandelteig zubereiten: In einer großen Schüssel mit dem Elektromixer Mandeln, Mehl, Zucker, Butter, Kakao, Zimt, Zitronenabgeriebenes und Ei zu glattem Teig mischen.

5 Teig halbieren. Die eine Hälfte von Hand in die Form pressen. Die Aprikosenmasse darauf verstreichen.

6 Ofen auf 200 Grad vorheizen; Gas 6. Auf einer bemehlten Fläche mit dem bemehlten Wallholz die zweite Teighälfte 25 cm rund auswallen und in 1 cm breite Streifen schneiden.

7 Die Teigstreifen mit 1 cm Abstand über den Kuchen legen.

8 Die restlichen Streifen diagonal darüber legen.

9 Mit dem Finger beidseits eine „Kreuzung" eindrücken, so daß ein Rippeneffekt entsteht.

10 Die Streifenenden in den Kuchen hinunterdrücken.

11 Torte etwa 10 Min. im Ofen backen, dann Hitze auf 180 Grad, Gas 4, zurückstellen. Etwa 20 Min. weiterbacken.

12 Die abgekühlte Torte aus der Form nehmen und die obere Streifenschicht mit Puderzucker bestreuen.

Die Torte sieht besonders hübsch aus, wenn Sie nur die oberen Teigstreifen mit Puderzucker bestreuen. Dies gelingt, wenn Sie ein ganz kleines Sieb verwenden und sehr sorgfältig vorgehen.

Frischer Kirschen-Kuchen

8 Portionen
etwa 2 Std. Zubereitungs- und Backzeit

1 Tortenboden (Seite 159)

450 g frische Kirschen

3 Eier

300 ml Doppel- oder Schlagsahne

60 g Zucker

2 EL Mandellikör oder 1 TL Mandelessenz

1 Den Tortenboden nach Rezept backen. Abkühlen lassen. Ofen auf 180 Grad stellen; Gas 4.

2 Kirschen entsteinen.

3 In einer großen Schüssel mit dem Elektromixer die Eier mit Sahne, Zucker und Mandellikör oder Mandelessenz gut mischen.

Cremen und Cremekuchen

Weil die Cremen so zart in der Konsistenz sind, darf man sie nicht zu lange backen, sondern muß sie herausnehmen, sobald sich die Ränder zu setzen beginnen. In der Mitte sind sie meistens noch weich.

Wie man die Creme testet: Wenn die Creme im Kuchen fest zu sein scheint, kann man sie doppelt prüfen: Die Creme ist fertig gebacken, sobald ein 2,5 cm tief eingestecktes Messer sauber herausgezogen werden kann. Die Creme kocht noch weiter, auch wenn der Kuchen schon aus dem Ofen ist, so daß sie nach 10–15 Min. auch fertig ist.

4 Die Kirschen in konzentrischen Kreisen auf den Kuchenboden legen.

Am besten schmeckt der Eierguß, wenn er zwar außen bräunlich ist, aber innen noch weich. Nach 10–15 Min. ist auch das Innere fest.

Süße, saftige Kirschen werden entsteint und in einer nach Mandeln schmeckenden Creme gebacken.

5 Die Backform auf das Ofengitter stellen und sorgfältig die Eiermischung darüber gießen.

6 30 Min. backen. Messerklinge muß trocken herauskommen.

7 Den Kuchen etwas abkühlen lassen.

8 Die Form entfernen und den Kirschenkuchen warm servieren. Oder im Kühlschrank kaltstellen.

Clafoutis-Kuchen

8–10 Portionen
etwa 4 Std. Vorbereitungs- und Backzeit

Teig

215 g Mehl
3/4 TL Salz
1 TL Zucker
120 g Butter
1 Ei

Füllung

6 Eier
200 g Zucker
450 ml Milch
150 ml saure Sahne
1 TL Vanilleessenz
175 g Blaubeeren oder entsteinte Kirschen

1 Teig zubereiten: In einer mittleren Schüssel Mehl, Salz und Zucker zusammenrühren. Mit den Fingerspitzen die Butter darin zerreiben. Mit der Gabel das Ei einarbeiten, bis der Teig zusammenhält. Eventuell etwas Wasser beigeben. Kugel formen, einwickeln und etwa 1 Std. in den Kühlschrank legen.

2 Auf einer bemehlten Fläche mit dem bemehlten Wallholz den Teig 32,5 cm groß auswallen und eine 30 cm große Kuchenform damit auskleiden. Mit der Gabel Löcher in den Boden stechen, damit sich der Teig beim Backen nicht wirft. Etwa 15 Min. in den Kühlschrank stellen.

3 Den Ofen auf 220 Grad vorheizen; Gas 7. Den Teig mit einer Folie bedecken und Bohnenkerne darüber streuen.

4 Den Teigboden 20 Min. backen. Folie und Bohnen entfernen und nochmals 3–4 Min. backen, bis der Teig hellbraun ist. Wenn sich der Teig werfen sollte, mit einem Löffel leicht zurückdrücken.

5 Füllung zubereiten: In einer großen Schüssel mit dem Elektromixer Eier und Zucker schlagen, bis die Masse dick und zitronengelb ist. Dann langsam Milch, saure Sahne und Vanilleessenz dazumischen.

6 Blaubeeren oder Kirschen auf den Teig ausbreiten und die Eiermischung sorgfältig darübergießen.

So gießt man die Eiermischung über die Beeren.

7 Etwa 30–35 Min. backen, bis die Füllung fest und der Teig goldbraun ist. Nach 20 Min. Backzeit mit Folie bedecken, damit der Kuchen nicht verbrennt.

8 Auf einem Gitter kühlt der Kuchen rasch ab.

Zum Schluß häuft man noch frische Blaubeeren auf den Kuchen und besiebt sie mit Puderzucker.

Hier werden frische Blaubeeren für den französischen „Clafoutis“ verwendet; doch kann man auch entsteinte frische Kirschen verwenden, die leichter erhältlich sind.

Orangen-Mandelkuchen

10 Portionen
etwa 2 1/4 Std. Zubereitungs- und Backzeit

Ingwerteig
150 g Mehl
1/4 TL Salz
1/4 TL gemahlener Ingwer
1 EL Zucker
60 g Butter

Füllung
2 Eier
225 g Mandelpaste
125 ml Doppel- oder Schlagsahne
2 mittlere Orangen
2 EL Golden Sirup
60 g Zucker

1 Teig zubereiten: In einer mittleren Schüssel Mehl, Salz, Ingwer und Zucker mischen. Dann mit den Fingerspitzen die Butter einarbeiten, bis sich grobe Brösel bilden.

2 2–3 Eßlöffel Wasser löffelweise in die Mischung geben und mit der Gabel verarbeiten, bis der Teig trocken ist und zusammenhält. Kugel formen, einwickeln und 1 Std. in den Kühlschrank legen.

3 Ofen auf 190 Grad vorheizen; Gas 5. Auf einer bemehlten Fläche mit dem bemehlten Wallholz den Teig 26,5 cm groß und rund auswallen und ein 24-cm-Kuchenblech mit lockerem Boden damit auslegen. Rand abschneiden.

4 Füllung zubereiten: In einer großen Schüssel mit dem Elektromixer Eier, Mandelpaste und Sahne zusammenmischen.

5 Die Mandelmasse auf den Kuchenboden gießen und 35 Min. im Ofen backen, bis die Füllung fest und der Teig goldbraun ist.

6 Während der Kuchen abkühlt, die Orangenschalen-Streifen mit einem Gemüseschäler sorgfältig abziehen.

7 Die Orangenschnitze vorbereiten: Mit einem scharfen Messer beidseits der Zwischenhäutchen hinunterschneiden und Schnitze herauslösen. Auf Küchenpapier legen, damit der Saft aufgesaugt wird.

8 In einem mittleren Topf über mittlerer Hitze Orangenschalen, Golden Sirup, Zucker und 5 Eßlöffel Wasser zum Kochen bringen. Die Hitze reduzieren und die Masse 15 Min. weiterkochen lassen, bis die Schalen weich sind.

9 Die Orangenstreifen mit einer Gabel herausheben und auf einem Gitter zum Abtropfen ausbreiten.

10 Den Kuchen mit dem Zuckersirup bepinseln.

11 Die Form sorgfältig vom Kuchen lösen.

Zum Servieren
Die kandierten Orangenstreifen dem Kuchenrand entlang im Kranz auslegen und die Orangensegmente im Zentrum anordnen.

Die zündholzdicken Schalenstreifen werden im Kranz auf den Kuchen gelegt und die Orangenschnitze im Kreis überlappend angeordnet.

Italienischer Walnußkuchen

Das Maismehl gibt dem Teig eine goldene Farbe und betont auch den Nußgeschmack.

8 Portionen
etwa 3 Std. Zubereitungs- und Backzeit

Maismehl-Teig

215 g Mehl
40 g Maismehl
60 g Zucker
175 g Butter
1 Ei
1 EL Milch

Füllung

150 g Zucker
250 ml Doppelsahne
90 g Honig
450 g Walnüsse, gehackt

1 Teig vorbereiten: In einer großen Schüssel Mehl, Maismehl und Zucker mischen. Mit den Fingerspitzen die Butter einarbeiten, bis grobe Brösel entstehen.

2 Mit einer Gabel das Ei dazumischen, bis der Teig zusammenhält.

3 2/3 des Teiges in eine 23 cm große Springform legen, am Rand etwa 3 cm hoch.

4 Den Kuchenboden und den Restteig in den Kühlschrank stellen.

So rührt man die Walnüsse in die Füllung.

5 Füllung zubereiten: In einer großen Pfanne über mittlerem Feuer den Zucker ohne zu rühren schmelzen lassen. Dann unter ständigem Rühren 6–8 Min. bräunen. Die Pfanne vom Feuer ziehen und langsam und sorgfältig den Rahm einrühren. (Es wird spritzen.) Wasser aufs Feuer stellen und 5 Min. weiterkochen, ständig rühren.

6 Pfanne wieder wegziehen und den Honig darin schmelzen lassen. Die gehackten Walnüsse untermischen.

7 Diese Nußfüllung in der Pfanne etwas abkühlen lassen.

8 Ofen auf 180 Grad vorheizen; Gas 4. Die Walnußfüllung auf den Kuchenteig gießen. Auf einer bemehlten Fläche mit dem bemehlten Wallholz den Restteig auf 25x12,5 cm auswallen. Der Länge nach 1 cm breite Streifen schneiden.

9 Die Streifen drehen und in ein Rhombenmuster legen.

10 Die Streifen mit Milch bepinseln und den Kuchen etwa 45 Min. im Ofen backen.

11 Die Springform sorgfältig entfernen. Den Kuchen warm servieren oder in den Kühlschrank stellen und später kalt essen.

Luxus-Apfelkuchen

Dieser schöne Apfelkuchen gehört zu den Klassikern in der französischen Pâtisserie, ist aber sehr leicht herzustellen. Wichtig ist, daß man die Äpfel sehr dünn schneidet, und daß man sich Zeit nimmt, sie sorgfältig ziegelartig anzuordnen. Ihre Bemühungen werden sich bezahlt machen.

8–10 Portionen
etwa 4 Std. Zubereitungs- und Backzeit

Teig

150 g Mehl

75 g weiche Butter

30 g Zucker

1/8 TL Salz

Füllung

6 große Dessertäpfel

120 g Aprikosenmarmelade

1 TL Zitronensaft

1 Teig zubereiten: In einer mittleren Schüssel Mehl, Butter, Zucker, Salz und, eventuell, 2 Eßlöffel kaltes Wasser mit den Fingern zerreiben, bis der Teig zusammenhält.

2 Eine 23-cm-Blechform mit losem Boden mit dem Teig auskleiden.

3 Füllung zubereiten: 3 Äpfel schälen und ausstechen, in Schnitze schneiden. Apfelstücke in einem Topf mit der Hälfte der Aprikosenmarmelade und 4 Eßlöffel Wasser weichkochen.

4 Das Apfelmus pürieren, bis es ganz glatt ist und in einen mittleren, nichthaftenden Topf geben. Unbedeckt sehr dick einkochen und nicht ansitzen lassen.

5 Die 3 anderen Äpfel schälen. Jeden Apfel vierteln, Kerngehäuse entfernen.

So schneidet man das Kernhaus der Äpfel weg.

Füllen und Glasieren des Kuchens

Apfelpüree auf den Kuchenboden streichen: *Zuerst mit dem Löffel einfüllen und dann gleichmäßig glattstreichen.*

Äpfel auslegen: *Man legt die Apfelscheiben zuerst in einen Kranz in der Mitte.*

Übrige Apfelschnitze legt man im Kreis darum herum, bis das Apfelpüree nicht mehr sichtbar ist.

Äpfel glasieren: *Mit einem Teigpinsel streicht man die heiße Aprikosenmarmelade über die Äpfel, bis sie ganz bedeckt sind.*

6 Jedes Apfelviertel in 3 mm dicke Scheiben schneiden.

7 In einer großen Schüssel mischt man die Scheiben sorgfältig mit dem Zitronensaft.

8 Den Ofen auf 200 Grad vorheizen; Gas 6.

9 Apfelpüree in den Tortenboden streichen und mit den Apfelschnitzen sorgfältig belegen (Kasten S. 178).

10 Den Kuchen etwa 45 Min. backen, bis die Äpfel leicht braun sind. In der Form auf Gitter stellen.

11 In einem kleinen Topf die restliche Aprikosenmarmelade schmelzen und mit dem Löffel durch ein Sieb streichen.

12 Diese Glasur über die Äpfel pinseln (Kasten S. 178). Den Kuchen in der Form abkühlen lassen.

13 Vor dem Servieren die Form entfernen.

Wiener Caramel-Nuß-Torte

8 Portionen
etwa 3 Std. Zubereitungs- und Backzeit

Füllung	
225 g Pekan- oder Walnußkerne	
135 g Zucker	
300 ml Doppel- oder Schlagsahne	
15 g Butter	
Teig	
300 g Mehl	
30 g Zucker	
1/2 TL Salz (freiwillig)	
175 g Butter	
Schokoladeüberzug	
175 g Bitterschokolade	
60 g Butter	

Nach dem Backen dreht man den Kuchen um, damit man die glatte Unterseite mit der Schokolademasse überziehen kann.

1 Füllung zubereiten: 10 Nußhälften zur Seite legen für die Verzierung, den Rest fein hacken.

2 In einem mittleren Topf bei großer Hitze den Zucker mit 4 EL Wasser zum Sieden bringen und rühren, bis der Zucker geschmolzen ist. Hitze auf Mittel stellen, den Zuckersirup noch 10 Min. weiterkochen, bis er bernsteinfarben wird. Topf vom Feuer ziehen und langsam die Sahne einrühren (es spritzt!). Die Caramelmasse weiterkochen, bis sie ganz geschmolzen ist. Hitze wieder erhöhen und unter Rühren weiterkochen, bis die Mischung siedet und dicklich wird.

3 Die Mischung vom Feuer ziehen und die gehackten Nüsse unterziehen.

4 Den Teig zubereiten: In einer mittleren Schüssel Mehl, Zucker und Salz mischen. Butter in die Mischung einarbeiten, bis sich grobe Brösel bilden. 4–6 Eßlöffel Wasser löffelweise dazugeben und verarbeiten. Sobald der Teig zusammenhält, Kugel formen.

5 Ofen auf 200 Grad vorheizen; Gas 6. Auf einer leicht bemehlten Fläche mit dem bemehlten Wallholz 2/3 des Teiges 25 cm groß rund auswallen und in eine 20-cm-Form mit losem Boden einlegen, so daß 2,5 cm überhängen.

6 Die Nußmischung auf den Teigboden streichen. Den restlichen Teig 19 cm rund auswallen und auf die Nußfüllung legen. Den überhängenden Teigrand darüberlegen und andrücken.

7 Den Kuchen 40 Min. im Ofen backen, bis er leicht braun wird. Dann abkühlen lassen.

8 Sobald die Torte kalt ist, den Überzug vorbereiten: In einem Topf über leicht kochendem Wasser Schokolade und Butter unter ständigem Rühren schmelzen, bis die Masse glatt ist. Dann die Schokolademischung leicht abkühlen lassen.

9 Die Torte sorgfältig umkehren. Form entfernen. 4 Eßlöffel Schokolademasse in den Dressiersack mit kleiner runder Tülle füllen; mit dem Rest Seiten und Oberfläche der Torte begießen. Nüsse auf der Oberfläche verteilen und ungleichmäßige Schokoladelinien darüber spritzen. Vor dem Servieren 15 Minuten trocknen lassen.

Zitronencreme-Torte

8 Portionen
am Vortag zubereiten und im Kühlschrank aufbewahren

Teig	
90 g weiche Butter	
45 g Zucker	
1/2 TL Zitronenabgeriebenes	
1 Eigelb	
120 g Mehl	
Füllung	
4 Eier	
4 Eigelb	
175 ml Zitronensaft	
190 g Zucker	
60 g Butter	
2 EL Aprikosenmarmelade	
Zitronenscheiben zum Verzieren	

1 Den Teig zubereiten: In einer mittleren Schüssel mit dem Elektromixer Butter, Zucker und Zitronenabgeriebenes mischen. Eigelb dazugeben. Mehl mitmischen, bis alles glatt ist. Sobald der Teig fest ist, Kugel formen und 1 Std. in den Kühlschrank stellen.

2 Ofen auf 220 Grad vorheizen; Gas 7. Auf einer leicht bemehlten Fläche mit dem bemehlten Wallholz den Teig ringsum 2,5 cm größer auswallen als eine 23 cm große Kuchenform mit losem Boden. Mit dem Teig die Form auslegen. Rand abschneiden. Mit einer Gabel leicht einstechen. Folie darüber legen und gleichmäßig mit getrockneten Bohnenkernen belegen.

3 Den Teig 10 Min. backen. Folie und Bohnen entfernen. Weitere 5 Min. backen, bis der Teig goldbraun ist. Sollte der Teig sich noch blähen, mit einem Löffel zurückdrücken.

4 Füllung vorbereiten: In einem nichthaftenden Topf Eier und Eigelb schlagen, bis sie glatt sind. Zitronensaft und 150 g Zucker dazumischen. Über schwacher Mittelhitze etwa 15 Min. unter Rühren weiterkochen, bis die Masse einen Löffel gut überzieht. Nicht kochen lassen. Butter einrühren, bis sie geschmolzen ist.

5 Die Zitronencreme in die Form gießen.

6 Über Nacht in den Kühlschrank stellen, so daß die Füllung sehr kalt und fest wird.

7 Etwa 1–2 Std. vor dem Servieren den Grill oder Oberhitze im Ofen sehr hoch einstellen. Den restlichen Zucker gleichmäßig über die Zitronencreme verteilen.

8 Die Torte direkt unter die Hitze schieben und 6–8 Min. im Ofen lassen, bis der Zucker schmilzt und eine glänzende Kruste bildet.

9 Sorgfältig die Form entfernen und den Kuchen auf eine Platte gleiten lassen. Aprikosenmarmelade schmelzen, durch ein Sieb streichen und die Oberfläche bestreichen. Mit Zitronenscheiben garnieren.

Die Schalen der Zitronenscheiben hier sind karamelisiert worden, wie auf Seite 62 angegeben.

Trauben-Kiwi-Torte

8 Portionen
etwa 3 1/2 Std. Zubereitungs- und Backzeit

25 cm-Kuchenboden wie Kasten S. 159

60 g Zucker

25 g Mehl

1 EL Gelatinepulver

2 Eier + 1 Eigelb

450 ml Milch

2 EL Mandellikör oder 1/2 TL Mandelessenz

etwa 225 g kernlose weiße oder blaue Trauben

3 mittlere Kiwis

150 ml Doppel- oder Schlagsahne

2 EL rotes Johannisbeergelee

1 Den Tortenboden entsprechend der Anleitung herstellen.

2 Während der Boden im Ofen ist, die Füllung herstellen: In einem schweren mittleren Topf Zucker, Mehl und Gelatine mischen. In einer kleinen Schüssel mit dem Schneebesen die Eier und das Eigelb mischen. Milch dazurühren und alles in der Gelatinemischung 5 Min. stehen lassen, damit die Gelatine leicht weich wird.

3 Über kleiner Hitze und unter ständigem Rühren die Mischung etwa 15 Min. eindicken lassen, bis die Masse einen Löffel überzieht. Nicht kochen lassen!

4 Topf von der Hitze ziehen, Mandellikör oder Mandelessenz daruntermischen. Abkühlen, bis die Masse, vom Löffel tropfend, kleine Häufchen wirft. Ab und zu aufrühren. Dauer etwa 1 Std.

5 In der Zwischenzeit jede Traubenbeere längs halbieren. Die Kiwis schälen und in feine Scheiben schneiden.

6 In einer kleinen Schüssel die Sahne ganz steif schlagen und unter die Mandelcreme heben.

7 Sorgfältig die Form entfernen. Die Creme gleichmäßig auf den Teig gießen. Die Trauben mit der Schnittseite nach unten und die Kiwischeiben darauf ordnen.

8 In einem kleinen Topf über mittlerer Hitze das rote Johannisbeergelee schmelzen und die Früchte sorgfältig damit bepinseln. Die Torte etwa 1 Std. in den Kühlschrank stellen, bis sie vollständig abgekühlt ist.

Die zwei verschiedenen Grün sind besonders apart an dieser Torte.

Das geschmolzene Johannisbeer-Gelee gibt diesen Früchten den rechten „finish“.

Gebäck

Alles Gebäck wird aus irgendeinem Teig gemacht; und die verschiedenen Teige, die ihrerseits mit einer Vielfalt von Füllungen kombiniert werden können, bringen uns eine fast grenzenlose Auswahl von Auge und Gaumen blendenden Süßspeisen. Schmelzender Mürbeteig kann für fruchtgefüllte Brötchen und Krapfen verwendet werden. Blätterteig gibt hübsche Pastetchen und Törtchen. Leicht und luftig sind die Schalen der Windbeutel, die mit köstlichen Cremen oder Eis gefüllt werden können. Und zu den vorzüglichsten Süßigkeiten gehören die von hauchdünnem Teig umgebenen Strudel oder Baklava.

Birnen im Teig à la crème

6 Portionen
etwa 1 1/2 Std. Zubereitungs- und Backzeit

Füllung

15 g Zucker
1/4 TL Zimt
3 mittlere Williamsbirnen
6 Nelken

Teig

215 g Mehl
120 g weiche Butter
85 g vollfetter Quark
1 Eiweiß

Creme

1 Eigelb
450 ml Rahm oder Halbrahm
4 TL Stärkemehl
45 g Zucker
1/2 TL Mandelessenz

1 Füllung vorbereiten: In einer Tasse Zucker und Zimt mischen. Birnen schälen. Jede Birne halbieren und Gehäuse ausstechen.

2 Teig zubereiten: In einer mittleren Schüssel Mehl, Butter und Quark mit den Fingerspitzen glattreiben.

3 Auf einer bemehlten Fläche mit dem bemehlten Wallholz die Hälfte des Teiges 3 mm dick auswallen. Indem man eine 18 cm große runde Platte zu Hilfe nimmt, 3 Rondellen ausstechen. Teigreste weglegen.

4 Die Rondellen mit der Hälfte der Zucker-Zimt-Mischung bestreuen. Eine halbe Birne, Schnittseite nach oben, darauflegen. Sorgfältig den Teig darumlegen. Die Teigränder zusammenklemmen.

5 Die eingepackten Birnen mit der Kante nach unten auf ein ungefettetes großes Backblech legen. Mit den 3 restlichen Birnen genauso verfahren.

6 Den Ofen auf 190 Grad vorheizen; Gas 5. Die Teigreste auswallen und Blätter daraus stechen oder formen. Den Teig der Birnen mit Eiweiß bestreichen, die Teigblätter anbringen und ebenfalls mit Eiweiß bepinseln.

7 Die Birnen etwa 35 Min. backen, bis der Teig golden ist. Auf ein Gitter legen und leicht auskühlen lassen.

8 In der Zwischenzeit die Creme zubereiten: In einem mittleren Topf Eier, Sahne, Stärkemehl und Zucker verrühren.

9 Auf Mittelhitze unter ständigem Rühren kochen, bis die Mischung dicklich wird und einen Löffel überzieht. Nach etwa 15 Min. den Topf vom Feuer ziehen und Mandelessenz einrühren. Creme langsam abkühlen lassen.

Zum Servieren:
Auf 6 Dessertteller etwas Creme geben. Birne mitten hinein legen. Eine Nelke als Stiel einstecken. Man kann die Birnen auch in den Kühlschrank stellen und später kalt servieren.

Der Teig, mit dem man die Williamsbirnen umwickelt, ist besonders reich und schmelzend.

Birnen-Jalousie

8 Portionen
etwa 1 1/2 Std. Zubereitungs- und Backzeit

Teig	
2 x 225 g gefrorener Blätterteig	
1 Ei	
Zucker zum Bestreuen	
Füllung	
6 mittlere Birnen	
45 g Johannisbeeren	
100 g Zucker	
Zum Servieren	
Gewürzte Sahne	

Dünn gescheibelte Birnen und Johannisbeeren gucken zwischen der Jalousie heraus.

Am besten serviert man die Jalousie schon in Stücke geschnitten auf individuellen Tellern, weil es kaum eine passende Platte gibt.

1 Den Blätterteig nach Vorschrift auftauen.

2 In der Zwischenzeit Birnen-Füllung vorbereiten: Nicht schälen, nur Kerngehäuse entfernen. In einer großen Schüssel die dünn gescheibelten Birnen mit Rosinen und Zucker vermischen.

3 Ofen auf 220 Grad vorheizen; Gas 7. Auf einer leicht bemehlten Oberfläche mit dem bemehlten Wallholz 1 Paket Blätterteig auf 33 x 25 cm auswallen. Auf ungefettetes Backblech legen.

Gewürzte Sahne

In einem großen Topf über großer Hitze *350 ml Doppelsahne, 2 EL Zucker und 1 TL Zimt* unter Rühren zum Sieden bringen. Weiter kochen, bis die Flüssigkeit auf etwa 300 ml reduziert ist. Die Creme in eine Saucière sieben. Man kann sie warm oder kalt servieren.

4 Auf einer leicht bemehlten Fläche mit dem bemehlten Wallholz das zweite Paket auf 35 x 28 cm auswallen. Leicht mit Mehl bestreuen und der Länge nach halbieren.

5 Durch die gefaltete Kante quer im Abstand von 2,5 cm von den drei Rändern 1 cm breite Streifen einschneiden.

6 In einer Tasse mit der Gabel das Ei und 1 Teelöffel Wasser schlagen. Die Birnenfüllung auf den Teig auf dem Blech streichen, bis 2,5 cm an den Rand. Die Ränder mit der Eimischung bestreichen.

7 Die in Streifen geschnittene Teigplatte genau darüber legen. Kanten gut zusammenpressen.

8 Die Teigoberfläche ganz mit Ei bestreichen und etwas Zucker darüberstreuen. Im Ofen etwa 30 Min. backen, bis der Teig gold-braun ist.

9 Während die Jalousie im Ofen ist, die gewürzte Sahne zubereiten.

10 Die gebackene Jalousie in Stücke schneiden. Warm oder kalt servieren. Die gewürzte Sahne daneben reichen.

Kontinentale Dörrobstschnitte

8 Portionen
etwa 4 Std. Zubereitungs- und Backzeit

Füllung

225 g getrocknete Feigen, grob gehackt
150 g entsteinte Datteln, grob gehackt
200 g getrocknete Aprikosen, grob gehackt
30 g Sultaninen
2 EL Zitronensaft
1 TL Zimt
100 g Zucker
120 g Walnußhälften, gehackt
Teig
300 g Mehl
1 TL Salz
30 g Zucker
175 g Butter
1 Ei
1 EL Milch

1 Füllung zubereiten: In einem großen Topf über großer Hitze Feigen, Datteln, Aprikosen, Sultaninen, Zitronensaft, Zimt, Zucker und 600 ml Wasser zum Sieden bringen. Hitze reduzieren und unbedeckt unter gelegentlichem Rühren etwa 30 Min. kochen lassen, bis die Mischung dick ist. Vom Feuer nehmen und die gehackten Walnüsse hineinmischen. 1 Std. abkühlen lassen.

2 In der Zwischenzeit den Teig zubereiten: In einer mittleren Schüssel Mehl, Salz und Zucker vermischen. Mit den Fingerspitzen die Butter hineinreiben, bis grobe Brösel entstehen. 5–6 Eßlöffel kaltes Wasser löffelweise darüberspritzen und mit der Gabel weiterarbeiten, bis der Teig zusammenhält. Teig zur Kugel formen, einwickeln und kühlstellen, bis die Dörrobstmischung abgekühlt ist.

3 Ofen auf 220 Grad vorheizen; Gas 7. Etwas Teig zum Formen von Beeren und Blättern zurückbehalten. Auf leicht bemehlter Fläche mit dem bemehlten Wallholz den Teig zu einem Rechteck von 40 x 30 cm auswallen.

4 Das Rechteck auf ein ungefettetes Backblech legen. Die Obstfüllung als 10 cm breites Band über den Teig gießen. Die eine der langen Teigseiten über die Füllung legen, dann das Ganze aufrollen, so daß die Naht unten liegt. An den Enden den Teig hinunterklappen.

5 In einer Tasse mit der Gabel Ei und Milch verrühren. Mit einer Messerspitze Schnitte in die Teigoberfläche stechen, damit der Dampf abziehen kann. Dann den restlichen Teig auswallen, Blätter und Beeren daraus formen und die Oberfläche hübsch damit verzieren.

6 Die Obstrolle 25–30 Min. backen, bis der Teig golden ist. Mit einer Kuchenschaufel die Rolle vom Blech heben und auf ein Gitter legen. Bei Zimmertemperatur servieren.

Die süße und saftige Füllung aus Dörrobst und Nüssen wird in den großzügig bemessenen Schnitten sichtbar.

Apfel-Krapfen

8 Stück
etwa 5 Std. Zubereitungs- und Backzeit

Teig	
300 g Mehl	
1 TL Salz (freiwillig)	
225 g Butter	
1 Ei	
Füllung	
2 große Kochäpfel	
100 g Zucker	
1 EL Stärkemehl	
1 TL Zitronensaft	
1/4 TL Zimt	
Glasur	
Eisglasur (siehe Kasten unten)	

Die dreieckigen Krapfen enthalten mit Zimt und Zitrone gewürzte Äpfel und sind mit einer Eisglasur berieselt.

1 Teig zubereiten: In einer mittleren Schüssel Mehl und Salz mischen. Von Hand die Butter einarbeiten, bis sich grobe Brösel bilden. Etwa 125 ml kaltes Wasser löffelweise dazugeben und mit der Gabel weiterkneten, bis der Teig zusammenhält. Kugel formen.

2 Auf einer leicht bemehlten Fläche mit dem bemehlten Wallholz den Teig in ein Rechteck von 45 x 20 cm auswallen. 60 g Butter in dünne Scheiben schneiden.

Eisglasur

In einer kleinen Schüssel 60 g gesiebten Puderzucker und etwa 1 EL Wasser gut vermischen.

3 Man beginnt auf der 20-cm-Seite die Butterscheiben über 2/3 des Teiges auszulegen, etwa 1 cm vom Rand entfernt.

4 Das unbebutterte Drittel über das mittlere Drittel legen.

5 Danach über das letzte Drittel stülpen, damit ein Rechteck von 20 x 15 cm entsteht.

6 Den Teig nun wieder auf die erste Größe auswallen und die restliche Butter wieder wie vorher anordnen. Den Teig wieder falten, einwickeln und für 15 Min. kaltstellen.

7 Danach den Teig noch einmal auf die erste Größe 45 x 20 cm auswallen. Das Rechteck erst längs, dann quer falten. Wieder einwickeln und 1 Std. kaltstellen.

8 In der Zwischenzeit die Füllung vorbereiten: Äpfel schälen, Kerngehäuse entfernen und in Scheiben schneiden. In einem kleinen Topf über kleiner Hitze die Apfelschnitze mit Zucker, Stärkemehl, Zitronensaft und Zimt unter ständigem Rühren weiterkochen.

9 Ofen auf 230 Grad vorheizen; Gas 8. Den Teig querdurch halbieren. Auf einer leicht bemehlten Fläche mit dem bemehlten Wallholz eine Hälfte auf 30 cm auswallen. Restteig an der Kühle lassen. In vier 15 cm große Quadrate schneiden. In einer Tasse das Ei mit 1 EL Wasser schlagen und auf die Quadrate streichen.

10 Ein Achtel der Apfelmischung in die Mitte jedes Quadrates setzen. Diagonal falten. Den Rest des Teiges und der Füllung analog verarbeiten.

11 Die Krapfen mit dem Ei bepinseln und 20 Min. backen, bis sie goldbraun sind.

12 Die Eisglasur über die Krapfen gießen.

Himbeer-Sahne-Schnitten

6 Stück
etwa 2 Std. Zubereitungs- und Backzeit

225 g gefrorener Blätterteig
325 g Zucker
150 ml Sahne
300 ml Doppel- oder Schlagsahne
300 g Himbeeren

1 Den Teig nach Vorschrift auftauen lassen.

2 Ofen auf 220 Grad vorheizen; Gas 7. Auf einer leicht bemehlten Fläche mit dem bemehlten Wallholz den Teig in ein Rechteck von 20 x 24 cm auswallen. Mit einem scharfen Messer die Kanten 5 mm breit abschneiden. (Frisch geschnittene Flächen heben sich am schönsten.) Den Teig in 6 Rechtecke schneiden.

3 Die Rechtecke auf ein ungefettetes Backblech legen. 15 Min. backen, bis der Teig aufgegangen und goldbraun ist.

4 Etwa 30 Min. vor dem Servieren eine Caramelsauce zubereiten: In einem großen Topf bringt man über mittlerer Hitze *300 g Zucker mit 5 Eßlöffel Wasser* unter häufigem Rühren zum Sieden. Weiterkochen bis die Mischung caramelfarben ist. Den Topf vom Feuer ziehen und langsam die gewöhnliche Sahne einrühren. Die Zuckermischung wird dabei fest. Über mittlerer Hitze unter Rühren wieder aufkochen, bis das Caramel weich geworden ist. Warm halten.

5 In einer kleinen Schüssel mit dem Mixer auf mittlerer Geschwindigkeit die Doppel- oder Schlagsahne mit dem restlichen Zucker sehr steif schlagen.

6 Mit einem Sägemesser schneidet man die einzelnen Blätterteigstücke horizontal auseinander.

Die hoch aufgegangenen Blätterteig-Rechtecke schneidet man querdurch in zwei Lagen.

7 Die geschlagene Sahne auf die untere Hälfte jedes Stückes gleichmäßig verstreichen.

8 Die Himbeeren in die Sahneschicht drücken.

9 Sorgfältig die Blätterteigdeckel darüber legen.

Zum Servieren
Warme Caramelsauce auf die Dessertteller gießen und die Himbeerschnitte daraufsetzen. Mit Himbeeren garnieren.

Blätterteig mit frischen Früchten

Der schmelzende Blätterteig an diesen ruhmreichen französischen Törtchen ist mit Sahne und frischen Früchten gefüllt. Hier werden frische und Dosenfrüchte verwendet – Erdbeeren, Äpfel, Trauben und Kiwi mit Mandarinen und Pfirsichen. Doch kann man die Zusammenstellung des Obstes ganz der Jahreszeit anpassen.

gibt 16 Stück
kann eine Woche im voraus zubereitet werden; Zubereitungszeit etwa 3 Std.

Falscher Blätterteig

550 g Mehl

1 TL Salz

450 g kalte Butter

1 Ei, geschlagen

Füllung

300 ml Doppel- oder Schlagsahne

30 g Zucker

1/4 TL Mandelessenz

frische und/oder Dosenfrüchte

Minzenblätter zum Verzieren

Wie man die Törtchen formt

1. Ein Quadrat diagonal zu einem Dreieck falten.

2. Von der gefalteten Seite her schneidet man 1 cm vom Rand entfernt auf beiden Seiten ein, so daß in der Spitze je 1 cm unberührt bleibt und die Streifen noch zusammenhängen.

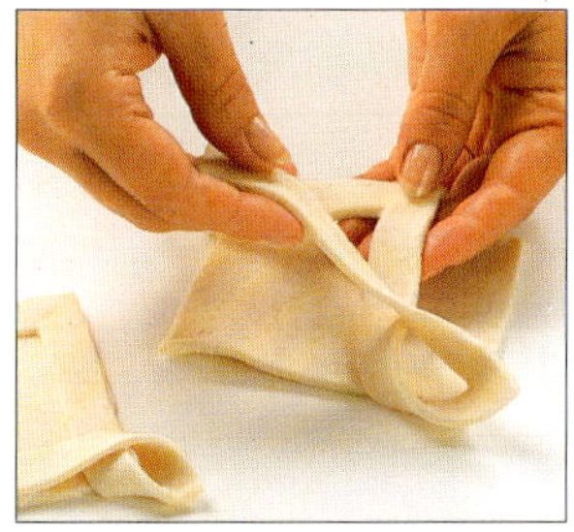

3. Das Dreieck auseinanderfalten. Die beiden losen Streifen sorgfältig untereinander durchziehen, bis sie über den Ecken der Basis liegen. Mit einem Tropfen Wasser ankleben.

1 Teig zubereiten: In einer mittleren Schüssel Mehl und Salz (freiwillig) mischen. Mit den Fingerspitzen 120 g Butter hineinreiben, bis grobe Krümel entstehen. 250 ml kaltes Wasser löffelweise mit der Gabel dazuarbeiten, bis ein weicher Teig entsteht. Evtl. mehr Wasser zugeben.

2 Eine Kugel formen, einwickeln und 30 Min. in den Kühlschrank stellen.

3 In der Zwischenzeit zwischen zwei fettabstoßenden Backpapieren die restliche Butter in ein Quadrat von 15 cm auswallen, einwickeln und kühlstellen.

4 Auf einer leicht bemehlten Fläche mit dem bemehlten Wallholz den Teig auf 30 cm im Quadrat auswallen.

5 Die Butter über Eck darauflegen, so daß die Ecken auf die Seitenmitte des Teiges treffen. Die Teigecken so über die Butter falten, daß sie sich in der Mitte treffen und leicht überlappen.

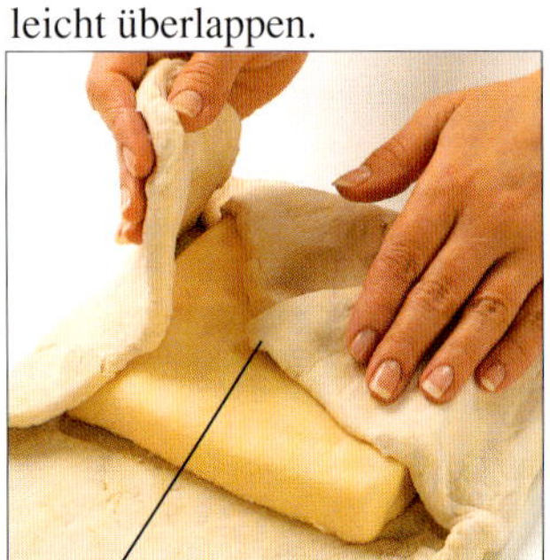

Die rechteckig ausgerollte Butter legt man quer in die Mitte des Teigs. Dann deckt man sie mit den Ecken des Teigs zu.

6 Die Nähte mit dem Wallholz glattwallen.

7 Das Ganze in ein Rechteck von 45 x 30 cm auswallen. Ein Drittel über die Mitte falten und die Gegenseite darüber, so daß ein Rechteck von 30 x 15 cm entsteht.

8 Mit dem Wallholz festwallen. Den Teig um ein Viertel drehen und auf 37 x 20 cm auswallen. Wieder in Drittel falten auf 20 x 12,5 cm. Einwickeln und kühlstellen.

9 Nun das Ganze wiederholen. Teig auf 37,5 x 20 cm ausrollen und wieder zweimal dritteln. Wieder einwickeln und 2 Std. kühlstellen.

10 Noch einmal auswallen und wieder falten, im ganzen sechsmal. Nach dem sechsten Mal den Teig wieder kühlstellen. Diesmal mindestens für 4 Std. kühlstellen. Dieser Teig kann eine Woche im voraus hergestellt werden.

11 Den Teig querdurch halbieren. Auf einer bemehlten Fläche mit dem bemehlten Wallholz die eine Hälfte des Teiges auf 51 x 26 cm auswallen, indem man den Teig ab und zu leicht anhebt.

12 Mit einem scharfen Messer oder dem Teigrädchen die Kanten abschneiden auf 50 x 25 cm.

13 Das Rechteck in acht 12,5 cm Quadrate schneiden. 30 Min. kühlstellen.

14 Ebenso mit der zweiten Teighälfte verfahren. (Man kann sie auch in einer Folie bis zu 6 Monaten tiefkühlen und im Kühlschrank über Nacht auftauen lassen.)

15 Die Törtchen entsprechend der Anleitung im Kasten auf Seite 188 herstellen. 30 Min. kühlstellen.

16 Den Ofen auf 200 Grad vorheizen; Gas 6. Blätterteig 20 Min. backen. Dann die Hitze auf 190 Grad, Gas 5, hinunterstellen. Die Ränder des Teiges mit dem geschlagenen Ei bestreichen und noch einmal 20 Min. backen, bis der Blätterteig leicht braun ist. Auf Gitter abkühlen lassen.

17 In einer kleinen Schüssel die Sahne mit Zucker und Mandelessenz steif schlagen und die Törtchen damit füllen. Mit den Früchten und Minzenblättern garnieren.

Die geschnittenen frischen Erdbeeren und Dosen-Mandarinenschnitze geben zusammen mit dem Grün der Minze eine farbenfrohe Kombination.

Apfel, Kiwi, Pfirsichschnitze und Trauben passen genau in die Blätterteigtasche des Törtchens.

Baklava

24 Stück
etwa 3 1/2 Std. Zubereitungs- und Backzeit

450 g Walnußhälften, fein gehackt

100 g Zucker

1 TL Zimt

450 g frischer oder aufgetauter Strudelteig

225 g Butter, geschmolzen

350 g flüssiger Honig

Beim Baklava kommen Lage über Lage aus Strudelteig und Walnüssen. Süß und klebrig wird dieses Dessert wegen dem vielen Honig.

1 In einer großen Schüssel die feingehackten Walnüsse mit Zucker und Zimt vermischen.

2 Die Strudelteigblätter in Rechtecke von 33 x 23 cm schneiden. In eine gefettete Form von 33 x 23 cm ein Strudelteigblatt legen. Mit geschmolzener Butter bestreichen. Und genau so mit fünf weiteren Blättern verfahren.

3 Über die Strudelblätter schüttet man die Walnußmischung.

4 Nun die Schritte 2 und 3 wiederholen, bis man im ganzen 4 Lagen erhält. Zuoberst noch ein Strudelteigblatt und mit Butter bepinseln.

5 Den Ofen auf 150 Grad vorheizen; Gas 2. Mit einem scharfen Messer bis in die Hälfte der Lagen ein Dreieckmuster einschneiden, so daß 24 Stück entstehen.

6 Etwa 1 Std. 25 Min. backen, bis der Teig goldbraun ist.

7 In einem kleinen Topf über Mittelhitze den Honig heiß werden lassen und gleichmäßig über den Baklava gießen.

So wird der Honig über den Baklava gegossen.

Alternative Formen

Zur Abwechslung kann man die Baklava-Stücke auch in Rhomben formen, was der vorderasiatischen Tradition entspricht.

Rhomben-Baklava:
In Schritt 5 schneidet man statt Dreiecke ein Rhomben-Muster durch die Hälfte der Lagen (4 Schnitte quer und dann diagonale Parallelen). Zum Servieren ganz durchschneiden.

8 Baklava während etwa 1 Std. in der Form abkühlen lassen. Mit Folie abdecken und bei Zimmertemperatur bis zum Servieren stehen lassen.

9 Vor dem Servieren werden die 24 Dreiecke mit einem scharfen Messer noch ganz voneinander getrennt.

Apfelstrudel

10 Portionen
etwa 2 Std. Zubereitungs- und Backzeit

3 große Kochäpfel
100 g Zucker
75 g kernlose Rosinen
60 g Walnußkerne, gehackt
1/2 TL Zimt
1/4 TL gemahlene Muskatnuß
etwa 75 g Semmelbrösel
225 g frischer oder aufgetauter Strudelteig
120 g Butter, geschmolzen
Puderzucker zum Bestreuen

1 Ein großes Backblech einfetten. Äpfel schälen und Kerngehäuse entfernen. In dünne Scheiben schneiden und in einer Schüssel mit Zucker, Rosinen, Nüssen, Zimt, Muskat und 25 g Semmelbrösel vermischen.

2 Zwei 60 cm große Backpapiere zurechtschneiden. Zwei der Längsseiten so zusammenlegen, daß 5 cm überlappen. Mit einem Klebeband befestigen.

3 Auf das Backpapier eine etwa 43 x 30 cm große Strudelteigplatte legen. Mit etwas geschmolzener Butter bepinseln.

Der über den Strudel gesiebte Puderzucker verdeckt auch die vielen Risse.

4 Den Teig mit einem knappen Eßlöffel Brösel bestreuen. So weiterfahren, bis alle Platten aufgebraucht, mit Butter bepinselt und mit Brösel bestreut sind.

5 Ofen auf 190 Grad vorheizen; Gas 5. Die Apfelmischung einer Seite entlang, 1 cm vom Rand entfernt, über das halbe Rechteck verteilen.

So schöpft man die Apfelmischung auf den Strudelteig.

6 Von der mit der Mischung bedeckten Seite her aufrollen, indem man das Backpapier anhebt.

7 Den gerollten Strudel auf das Backblech legen, Naht nach unten. Die restliche flüssige Butter darüberpinseln. 40 Min. backen, bis der Strudel golden ist. Während 30 Min. abkühlen lassen.

Brandteig-Schwänchen

8 Stück
etwa 3 Std.
Zubereitungs- und
Backzeit

Brandteig
(siehe Kasten unten)

300 ml Doppelsahne

150 ml Vanillecreme
aus der Dose

Schön wie ein Bild präsentieren sich diese mit köstlicher Creme gefüllten Schwänchen.

1 Ofen auf 190 Grad vorheizen; Gas 5. Den Brandteig zubereiten. Etwas Teig in einen Dressiersack mit einer 1 cm breiten runden Tülle geben und auf ein großes eingefettetes Backblech acht 7,5 cm lange Fragezeichen zeichnen. Für die „Schwanenhälse" oben eine Verdickung anbringen.

Für den Schwanenhals spritzt man den Teig in Form von Fragezeichen auf das Backtrennpapier.

2 Mit dem restlichen Teig löffelweise acht Häufchen, etwa 7,5 cm auseinander, auf das Blech setzen.

3 Mit feuchtem Finger den Teig schön rund streichen.

4 Schwanenhälse und Häufchen etwa 20 Min. im Ofen backen, bis die Hälse golden sind. Die Hälse auf ein Gitter zum Abkühlen legen.

5 Die Häufchen noch 40–45 Min. weiterbacken und auch abkühlen lassen.

6 Nun die Füllung zubereiten: In einer kleinen Schüssel die Sahne steif schlagen und sorgfältig unter die Vanillecreme ziehen.

7 Das obere Drittel der Häufchen abschneiden.

Brandteig

In einem mittleren Topf über Mittelhitze *120 g Butter und 250 ml Wasser* erhitzen, bis die Butter geschmolzen ist und die Mischung kocht. *150 g Mehl* kräftig hineinmischen, bis sich der Teig von den Wänden löst und eine Kugel bildet. 4 Eier darunterarbeiten, bis der Teig weich und glänzend ist.

8 Etwas Füllung auf jeden unteren Häufchenteil geben. Das obere Stück halbieren und als Flügel in die Füllung stecken. Die Hälse ansetzen. Wenn die Schwänchen nicht gleich serviert werden, in den Kühlschrank stellen.

Paris-Brest

10 Portionen
etwa 3 Std. Zubereitungs- und Backzeit

Brandteig (siehe Kasten S. 192)

450 ml Doppelsahne

2 EL Weinbrand

Schokoladeglasur (siehe Kasten oben)

Schokolade-Glasur

In einem schweren, nichthaftenden Topf *90 g Bitterschokolade, in Stücke gebrochen, 15 g Butter, 1 1/2 TL Golden Sirup und 1 1/2 TL Milch* unter Rühren erhitzen, bis die Masse geschmolzen und glatt ist.

1 Ofen auf 200 Grad vorheizen; Gas 6. Ein großes Backblech einfetten und mit Mehl bestreuen.

2 Den Brandteig nach Vorschrift zubereiten. Mit Hilfe einer 17,5 cm großen Platte einen Kreis ins Mehl auf dem Backblech zeichnen. Den Teig innerhalb des Kreises in 10 Häufchen daraufsetzen.

3 Diesen Ring 40 Min. backen, bis er golden ist. Ofen abstellen und den Ring noch 15 Min. darinlassen. Dann auf einem Gitter abkühlen lassen.

4 Mit einem langen Sägemesser den Ring horizontal durchschneiden.

5 In einer kleinen Schüssel die Sahne steif schlagen. Weinbrand darunterziehen. Die Creme auf den unteren Ringteil streichen.

6 Die obere Ringhälfte daraufsetzen.

7 Schokoladeglasur zubereiten und mit einem Löffel sorgfältig über den Ring träufeln.

8 Wenn man das Paris-Brest nicht gleich serviert, im Kühlschrank aufbewahren.

Paris-Brest, dieses mit Weinbrand-Sahne gefüllte und mit Schokolade glasierte Brandteiggebäck, wurde 1891 von einem Pariser Bäcker erfunden. Dieser radförmige Kuchen wurde für das jährlich stattfindende Radrennen von Paris nach Brest geschaffen.

Apfel im Schlafrock

6 Stück
etwa 2 Std. Zubereitungs- und Backzeit

Teig	
365 g Mehl	
1 TL Salz (fakultativ)	
175 g Butter	
120 g reifer Cheddar-Käse	
1 Ei	
6 Nelken	
Füllung	
75 g feiner Rohzucker	
30 g kernlose Rosinen	
30 g Walnußkerne	
60 g weiche Butter	
1 TL Zimt	
6 kleine Golden Delicious-Äpfel	
Sauce	
300 ml Apfelsaft	
125 ml Ahornsirup	

Zum Servieren
Die Äpfel im Schlafrock heiß auf individuellen Tellern servieren. Die heiße Sauce gießt man rundherum.

1 Den Teig zubereiten: In einer großen Schüssel Mehl und Salz mischen. Die Butter mit den Fingerspitzen einarbeiten, bis sich grobe Krümel bilden. 8–9 Eßlöffel kaltes Wasser löffelweise dazugeben und mit der Gabel verarbeiten. Wenn der Teig gerade zusammenhält, eine Kugel daraus formen.

2 In einer kleinen Schüssel den Rohzucker, Rosinen, Nüsse, Butter und Zimt mischen.

3 Die Äpfel schälen, jedoch beim Entfernen der Kerngehäuse nicht ganz durchstechen.

4 Ofen auf 200 Grad vorheizen; Gas 6. Auf einem gut bemehlten Brett mit dem bemehlten Wallholz den Teig in ein Rechteck von 52,5 x 35 cm auswallen. Den Teig in 6 Teile schneiden.

5 In einer Tasse das Ei und 1 TL Wasser verrühren. Je einen Apfel auf ein Teigviereck setzen.

6 Ein Sechstel der Zuckermischung in die Apfelöffnung pinseln. Die Ränder des Teiges mit etwas Ei bestreichen.

7 Die Ecken des Teiges über den Apfel stülpen und gut verkleben.

8 Alle Äpfel in der gleichen Art verpacken und dann auf ein gefettetes Blech setzen.

9 Die Teigreste auswallen und Blätter zur Verzierung ausschneiden und an den Apfel kleben. Nelke als Stiel einstecken. Die Äpfel im Schlafrock 35 Min. backen.

10 In einer Schüssel den Apfelsaft mit dem Ahornsirup mischen. Über die Äpfel im Schlafrock gießen. Noch einmal 15 Min. backen (mit Folie bedecken, falls sie zu braun werden) und ab und zu mit dem Saft bepinseln. Beim Einstechen sollten die Äpfel weich sein.

Profiteroles Glacées

18 Stück
können 1 Monat im voraus zubereitet und im Gefrierfach aufbewahrt werden

Sauce

225 g gefrorene Himbeeren

60 g Zucker

1 Kugel Vanilleeis

Brandteig

60 g Butter

75 g Mehl

2 Eier

Füllung und Guß

60 g Bitterschokolade, in Stückchen gebrochen

2 EL Milch

15 g Butter

600 ml Vanilleeis

30 g gehackte Pistazien

1 Die Himbeeren mit Zucker bestreuen und auftauen lassen. Ofen auf 200 Grad vorheizen; Gas 6. Ein großes Backblech einfetten und bemehlen.

2 Den Brandteig zubereiten: In einem mittleren Topf über Mittelhitze Butter und 125 ml Wasser zusammen aufkochen. Vom Feuer nehmen und alles Mehl zusammen unter kräftigem Rühren dazugeben, bis sich die Masse von den Topfwänden löst. Die Eier, eins nach dem anderen, hinzufügen und kräftig weiterrühren, bis der Teig glatt und glänzend ist.

Zum Servieren
Die Himbeersauce auf 6 Teller gießen und je drei Profiteroles daraufsetzen.

3 18 Teighäufchen auf das Backblech setzen, etwa 5 cm auseinander.

4 In 30 Min. golden backen. Hitze abstellen, doch noch 10 Min. im Ofen lassen. Dann herausziehen.

5 Während die Küchlein abkühlen, die Sauce herstellen: über einer großen Schüssel mit dem Löffelrücken die Himbeeren durch ein Sieb treiben. Das Vanilleeis ins Püree rühren. Sauce zudecken und kühlstellen.

Alternative Serviermöglichkeit

Statt mit der Himbeersauce kann man die Profiteroles Glacées auch mit anderen Fruchtsaucen servieren, wie etwa Erdbeeren, Aprikosen oder Mango. Die folgende Pfirsichsauce paßt besonders gut in Farbe und Geschmack.

Pfirsichsauce:

Im Mixer bei kleiner Geschwindigkeit *450 g reife Pfirsiche, geschält und entsteint, 1/4 TL Mandelessenz und 1/8 TL geriebene Muskatnuß* mischen, bis alles glatt ist.

6 Glasur vorbereiten: In einem nichthaftenden Topf über kleiner Hitze die Schokoladestücke, Milch und Butter unter Rühren schmelzen, bis die Masse glatt ist.

7 Jedes Küchlein horizontal halbieren. Die untere Hälfte mit Vanilleeis füllen. Die Deckel daraufsetzen. Die Profiteroles mit Schokoladeglasur berieseln und mit gehackten Pistazien bestreuen. Einfrieren.

Die Profiteroles, die hier auf der Himbeersauce zusammen ein Grüppchen bilden, sind mit Schokoladeglasur beträufelt und mit gehackten Pistazien bestreut.

Heiße Fruchtpuddings

Hier finden Sie einige angenehme Puddings für jeden Tag: Süßes Obst mit knuspriger Oberfläche, mit einer zarten Kruste überbackene Früchte, oder den mit Semmelbrösel, Zucker und Gewürzen bereicherten „Brown Betty". Wenn man diese Puddings bei der gleichen Hitze wieder erwärmt, kann man sie gut im voraus zubereiten oder Übriggebliebenes zu neuer Güte erwecken.

Banana Brown Betty

4 Portionen
etwa 40 Min. Zubereitungs- und Backzeit

2 große Orangen

6 mittlere Bananen

45 g Zucker

90 g Butter

25 g Semmelbrösel

20 g kleine Haferflocken

45 g Rohzucker

1/2 TL Zimt

Schlagsahne nach Belieben

1 Von den Orangen einen Teelöffel Schale abreiben und 175 ml Saft auspressen. Bananen in Stücke schneiden.

2 In einer großen Bratpfanne über mittlerer Hitze den Zucker, 3 Eßlöffel Orangensaft und 30 g Zucker etwa 3–4 Min. unter Rühren erhitzen, bis die Mischung Caramelfarbe annimmt. Die Bananenstücke hineingeben und wälzen, bis sie vom Caramel schön überzogen sind.

3 Vom Feuer nehmen und Ofen auf 200 Grad, Gas 6, aufheizen.

4 Die caramelisierten Bananen gleichmäßig auf vier Ramequintöpfchen verteilen.

5 Jedes mit 1 Teelöffel Semmelbrösel bestreuen und 2 Eßlöffel Orangensaft begießen.

6 In die übrigen Semmelbrösel mischt man mit den Fingern Haferflocken, Rohzucker, Zimt, Orangenschale und die restliche Butter und verarbeitet sie zu groben Krümeln. Über die Bananen streuen.

7 Die Ramequins auf einem Blech 15 Min. backen, bis die Oberfläche golden ist. Warm, nach Belieben mit Schlagsahne, servieren.

Die mit Zimt gewürzten Haferflocken und Semmelbrösel werden über die Bananen gestreut.

Die caramelisierten Bananenstücke gucken durch die knusprigen Brösel heraus.

Rhabarber-Streusel

6 Portionen
etwa 50 Min. Zubereitungs- und Backzeit

700 g Rhabarber
1 TL Zitronensaft
100 g Zucker
Vanillecreme zum Begießen

Streusel
185 g Mehl
45 g Zucker
120 g Butter

1 Rhabarber waschen, Blätter und farbloses Stielende entfernen und schälen. In 2,5 cm lange Stücke schneiden. In einem Topf über mittlerer Hitze Rhabarber, Zitronensaft, Zucker und 4 Eßlöffel Wasser zum Kochen bringen. Hitze reduzieren und etwa 10 Min. weiterkochen lassen, bis die Rhabarber weich sind.

2 Ofen auf 220 Grad vorheizen; Gas 7. Während die Rhabarber kochen, die Streusel herstellen: In einer mittleren Schüssel Mehl und Zucker vermischen und mit den Fingern die Butter einarbeiten, bis grobe Brösel entstehen.

3 Den Rhabarber auf eine 20 cm große quadratische Kochplatte geben und mit dem Streusel bestreuen.

4 25 Min. backen, bis der Streusel golden ist.

Zum Servieren
Den Rhabarber-Streusel mit Vanillecreme oder flüssiger Sahne begießen.

Heißer Apfel-Cobbler

6 Portionen
etwa 1 Std. Zubereitungs- und Backzeit

225 g feiner Rohzucker
45 g Mehl
30 g Butter
1 TL Zitronensaft
1/4 TL Zimt
1 Prise Muskatnuß
5 große Kochäpfel
flüssige Sahne oder Vanilleeis

Teig
150 g Mehl
2 TL Backpulver
45 g Butter
175 ml Milch

1 In einem kleinen Topf Rohzucker und Mehl mischen. 250 ml Wasser dazugeben. Über Mittelhitze zum Kochen bringen, rühren bis die Masse dick ist.

2 Vom Feuer ziehen und Butter, Zitronensaft, Zimt und Muskat hineinmischen.

3 Äpfel schälen, Kerngehäuse entfernen und in feine Schnitze schneiden. Eine 30 x 20 cm große Backform mit den Schnitten füllen und die Saucenmischung darüber gießen.

4 Ofen auf 190 Grad, Gas 5, vorheizen. Den Teig herstellen: In einer mittleren Schüssel Mehl und Backpulver mischen. Mit den Fingern die Butter einarbeiten, bis erbsengroße Krümel entstehen. Mit der Milch befeuchten, doch muß die Masse krümelig bleiben.

5 Löffelweise den Teig auf die Äpfel geben und 40 Min. im Ofen golden backen.

Zum Servieren
Den Apfel-Cobbler warm mit flüssiger Sahne oder Eis servieren.

Pfirsich-Cobbler

4 Stück
etwa 1 Std. Zubereitungs- und Backzeit

4 große Pfirsiche
25 g Mehl
60 g Zucker
Teig
120 g Mehl
1 TL Backpulver
2 TL Zucker
45 g Butter
5–6 EL Schlagsahne + zum Bestreichen

1 Pfirsiche schälen (siehe Kasten S. 53) und fein scheibeln. In einer großen Schüssel mit Mehl und Zucker vermischen und in vier Ramequinformen verteilen.

2 Den Teig zubereiten: In einer großen Schüssel Mehl, Backpulver und Zucker mischen. Mit den Fingern erst die Butter und dann 5–6 Eßlöffel Sahne einarbeiten. So lange mixen, bis sich der feste Teig von der Schüsselwand löst.

3 Ofen auf 200 Grad, Gas 6, vorheizen. Den Teig auf eine leicht bemehlte Fläche setzen und 2 cm dick auswallen.

4 Mit bemehlten, 5 cm weiten Ausstechern 4 Rondellen formen.

Mit kleinen Förmchen läßt sich die Verzierung ausstechen.

5 Die Rondellen auf die Pfirsiche legen und mit Sahne bepinseln.

6 Mit den Teigresten kann man noch kleine Dekorationen machen.

7 Die Cobblers 15–20 Min. backen lassen, bis der Inhalt brodelt.

Wenn Sie die Cobblers besonders hübsch schmükken wollen, stechen Sie aus Teigresten und mit kleinen Ausstechformen Garnituren aus, die Sie auf die Teigdeckel kleben.

Kekse und Plätzchen

Kekse und Plätzchen

Kekse und Plätzchen – nach der Schule, zum Imbiß, zum Nachtisch, ganz einfach zu jeder Zeit, wenn man Lust nach etwas Süßem hat! Festtage wie Weihnachten sind ohne Plätzchen gar nicht denkbar: Ingwerbisquits, süße und gewürzte Pfeffernüsse und Mürbeteigkekse sind bei allen beliebt, den Jungen wie den Alten. Elegante Schokolade- und Nußplätzchen und Mandel-Buttergebäck passen hervorragend zum Nachmittagstee oder zum schwarzen Kaffee, und das delikate Weinbrand-Konfekt wie auch die zarten Waffelherzen schmecken so köstlich wie sie aussehen – warum also nicht eine zweite Auflage backen, die man den Gästen als Geschenk mitgeben kann? Favoriten bleiben zudem die Aprikosen-Gipfel und Haferflocken-Nußplätzchen, die, wenn selbstgebacken, durch nichts zu übertreffen sind.

Inhalt

Kekse und Plätzchen

In dieser Plätzchen-Sammlung finden Sie zarte, elegante Stücke für den Teetisch, handfeste Favoriten für den Schulsack und hübsche Zucker-Schneemänner, welche die Kinder an Weihnachten erfreuen. In mannigfachen Formen, Größen und Verzierungen ziehen die Plätzchen Aufmerksamkeit auf sich. Jeder Gaumen findet, was ihm gefällt an Butter-, Nuß-, Schokolade- und anderem würzigem Geschmack, bei schmelzenden, knusprigen bis zu knackigen Teigstrukturen.

Weinbrand-Konfekt

36 Stück
etwa 2 Std. Zubereitungs- und Backzeit

120 g Butter
3 EL Golden Sirup
75 g Mehl
100 g Zucker
1 TL gemahlener Ingwer
2 EL Weinbrand

Das Weinbrandgewebe mit dem hübschen Spitzengewebe paßt zum schwarzen Kaffee und Likör.

1 Ofen auf 180 Grad vorheizen; Gas 4. Ein großes Backblech mit Backpapier auslegen. In einem kleinen Topf über mittlerer Hitze Butter und Sirup zusammenrühren, bis die Butter geschmolzen ist. Topf vom Feuer ziehen. Mit einem Kochlöffel Mehl, Zucker, Ingwer und Weinbrand dazurühren. Auf ganz kleiner Hitze warm halten.

2 Einen Teelöffel der Mischung auf das Backblech gießen und mit kreisenden Bewegungen etwa 10 cm groß ausstreichen. Mit 5 cm Abstand noch drei Rondellen setzen.

3 Das Konfekt 5 Min. backen, bis es goldbraun ist. Kurz abkühlen lassen, bis die Ränder fest sind. Dann mit einer Schaufel aufheben und, mit der Struktur nach außen, aufrollen.

4 Zum Aufrollen verwendet man einen Kochlöffelstiel, der etwa 1 cm dick ist. Sollte das Konfekt zu hart werden, rasch in den warmen Ofen schieben. Nach dem Formen, Löffelstiel herausziehen und das Konfekt abkühlen lassen.

5 Vorgang wiederholen, bis aller Teig aufgebraucht ist.

Zwei-Ton-Herzen

30 Stück
etwa 4 Std. Zubereitungs- und Backzeit

60 g dunkle Schokolade
325 g Mehl
175 g Butter
1 EL Milch
1 1/2 TL Backpulver
1 Ei
150 g Zucker + etwas zum Bestreuen

1 Schokolade über leicht kochendem Wasser schmelzen, bis sie glatt und weich ist. Topf vom Feuer ziehen.

2 In einer großen Schüssel Mehl, Butter, Milch, Backpulver, Ei und 150 g Zucker zusammenmischen und schlagen, bis die Masse glatt ist. Von Hand die Hälfte des Teiges zum Ballen formen, einwickeln und für 2 Std. kühlstellen oder 40 Min. in das Gefrierfach legen.

3 Mit dem Elektromixer die geschmolzene Schokolade in den restlichen Teig einarbeiten. Dann von Hand zur Kugel formen und für 2 Std. kühlstellen.

4 Zwei große Backbleche einfetten und bemehlen. Auf einer leicht bemehlten Fläche mit dem bemehlten Wallholz den dunklen Teig 3 mm dick auswallen. Den anderen an der Kühle lassen. Mit einem 8-cm-Ausstecher große Herzen ausstechen. Etwa 5 mm auseinander auf das Backblech legen. Mit dem hellen Teig ebenso vorgehen und die Herzen auf das andere Blech setzen. Etwa 20 Min. kaltstellen.

5 Ofen auf 180 Grad vorheizen; Gas 4. Mit einem 2,5 cm großen Ausstecher Herzen aus dem Zentrum der großen schneiden und dann mit dem 5-cm-Ausstecher noch einmal aus den großen. Die mittleren Herzen entfernen und durch solche in der anderen Farbe ersetzen. Dann die kleinen Herzen wieder andersfarbig einfügen.

6 Die Bisquits leicht mit Zucker bestreuen und ungefähr 10 Min. backen, bis sie golden sind. Sorgfältig vom Blech lösen und in einem luftdichten Behälter aufbewahren.

Die zweifarbigen Butterherzen sind ein richtiger Blickfang und eignen sich auch sehr gut als Geschenk für den Valentinstag.

Weihnachts-Zuckerplätzchen

48 Stück

können einige Tage im voraus zubereitet und in luftdichtem Behälter aufbewahrt werden

525 g Mehl
225 g weiche Butter
150 g Zucker
125 ml Golden Sirup
1 EL Zitronensaft
2 Eier
Spritzglasur (siehe Kasten rechts)

1 In einer großen Schüssel Mehl, Butter, Zucker, Golden Sirup, Zitronensaft und Eier mit dem Elektromixer verarbeiten. Den Teig einwikkeln und 2 Std. an dic Kältc stellen. Oder 40 Min. ins Gefrierfach legen.

2 Den Ofen auf 180 Grad vorheizen; Gas 4. Auf einer gut bemehlten Fläche mit dem bemehlten Wallholz ein Viertel des Teiges 3 mm dick auswallen. Den Rest im Kühlschrank lassen. Mit bemehlten Ausstechern (etwa 7,5 cm groß) den Teig in verschiedene Formen schneiden und etwa mit 1 cm Abstand auf ein ungefettetes Backblech legen.

3 In 5–7 Min. die Plätzchen golden backen. So weiterfahren, bis der Teig, auch die Reste, aufgebraucht ist.

Spritzglasur

In einer großen Schüssel mit dem Elektromixer *450 g Puderzucker, gesiebt, mit 5 EL warmem Wasser und 2–3 EL Eiweiß-Puder* so steif schlagen, daß, wenn ein Messer durch die Glasur gezogen wird, ein sauberer Strich bestehen bleibt. Die Glasur auf verschiedene Schüsselchen verteilen und mit Speisefarbe nach Belieben einfärben. Alle Schüsselchen mit feuchtem Tuch verschließen, damit die Glasur in der Wartezeit nicht eintrocknet.

4 Die farbige Glasur vorbereiten.

5 Die Plätzchen auf ein mit Backpapier belegtes Blech setzen und mit Hilfe eines flachen Messers und dem Dressiersack mit feiner runder Tülle verzieren. Wenn nötig, kann man die Glasur mit Wasser verdünnen. Die Glasur muß etwa 2 Std. trocknen, dann kann man die Plätzchen in einem luftdichten Behälter aufbewahren.

Klinge-Glöckchen
Mit einem Zahnstocher oben in die Glöckchenform ein Loch zum Befestigen eines Bändchens anbringen. Wenn die Plätzchen abgekühlt sind, mit gelber Glasur bepinseln. Trocknen lassen und dann Verzierungen aufspritzen. Wieder trocknen lassen und Band einziehen.

Stechpalmen-Kringel
Jeden Kringel grün glasieren. Trocknen lassen. Dann mit der feinen runden Tülle weiße Zickzack-Linien und rote Beeren aufspritzen.

Weihnachts-Päckchen
Mit der feinen runden Tülle verschiedenfarbige Muster aufspritzen und nach Belieben mit einem dünnen Bändchen versehen.

Lustiger Schneemann
Jedes Plätzchen weiß glasieren. Trocknen lassen. Dann farbige Verzierungen wie Hüte, Krawatten, Halstücher, Besen usw. anbringen.

Schokolade-Amaretti

etwa 30 Stück
etwa 1 1/2 Std. Vorbereitungs- und Backzeit

140 g blanchierte ganze Mandeln
100 g Zucker
2 Eiweiß
1/8 TL Weinsteinsäure
1/2 TL Vanilleessenz
1/2 TL Mandelessenz
15 g Kakaopulver
30 g Puderzucker + etwas zum Bestreuen

1 In einer großen Bratpfanne über mittlerer Hitze Mandeln bräunen. Dann abkühlen lassen.

2 Die Mandeln mit der Hälfte des Zuckers im Mixer unter häufigem Rütteln mahlen.

3 Ofen auf 170 Grad vorheizen; Gas 3. Ein großes Backblech mit Backpapier belegen.

4 In einer kleinen Schüssel mit dem Elektromixer auf voller Geschwindigkeit Eiweiß und Weinsteinsäure sehr steif schlagen. Den restlichen Zucker langsam dazugeben, bis er ganz zergangen ist und das Eiweiß glänzende Spitzchen zeigt. Vanille- und Mandelessenz dazuschlagen. Sorgfältig die gemahlenen Mandeln, das Kakaopulver und 30 g Puderzucker darunterheben.

5 Die Mandelmischung in einen Spritzsack füllen und mit einer mittleren runden Tülle (1 cm) 4 cm große Häufchen setzen, etwa 2,5 cm auseinander.

6 Etwa 15 Min. backen, oder bis die Amaretti knusprig sind. Auf einem Gitter kalt werden lassen. Mit Puderzucker besieben. In luftdichtem Behälter aufbewahren.

Cappuccino-Ecken

24 Stück
etwa 2 Std. Zubereitungs- und Backzeit

225 g Butter
225 g Bitterschokolade, in Stückchen gebrochen
700 g Zucker
6 Eier
225 g Walnußstücke
250 g Mehl
30 g Instant-Kaffee
1/2 TL Zimt
Puderzucker zum Bestreuen

1 Ofen auf 180 Grad vorheizen; Gas 4. Eine Backform von 33 x 23cm einfetten und bemehlen.

2 In einem schweren nichthaftenden Topf über schwacher Hitze Butter und Schokolade zusammenrühren, bis alles geschmolzen und glatt ist. Mit dem Schneebesen Zucker und Eier dazuschlagen. Dann Walnüsse, Mehl, Kaffeepulver und Zimt hineinrühren.

3 Die Mischung gleichmäßig in die Backform streichen. 45–50 Min. backen, bis Stäbchen trocken herauskommt. Vollständig abkühlen lassen.

4 Die kalte Masse querdurch in 6 Streifen schneiden, jeden Streifen in 4 Stücke. Die Rechtecke sorgfältig vom Blech heben und je zur Hälfte mit Puderzucker besieben.

Aprikosen-Gipfel

36 Stück
etwa 2 1/2 Std. Zubereitungs- und Backzeit

300 g Mehl

275 g Butter

175 ml saure Sahne

120 g Aprikosen-Marmelade

60 g dunkle Schokolade, in feinen Bröcklein

30 g Mandelblättchen

30 g Zucker

1 In eine große Schüssel das Mehl sieben. Mit den Fingerspitzen 225 g Butter hineinarbeiten, bis feine Brösel entstehen. Saure Sahne beifügen und mit einer Gabel mischen, bis der Teig zusammenhält. Den Teig in 3 Stücke teilen, jedes einwickeln und etwa 1 Std. kühlstellen.

2 Auf einer leicht bemehlten Fläche mit dem bemehlten Wallholz eines der Teigstücke 27,5 cm rund auswallen.

3 Die Rondelle mit einem Drittel der Aprikosenmarmelade bestreichen und mit einem Drittel der Schokoladestückchen bestreuen. Den Teig gleichmäßig in 12 Segmente schneiden. Man rollt den Teig zum Gipfel auf, indem man an der Breitseite beginnt. Die Gipfel, mit dem Spitzchen nach oben, auf ein ungefettetes Blech setzen, 4 cm auseinander.

4 Den Ofen auf 190 Grad, Gas 5, vorheizen. In einem kleinen Topf über schwacher Hitze den Rest der Butter schmelzen. In einer kleinen Schüssel Mandeln und Zucker mischen.

5 Die Gipfel mit der Butter bestreichen und die gezuckerten Mandelblättchen darüberstreuen.

Diese Miniatur-„Croissants“ schmecken göttlich. Sie schmelzen geradezu auf der Zunge mit der Aprikosen- und Schokoladefüllung. Am besten warm servieren.

Schokolade-Nußplätzchen

18 Stück
etwa 2 Std. Zubereitungs- und Backzeit

180 g Mehl

90 g Puderzucker

30 g Stärkemehl

45 g Pekan- oder Walnüsse, gehackt

175 g Butter

175 g dunkle Schokolade, in Stücken

1 Ofen auf 170 Grad vorheizen; Gas 3. In einer großen Schüssel mit der Gabel Mehl, Puderzucker, Stärkemehl und die gehackten Nüsse mischen. Butter in kleine Stücke schneiden und von Hand in die Mehlmischung einarbeiten. Reiben, bis alles gleichmäßig ist.

2 Den Teig gleichmäßig in eine 28 x 18 cm große Form streichen. 35–40 Min. backen, bis der Teig golden ist. Sofort mit einem scharfen Messer längs in 3 und quer in 4 Streifen schneiden. In der Form abkühlen lassen und dann die Plätzchen sorgfältig herausheben.

3 Die Schokolade in einer kleinen Schüssel über leicht kochendem Wasser schmelzen. Eine Ecke jedes Plätzchens diagonal in die Schokolade tauchen, so daß eine Hälfte bedeckt ist. Auf einem Blech mit Backpapier für 15 Min. in den Kühlschrank stellen.

Trichter-Kuchen

7 Stück
etwa 30 Min. Zubereitungs- und Backzeit

Öl zum Ausbacken
165 g Mehl
175 ml Milch
1 TL Backpulver
1 TL Mandelessenz
1 Ei
Puderzucker zum Besieben

1 Das Öl in der Ausbackpfanne auf 170 Grad erhitzen.

2 In der Zwischenzeit in einer Schüssel mit dem Schneebesen oder der Gabel Mehl, Milch, Backpulver, Mandelessenz und das Ei gut zusammenrühren.

3 Einen Trichter mit 1 cm großem Ausguß mit 4 Eßlöffel des Teiges füllen; Loch unten mit dem Finger zuhalten. Über dem heißen Öl den Finger wegnehmen und eine Spirale von etwa 15 cm ins Fett laufen lassen.

4 In 3–5 Min. goldbraun backen; einmal wenden. Auf Küchenpapier abtropfen lassen. Warm halten. Den restlichen Teig auf dieselbe Art aufbrauchen.

5 Puderzucker über die warmen Trichterkuchen sieben und gleich servieren.

Zart und knusprig sind diese mit Puderzucker bestreuten Krawättchen

Gebackene Krawättchen

40 Stück
etwa 4 Std. Zubereitungs- und Backzeit

2 große Eier
2 EL Zucker
2 EL Milch
185 g Mehl
Öl zum Ausbacken
Puderzucker zum Besieben

1 In einer mittleren Schüssel Eier, Zucker, Milch und 135 g Mehl mit einem Holzlöffel gut verarbeiten. So viel vom restlichen Mehl dazurühren, bis der Teig zusammenhält. Von Hand den Teig zur Kugel formen und 2 Std. kühlstellen, oder 40 Min. in das Gefrierfach legen.

2 Auf einer bemehlten Fläche mit dem bemehlten Wallholz die Hälfte des Teiges papierdünn auswallen. Den Rest im Kühlschrank lassen. Den ausgewallten Teig in 10 x 4 cm große Rechtecke schneiden und jeden Streifen zu einem Krawättchen drehen. Mit dem restlichen Teig auf dieselbe Weise weiterfahren.

3 In einer Ausbackpfanne das Öl auf 185 Grad erhitzen.

4 Die Krawättchen 1 1/2 Min. darin golden backen. Auf Küchenpapier abtropfen lassen und unter Umständen in luftdichtem Behälter aufbewahren.

5 Kurz vor dem Servieren mit Puderzucker bestreuen.

Knusprige Schneeflocken

32 Stück
etwa 4 Std. Zubereitungs- und Backzeit

400 g Mehl
50 g Zucker
4 EL Milch
Öl zum Ausbacken
Puderzucker zum Besieben

1 In einer mittleren Schüssel Eier, Mehl, Zucker und Milch mit einem Holzlöffel verarbeiten, bis der Teig zusammenhält. Kugel formen und 2 Std. in den Kühlschrank oder 40 Min. ins Gefrierfach legen.

2 Den Teig in 32 Stücke teilen. Auf einer leicht bemehlten Fläche mit dem bemehlten Wallholz 16 Stück in 13,5 cm große Rondellen auswallen. Die anderen Stücke noch im Kühlschrank lassen Die Rondellen liegen lassen, bis die Oberflächen recht trocken sind.

3 Jede Teigrondelle so halbieren, daß die trockene Seite außen ist. In Viertel falten und dann in Achtel. Mit einem scharfen Messer oder einer Schere der Kante des Teiges entlang Muster schneiden. Die Schneeflocke auffalten und bei Zimmertemperatur stehen lassen. Inzwischen die restlichen Sterne gleich vorbereiten.

4 Das Öl zum Ausbacken auf 180 Grad erhitzen.

5 Sorgfältig zwei bis drei Schneeflocken etwa 1 1/2 Min. golden backen; einmal wenden. Auf Küchenpapier abtropfen lassen. Unter Umständen in luftdichtem Behälter aufbewahren.

6 Nach Belieben Puderzucker über die Schneeflocken streuen.

Die Schneeflockenform erreicht man, indem man den Teig faltet und möglichst sorgfältig dem Muster entsprechend ausschneidet. Ein hilfreicher Tip: Es ist wichtig, daß der Teig vor dem Falten gut angetrocknet ist, dann behält er beim Ausbacken seine Form schöner.

Waffel-Herzen

etwa 48 herzförmige Waffeln
etwa 2 Std. Zubereitungs- und Backzeit

250 g Mehl
150 g Zucker
120 g Butter, geschmolzen
2 TL Backpulver
3 Eier

1 Ein Waffeleisen von 17,5 cm Größe nach Vorschrift erhitzen.

2 In einer großen Schüssel alle Zutaten mit dem Elektromixer zu glattem Teig zusammenrühren.

Waffeleisen sind in verschiedenen Größen, elektrisch und nicht elektrisch erhältlich. Deshalb muß man sich genau an die Gebrauchsanweisung und die Mengenangaben des Herstellers halten.

3 Etwa 2 Eßlöffel Teig auf das Waffeleisen geben und entsprechend der Vorschrift des Herstellers backen. Den Deckel während der Backzeit nicht öffnen.

4 Die fertigen Waffeln mit der Gabel lösen und zum Abkühlen auf ein Gitter legen.

5 Wenn die Waffeln kalt sind, in einzelne Herzen auseinander brechen.

Diese Waffeln wurden in einem Eisen mit Herzformen gemacht. Man kann aber auch ohne Eisen die Waffeln in der Bratpfanne backen, indem man sie einmal umdreht.

Haferflocken-Nußplätzchen

etwa 30 Stück
etwa 2 Std. Zubereitungs- und Backzeit

175 g weiche Butter
165 g feiner Rohzucker
1 EL Zitronenabgeriebenes
1 TL Backpulver
1 Ei
260 g Rapid-Haferflöckchen
45 g geriebene Mandeln
2 Eigelb, mit etwas Milch leicht geschlagen

1 In einer Schüssel die ersten 5 Zutaten mit dem Elektromixer etwa 10 Min. verarbeiten, bis der Teig leicht und flockig ist. Haferflocken und Mandeln dazumischen und den Teig von Hand kneten, bis er glatt ist und die Mischung gut zusammenhält.

2 Den Ofen auf 180 Grad vorheizen; Gas 4. Zwei große Backbleche einfetten. Zwischen zwei Backpapieren wallt man die Hälfte des Teiges 5 mm dick aus. Mit einem 6 cm großen runden Ausstecher so viele Rondellen wie möglich ausschneiden und diese, 2,5 cm voneinander entfernt, auf die Bleche legen. Mit Eigelb oder Milch bestreichen.

3 12 Min. backen, bis die Plätzchen golden sind. Sofort zum Abkühlen auf ein Gitter legen. Mit dem restlichen Teig genau gleich verfahren. Die abgekühlten Plätzchen in luftdichtem Behälter aufbewahren.

Mandel-Butterkekse

30 Stück
etwa 1 1/2 Std. Zubereitungs- und Backzeit

300 g Mehl
300 g weiche Butter
150 g Stärkemehl
150 g Zucker
1/2 TL Mandelessenz
60 g Mandelblättchen
Puderzucker zum Besieben

1 Ofen auf 170 Grad vorheizen; Gas 3. In einem Mixer Mehl, Butter, Stärkemehl, Zucker und Mandelessenz verrühren, bis der Teig gut zusammenhält.

2 Den Teig zu einem Ballen formen und dann in einer 33 x 23 cm großen Backform dünn ausstreichen. Ist der Teig klebrig, kann man eine Sichtfolie zum Andrücken verwenden. Mit einer Gabel den Teig überall durchstechen. Mit Mandelblättchen und Zucker bestreuen.

3 Die Kekse 40–45 Min. golden backen. In der Form lauwarm werden lassen, dann in 30 Rechtecke schneiden. Erst wenn sie fast kalt sind, aus der Form nehmen. In luftdichtem Behälter aufbewahren.

Die Plätzchen müssen mit Butter hergestellt werden, damit sie wirklich gut schmecken. Da sie sich sehr gut aufbewahren lassen, lohnt es sich, eine größere Menge zu backen.

Die gerösteten Sesamsamen verleihen diesen knusprigen Bisquits einen „orientalischen" Geschmack.

Sesam-Bisquits

etwa 36 kleine Bisquits
etwa 2 Std. Zubereitungs- und Backzeit

130 g Sesamsamen
300 g Mehl
150 g Zucker
120 g weiche Butter
1 TL Backpulver
1/2 TL Vanilleessenz
1 Ei

1 In einer großen Bratpfanne die Sesamsamen golden rösten, indem man die Pfanne intensiv rüttelt.

2 In einer großen Schüssel Zucker, Butter, Backpulver, Vanilleessenz, Eier und 2 Eßlöffel Wasser mit dem Elektromixer glatt rühren. Mit einem Holzlöffel die Hälfte der Sesamsamen darunterziehen.

3 Ofen auf 180 Grad vorheizen; Gas 4. Jeweils 2 Teelöffel zusammen zu einem 5 cm langen Oval formen und die Ovale mit den restlichen Samen bestreuen. Die Plätzchen dann 2,5 cm auseinander auf ein ungefettetes Blech legen.

4 Etwa 20 Min. backen, bis sie leicht braun sind. Auf einem Gitter zum Abkühlen bringen und luftdicht verschlossen aufbewahren.

Süße, würzige Pfeffernüsse

8 große Tassen voll
etwa 2 1/2 Std. Zubereitungs- und Backzeit

250 g Mehl
200 g feiner Rohzucker
60 g weiche Butter
1/4 TL Natron
1/4 TL Zimt
1/4 TL Nelkenpulver
1/4 TL Ingwerpulver
1 gute Prise weißer Pfeffer
1 Ei, geschlagen

1 Ofen auf 190 Grad vorheizen; Gas 5. In einer großen Schüssel mit dem Elektromixer alle Zutaten zu einem glatten Teig rühren. (Falls die Mischung krümelig wird, eventuell noch etwas Ei dazugeben, und den Teig von Hand kneten.) Kugel formen.

2 Für jede Pfeffernuß ein walnußgroßes Stück Teig abbrechen und mit den Händen zu einer kleinen Kugel formen. Die Kugeln 1 cm auseinander auf ein mit Backpapier ausgelegtes Blech setzen.

3 Die Pfeffernüsse etwa 7 Min. leicht braun backen. Abkühlen lassen und in luftdichtem Behälter aufbewahren.

Diese deutsche Süßigkeit eignet sich hervorragend als Beigabe zum schwarzen Kaffee oder zu Likören.

Diese kanadischen Bisquits schmecken stark nach Ahornsirup. Sie schmecken zum Morgenkaffee besonders gut.

Ahorn-Blätter

etwa 24 Stück
etwa 3 1/2 Std. Zubereitungs- und Backzeit

300 g Mehl
120 g weiche Butter
75 g feiner Rohzucker
4 EL Ahornsirup
1 TL Weinsteinsäure
1/2 TL Natron
1 Ei

1 In einer großen Schüssel alle Zutaten mit dem Elektromixer zu einem glatten Teig mischen.

2 Kugel formen, einwickeln und etwa 1 Std. im Kühlschrank oder 30 Min. im Gefrierfach lassen.

3 Ofen auf 180 Grad vorheizen; Gas 4. Ein großes Backblech einfetten. Auf einer leicht bemehlten Fläche mit dem bemehlten Wallholz die Hälfte des Teiges 3 mm dick auswallen. Der Restteig bleibt im Kühlschrank. Mit 8 cm großen Spezialformen Blätter ausstechen. Die „Blattadern" mit einer Messerspitze einzeichnen. Die Blätter 2,5 cm auseinander auf das Blech legen.

4 Die Blätter etwa 10 Min. golden backen. Auf ein Gitter heben und auskühlen lassen. Den restlichen Teig und die Abschnitte auf dieselbe Art verarbeiten. In einem luftdichten Behälter aufbewahren.

Mohnrädchen

etwa 30 Stück
etwa 4 Std. Zubereitungs- und Backzeit

50 g Zucker
90 g weiche Butter
135 g Mehl
1/2 Ei, geschlagen
1/4 TL Vanilleessenz
30 g Walnußstücke
40 g Mohnsamen
45 g Honig
1/2 TL Orangenabgeriebenes
1 Prise Zimt

1 In einer großen Schüssel mit dem Elektromixer den Zucker und 60 g Butter etwa 10 Min. schlagen, bis der Teig leicht und luftig ist. Mehl, Ei und Vanilleessenz gut einarbeiten. Aus dem Teig eine Kugel formen, einwickeln und 1 Std. in den Kühlschrank legen. (Oder 30 Min. ins Gefrierfach.)

2 In der Zwischenzeit die Walnüsse mahlen und in einer kleinen Schüssel mit den Mohnsamen, Honig, Orangenschale, Zimt und der restlichen Butter gut vermengen. Beiseite stellen.

3 Auf einem nichthaftenden Backpapier mit dem bemehlten Wallholz den Teig 25 x 20 cm groß rechteckig auswallen. Mohnsamenmischung darüber streichen. Nun längsseits den Teig aufrollen. Einwickeln und 1 Std. in den Kühlschrank oder 30 Min. ins Gefrierfach legen, bis der Teig sich gut schneiden läßt.

4 Ofen auf 190 Grad vorheizen; Gas 5. Mit einem scharfen Messer den Teig in 5 mm dicke Rädchen schneiden und sie, 1 cm auseinander, auf ein ungefettetes Backblech legen.

5 Etwa 10–15 Min. backen, bis sie leicht braun sind. Zum Abkühlen auf ein Gitter legen. Dann luftdicht aufbewahren.

Die Mohnsamen ziehen in Spiralen durch die knusprigen, nussigen Plätzchen.

Windmühlen

etwa 36 Stück
etwa 3 1/2 Std. Zubereitungs- und Backzeit

300 g Mehl
225 g feiner Rohzucker
120 g weiche Butter
1/2 TL Natron
1 Ei
45 g Walnußkerne, gehackt

1 In einer großen Schüssel mit dem Elektromixer alle Zutaten außer den Nüssen zu glattem Teig verarbeiten.

2 Von Hand eine Kugel formen, einwickeln und 1 Std. in den Kühlschrank legen, oder 30 Min. in den Gefrierschrank.

3 Ofen auf 180 Grad vorheizen; Gas 4. Ein großes Backblech einfetten. Auf einer leicht bemehlten Fläche mit dem bemehlten Wallholz ein Drittel des Teiges 3 mm dick auswallen, den Restteig im Kühlen lassen. Mit einem bemehlten, 8 cm großen Ausstecher Rondellen schneiden und sie 2,5 cm auseinander auf das Blech legen. Mit dem Messer vier Schnitte von der Kante bis fast zur Mitte ziehen. Die linke Ecke eines jeden Viertels gegen das Zentrum falten und andrücken. Die Windmühlräder mit den gehackten Nüssen bestreuen.

4 In 10–12 Min. golden backen. Die Windmühlen auf Gitter legen. Den restlichen Teig ebenso aufarbeiten. Luftdicht aufbewahren.

Weihnachtliche Pfefferkuchen

etwa 24 Stück
können 1 Woche zuvor zubereitet und luftdicht aufbewahrt werden

75 ml dunkler Sirup (evtl. Melasse)

60 g dunkler Rohzucker

60 g weiche Butter

3/4 TL Natron

1/4 TL Allspice (McCormik)

1/4 TL Zimtpulver

1/4 TL Nelkenpulver

1/4 TL Ingwerpulver

1 Ei

etwa 325 g Mehl

Spritzglasur (siehe Kasten rechts)

1 In einer großen Schüssel Melasse, braunen Zucker, Butter, Natron, Allspice, Zimt, Nelkenpulver, Ingwerpulver, Ei und 100 g Mehl etwa 2 Min. mit dem Elektromixer zusammen schlagen. Mit einem Holzlöffel soviel Mehl dazuarbeiten, daß ein fester Teig entsteht. Zur Kugel formen und einwickeln. Den Teig entweder sofort verarbeiten oder kühlstellen und innerhalb zwei Tagen verwenden.

2 Ofen auf 180 Grad vorheizen; Gas 4. Auf einer leicht bemehlten Fläche mit dem bemehlten Wallholz die Hälfte des Teiges 3 mm dick auswallen.

Spritzglasur

In einer großen Schüssel *450 g Puderzucker, gesiebt, 5 EL warmes Wasser und 2–3 EL Eiweiß-Puder* mit dem Elektromixer mischen. So steif schlagen, daß ein durch die Masse gezogenes Messer einen sichtbaren Strich hinterläßt. Braucht man die Glasur nicht sofort, die Schüssel mit einem feuchten Tuch oder einer Sichtfolie bedecken.

3 Mit etwa 8 cm großen beliebigen Ausstechern soviele Plätzchen als möglich ausstechen. Dann etwa 1 cm auseinander auf ein ungefettetes Backblech legen.

4 Die Bisquits etwa 12 Min. backen, bis die Ränder fest sind. Auf einem Gitter abkühlen lassen. Den restlichen Teig ebenso aufarbeiten.

5 Will man die Plätzchen nicht sofort verzieren, wickelt man sie ein, etikettiert sie und legt sie ins Gefrierfach.

6 Die Spritzglasur zubereiten, in einen Dressiersack füllen und mit der 3-mm-Tülle die gewünschten Linien und Muster anbringen. Etwa 1 Std. trocknen lassen.

Weihnachtsbaum

Glitzerstern

Schaukelpferd

Weihnachtsmann

Rentier

Pinoli

16 Stück
etwa 2 1/2 Std. Zubereitungs- und Backzeit

120 g Mehl
75 g weiche Butter
50 g Zucker
4 EL Golden Sirup
1 Ei
90 g Pinienkerne

1 Ofen auf 180 Grad vorheizen; Gas 4. In einer mittleren Schüssel Mehl, 60 g Butter und 40 g Zucker von Hand verarbeiten, bis der Teig glatt ist und gut zusammenhält.

2 Den Teig in 16 Stücke teilen. Mit jedem Stück von Hand ein Förmchen von etwa 4,5 cm auskleiden.

3 In einem kleinen Topf über schwacher Hitze die restliche Butter schmelzen. Vom Feuer ziehen und den Golden Sirup, das Ei und den Rest Zucker einrühren.

4 In jedes Förmchen einige Pinienkerne streuen.

5 Die Sirupmischung darübergeben. Die Pinoli etwa 25 Min. backen, bis die Kanten braun sind und die Füllung innen trocken ist.

6 Etwa 5 Min. abkühlen lassen, mit einem breiten Messer lösen und zum Abkühlen auf ein Gitter setzen.

Haselnuß-Hörnchen

etwa 18 Stück
etwa 2 Std. Zubereitungs- und Backzeit

15 g geschälte Haselnüsse
90 g Mehl
60 g weiche Butter
30 g Puderzucker, gesiebt

1 Ofen auf 200 Grad vorheizen; Gas 6. Die Haselnüsse auf ein kleines Backblech schütten. Etwa 8 bis 10 Min. rösten, bis sie leicht braun sind. Aus dem Ofen nehmen und die Hitze auf 180 Grad, Gas 4, zurückstellen. Haselnüsse fein hacken.

2 In einer großen Schüssel Mehl, Butter und Puderzucker verarbeiten und die Haselnüsse dazugeben. Alles von Hand gut kneten, bis der Teig zusammenhält. (Falls die Mischung zu krümelig wird, etwa 1 Eßlöffel Wasser dazukneten.)

3 Den Teig in 1 cm breite und 4,5 cm lange Hörnchen formen. (Etwa 2 Teelöffel Teig für jedes.) Dann legt man die Hörnchen etwa 2,5 cm voneinander aufs ungefettete Backblech.

4 10 Min. backen, bis sie leicht braun sind. Zum Abkühlen auf ein Gitter legen. Luftdicht aufbewahren.

Gefrorene Süßspeisen

217–240

Gefrorene Süßspeisen

Im Sommer wie im Winter erfreuen die kühlen, cremigen Eisspeisen jedermanns Gaumen und Herz. Viele herrliche Torten und Bomben lassen sich aus gewöhnlicher gekaufter Eiscreme machen, so daß ihre Herstellung bedeutend leichter ist, als das Prachtwerk vermuten läßt. Besonders wenn er noch mit Minzenblätter, Fruchtstückchen oder gar schokoladenen „Kaffeebohnen“ verziert ist, bekommt sogar der einfachste Eisbecher einen vornehmen Anstrich.

Die Florida-Fruchtbecher und das Zitroneneis in Zitronenschalen eignen sich besonders für festliche Gelegenheiten. Leichter wiederum sind ein Himbeer-Sorbet oder ein Zwei-Farben-Granita, bei welchem das Kaffee-Eis mit dem Zitrussorbet elegant zusammenspielt – beide erfrischend an ganz heißen Tagen oder erleichternd nach einem üppigen Mahl. Haben Sie aber Lust nach etwas besonders Kreativem, dann wagen Sie sich an die Haselnuß-Eistorte, deren Lagen aus Mokka- und Schokoladecremen bestehen und die von knusprig gerösteten Haselnüssen bedeckt ist. Ganz hervorragend und als Krönung eines Festes steht die Fondant-Eispastete da, eine Luxusverbindung von Vanille- und Schokolade-Eiscreme mit einer reichen, weichen Fondant-Füllung und dies alles auf eine Walnußkruste aufgebaut.

Köstlich!

Inhalt

Gefrorene Süßspeisen

Nichts kann eine Eiscreme, gefrorenen Joghurt oder ein Sorbet als Sofort-Süßspeise übertreffen: Man braucht sie nur aus dem Gefrierfach zu holen, zu essen und sich daran zu erfreuen. In diesem Kapitel werden Sie alle Ihre Vorlieben finden und erst noch mit Rezepten, die selbst Spezialitäten erschwinglich werden lassen, wie gefrorene Torten und ähnliches. Beim Tiefkühlen ist es wichtig, das Gefrorene gut einzupacken, damit die Qualität nicht unter zu starker Kristallisation leidet. Dann aber lassen sich die schönsten Dinge rasch und mit Eleganz servieren und zur unerwarteten Krönung eines Festes machen.

Kastanien-Eis

6 Portionen
etwa 15 Min. Zubereitungszeit + Gefrierzeit

300 ml Doppel-oder Schlagsahne
450 g ungesüßtes Kastanienpüree
120 g Zucker
2 EL Weinbrand
Dunkle Schokolade-Locken (S. 142) und Zitronenblätter zum Verzieren

1 In einer kleinen Schüssel die Sahne sehr steif schlagen. In einer großen Schüssel mit der Gabel das Kastanienpüree zerdrücken und Zucker und Weinbrand dazurühren, bis die Masse glatt ist.

2 Mit dem Schneebesen die Sahne unter die Kastanienmischung heben.

3 Diese Creme in Folien- oder gefrierfeste Ramequinförmchen gießen. Zudecken und mindestens 3 Std. tiefkühlen.

4 Vor dem Servieren etwa 10 Min. bei Raumtemperatur stehen lassen, damit das Eis leichter zu essen ist.

Die goldenen Folienförmchen geben diesem einfach zuzubereitenden Dessert ein vornehmes Aussehen.

Zum Servieren
Mit Schokoladelocken und Zitronenblättern verzieren.

Regenbogen-Torte

16 Portionen
etwa 2 Std. Zubereitungszeit + Gefrierzeit

600 ml Schokolade-Eiscreme

600 ml Minzeneiscreme mit Schokoladesplittern

600 ml Erdbeer-Eiscreme

600 ml Vanille-Eiscreme

15 Ingwerbisquits

60 g weiche Butter

425 g entsteinte Dosenkirschen, abgesiebt

60 g Walnußstücke gehackt

Mit dieser Party-Torte schummelt man ein wenig, weil nur gekaufte Eiscremes verwendet werden. Aber sie sieht trotzdem großartig aus und Ihre Gäste werden beeindruckt sein.

1 Die verschiedenen Eiscremen im Kühlschrank weich werden lassen.

2 In der Zwischenzeit die Ingwerbisquits in einem Plastikbeutel zu Krumen wallen.

3 Man kann sie auch in einem Mixer oder einer Mühle mahlen.

4 In einer 24-cm-Springform die Krumen mit der Butter vermischt auf dem Boden andrücken. Etwa 10 Min. tiefkühlen.

5 Das Schokoladeneis gleichmäßig auf dem Krumenboden verteilen und die Form wieder etwa 15 Min. ins Gefrierfach stellen.

6 Dann kommt das Minzeneis mit den Schokoladesplittern darauf und die Kirschen werden darüber ausgelegt.

7 Wieder eine Viertelstunde ins Gefrierfach, bis das Eis hart und die Kirschen leicht gefroren sind.

8 Über die Kirschen kommt eine Lage Erdbeereiscreme.

So streicht man das Erdbeereis über die Kirschenschicht.

9 Nach weiteren 15 Min. im Gefrierfach streicht man das Vanilleeis darüber und bestreut die Oberfläche mit den gehackten Walnüssen. Zudecken und an der Kälte hart werden lassen.

10 Mit einem in heißes Wasser getauchten Palettenmesser die Torte aus der Form lösen und auf eine Platte geben. Dann läßt man die Torte etwa 10 Min. stehen. Die Stücke lassen sich dann besser schneiden.

Vanille-Eiscreme mit Variationen

8–10 Portionen
etwa 30 Min. Zubereitungszeit + Gefrierzeit

4 Eier, getrennt

120 g Vanillezucker oder Zucker + 1 TL Vanilleessenz

300 ml Doppelsahne

1 In einer kleinen Schüssel die Eigelb mit dem Schneebesen glatt schlagen.

2 In einer großen Schüssel mit dem Elektromixer die Eiweiß sehr steif schlagen.

3 In den Eischnee den Vanillezucker löffelweise kräftig dazuschlagen. (Dauert etwa 10 Min.)

4 In einer großen Schüssel die Sahne steif schlagen. (Falls Sie Vanilleessenz verwenden, hier dazumischen.)

5 Die Eiweiß unter die Eigelbcreme heben und dann die geschlagene Sahne dazu.

6 Wenn Sie eine der Variationen zubereiten wollen (siehe Kasten rechts), dann fügen Sie hier die verschiedenen Zutaten bei.

7 Die Vanillemischung in einen 1,5 Liter-Behälter gießen. Zudecken und über Nacht einfrieren.

8 Zum Servieren gibt man etwas Eiscreme in individuelle Schalen und trägt sie sofort auf.

Einfache Variationen

Wenn Sie eine der folgenden Variationen machen wollen, dann verwenden Sie möglichst gewöhnlichen Zucker statt Vanillezucker (oder Vanilleessenz weglassen). Die neuen Zutaten werden eingerührt, sobald Eiweiß und Eigelb in die geschlagene Sahne eingerührt sind.

Ingwer-Eiscreme
1 TL Ingwerpulver und 120 g Ingwerwurzel in Sirup, abgesiebt und gehackt, werden in die Grundcreme gemischt.

Mokka-Eiscreme
2 Eßlöffel Kaffeepulver und 2 Eßlöffel Mokka-Likör in die Grundmasse mischen.

Zitronen-Eiscreme
Abgeriebenes und Saft von 2 Zitronen unter die Grundcreme ziehen.

Mango-Eiscreme
Eine reife Mango schälen und Stein entfernen. Das Fruchtfleisch leicht zerdrücken und unter die Grundcreme ziehen.

Passionsfrucht-Eiscreme
3 Passionsfrüchte halbieren. Fruchtfleisch mit einem kleinen Löffel herauskratzen und unter die Grundcreme mischen.

Tutti Frutti-Eiscreme
120 g kandierte Ananas, Trauben, getrocknete Aprikosen, kandierte Kirschen und Angelica in einer kleinen Schüssel über Nacht in *4 EL Weinbrand* einweichen. Dann in die Grundcreme mischen.

Schwarze Johannisbeeren-Eiscreme
3 EL Johannisbeer-Likör und 3 EL Crème de cassis der Grundcreme beimischen.

Besondere Variationen

Wenn Sie einmal die Kunst der Eiscreme-Herstellung beherrschen, kommen Sie selbst auf den Gedanken, verschiedenes auszuprobieren und fügen frisches Obst, Schokoladesplitter, Nüsse und schmelzendes Fondant der Vanillecreme bei. Hier drei Beispiele, wie Sie es machen können:

Schokolade-Eiscreme
Die Grundcreme nur mit Zucker ohne Vanille herstellen. In einer kleinen Schüssel mit dem Löffel *15 g Kakaopulver, 30 g Zucker und 3 EL siedendes Wasser* anrühren und abkühlen lassen. Diese süße Kakaopaste in die Grundcreme mischen.

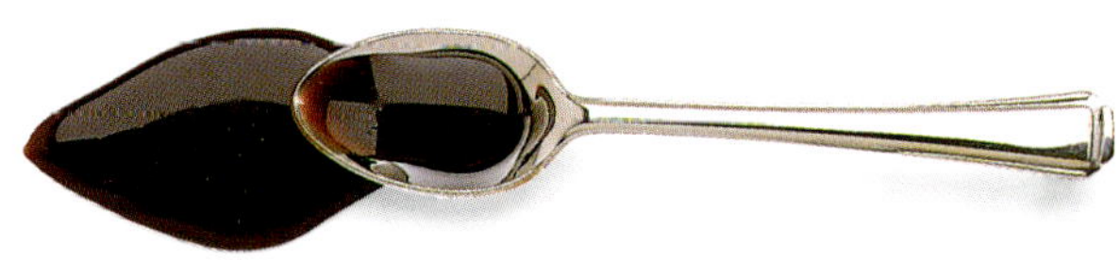

Fondantwirbel-Eiscreme
Die Grundcreme mit Zucker ohne Vanille zubereiten und gefrieren, bis sie leicht fest ist.
Inzwischen die Fondant-Sauce zubereiten: In einem schweren Topf über mittelstarker Hitze *200 g Zucker, 300 ml Doppel- oder Schlagsahne, 30 g Butter, 1 EL Golden Sirup und 120 g gehackte Schokolade* unter Rühren zum Kochen bringen. Hitze auf Mittel reduzieren. 5 Min. kochen lassen, ab und zu rühren. Topf vom Feuer ziehen und *1 TL Vanilleessenz* dazumischen.
Die Sauce abkühlen lassen und dann mit einem Löffel oder Messer die Fondantsauce rasch in die Vanillecreme einwirbeln, bis ein Marmormuster entsteht. Den Eisbehälter gut zudecken und über Nacht einfrieren. Gibt 8–10 Portionen.

Erdbeer-Eiscreme
Die Grundcreme mit Zucker ohne Vanille zubereiten. *150 ml Erdbeerpüree* kräftig daruntermischen.
Für eine Himbeer-Eiscreme verwendet man *Himbeerpüree*. Man kann auch Stachelbeer-, Pflaumen oder Rhabarber-Eiscreme herstellen und dazu *150 ml des entsprechenden Pürees verwenden*. Gibt 8–10 Portionen.

Schokolade-Eiscreme
Die Schokoladeverzierung zeigt, daß es sich um Schokoladeneis handelt. Die Ideen für die Verzierung, die man gekühlt in letzter Minute auf die Süßspeise steckt, können Sie auf Seite 101 finden.

Vanille-Eiscreme
Das hausgemachte Vanille-Eis ist überall beliebter als gekauftes. Es schmeckt so köstlich, daß man es ohne etwas servieren kann. Natürlich passen aber auch süße Saucen, Früchte, Nüsse, Honig, feine Likörs und knusprige Bisquits dazu.

Erdbeer-Eiscreme
Um einen unvergleichlichen Erdbeergeschmack zu erhalten, müssen die reifsten und saftigsten Früchte verwendet werden. Eiskugeln verschiedener Größe wirken auf dem Teller sehr attraktiv.

Fondantwirbel-Eiscreme
Die Marmorierung wird mit einer dicken Schokoladensauce in die Eiscreme hineingedreht. Elegant dazu sind die ebenfalls geringelten Bisquits.

Haselnuß-Eistorte

10 Portionen
etwa 2 1/2 Stunden Zubereitungszeit + Gefrierzeit

Haselnuß-Praliné (siehe Kasten unten rechts)
12 Eigelb
175 ml Golden Sirup
2 EL Mokkalikör
2 EL Instant-Kaffeepulver
175 g Schokolade, in Stücke gebrochen
750 ml Doppel- oder Schlagsahne
geröstete Haselnüsse zur Verzierung

1 Haselnuß-Praliné zubereiten.

2 In einer großen Schüssel mit dem Elektromixer Eigelb und Golden Sirup etwa 4 Min. schlagen, bis die Masse dicklich und hell geworden ist.

3 Die Eigelbmischung in einen großen nichthaftenden Topf gießen. Unter Rühren über kleiner Hitze etwa 30 Min. kochen, bis die Masse einen Löffel überzieht. Topf vom Feuer ziehen.

4 Zwei Drittel der Eigelbmischung in eine große Schüssel gießen.

5 In einer Tasse Kaffeelikör und Kaffeepulver vermischen und in die Eiermischung in der großen Schüssel einrühren.

6 In einer Schüssel über leicht kochendem Wasser die Hälfte der Schokolade schmelzen, bis sie weich und glatt ist.

7 Die geschmolzene Schokolade in das verbleibende Drittel der Eimischung einrühren.

8 In einer anderen großen Schüssel 600 ml der Sahne sehr steif schlagen.

9 Zwei Drittel der geschlagenen Sahne in die Kaffee-Eimischung heben. Den Rest der Sahne in die Schokolademischung geben.

10 Die Hälfte der Kaffeemischung in eine 24 cm große Springform gießen. Etwa 15 Min. tiefkühlen.

11 Dann die Schokolademischung darüberstreichen und auch in 15 Min. fest werden lassen.

12 Auf die Schokoladenlage das Haselnuß-Praliné streuen und darauf die restliche Kaffeecreme. Zudecken und mindestens 4 Std. gefrieren.

13 In einer Schüssel über leicht kochendem Wasser die verbleibende Schokolade unter Rühren zum Schmelzen bringen. Topf wegstellen. Backpapier in zwei 10 cm große Quadrate schneiden. Beide auf ein Backblech legen mit etwas Wasser, damit sie nicht verrutschen. Die geschmolzene Schokolade darauf ausstreichen und kühlstellen. Daraus werden die Dreiecke (Seite 225) geschnitten.

14 In einer kleinen Schüssel die restliche Sahne steif schlagen und in einen Dressiersack mit kleiner Sterntülle füllen.

Haselnuß-Praliné

135 g geschälte Haselnüsse grob hacken.

In einer großen Bratpfanne über Mittelhitze 60 g Zucker schmelzen und braun werden lassen. Die gehackten Haselnüsse solange darin rösten, bis sie vom Zucker überzogen sind.

Auf ein kleines Backblech schütten und abkühlen lassen. In kleine Stücke brechen.

15 Mit einem in heißem Wasser erwärmten Messer dem Innenrand der Springform entlangfahren und den Rand entfernen.

16 Die Schlagsahne in 8 „Blumen“ auf die Torten-Oberfläche setzen und Schokolade-Dreiecke dazwischen legen. Die Sahne mit gerösteten Haselnüssen verzieren.

17 Die Torte etwa 10 Min. in Zimmertemperatur stehen lassen, damit sie leichter geschnitten werden kann.

Schokolade-Dreiecke

Geschmolzene Schokolade verstreichen: *Die Backpapier-Quadrate werden mit Schokolade bestrichen. Etwa 10 Min. kühlstellen, bis sie fest aber nicht brüchig ist. Dann in Zimmertemperatur 5 Min. stehen lassen.*

Backpapier entfernen: *Das Pergament sorgfältig von den Schokolade-Quadraten lösen.*

Dreiecke schneiden: *Sorgfältig und schnell müssen die Quadrate in acht Dreiecke geschnitten werden.*

So werden die Schokolade-Quadrate in Dreiecke geschnitten.

Die Tortenoberfläche ist hübsch mit Sahne-„Blumen“ verziert, die von gerösteten Haselnüssen gekrönt werden.

Eis-Lagentorte

10 Portionen
etwa 4 Std. Zubereitungszeit + Gefrierzeit

5 Eiweiß
300 g Zucker
25 g Kakaopulver, gesiebt
60 g Mandelblättchen
1 Liter Mokka-Eiscreme
450 ml Doppel- oder Schlagsahne
30 g Puderzucker gesiebt
2 EL Kaffeelikör

1 Ein großes und ein kleines Backblech mit Backpapier belegen.

2 Mit Hilfe eines 20 cm großen Tellers zwei Kreise auf das Backpapier im großen Blech und einen Kreis auf dem kleinen zeichnen.

3 In einer großen Schüssel mit dem Elektromixer die Eiweiß sanft schlagen.

4 In das Eiweiß löffelweise den Zucker dazuschlagen, bis er geschmolzen ist, und das Eiweiß steife, glänzende Spitzen zeigt.

5 Das Eiweiß mit dem Schneebesen sorgfältig unter die Kakaomasse heben.

6 Ofen auf 140 Grad vorheizen; Gas 1. Je ein Drittel der Kakao-Meringue-Masse über einen der Kreise streichen.

7 Die Lagen etwa 1 1/4 Std. backen, bis sie knusprig sind.

8 Dann etwa 10 Min. abkühlen lassen und sorgfältig vom Backpapier lösen.

9 Auf einem Gitter ganz kalt werden lassen.

Wie man die Lagentorte aufbaut

Die Meringue-Platte mit Eiscreme bedecken: *Mit dem Palettenmesser schnell und sorgfältig die erste Meringuen-Lage mit weicher Eiscreme bestreichen.*

Die zweite Meringuen-Platte *wird sorgfältig über das Eis gelegt.*

Der Überzug aus Schlagsahne *wird gleichmäßig auf die Oberfläche und die Seiten gestrichen.*

10 Ofenhitze auf 180 Grad erhöhen; Gas 4. Die Mandelblättchen auf einem Blech ausbreiten und 10 bis 15 Min. im Ofen bräunen.

11 Die Meringue-Lagen im Gefrierfach 30 Min. tiefkühlen. Die Hälfte der Kaffee-Eiscreme aus dem Gefrierfach nehmen und für 30 Min. in den Kühlschrank legen, damit sie weicher wird.

12 Auf eine kältefeste Platte legt man die erste Meringue-Lage. Die weiche Eiscreme darüber streichen (siehe Kasten S. 226).

13 Etwa 30 Min. in das Gefrierfach stellen. In der Zwischenzeit das restliche Kaffee-Eis in den Kühlschrank stellen.

14 Die angefangene Torte aus dem Gefrierfach holen und die zweite Meringuen-Lage darauflegen (siehe Kasten S. 226).

15 Rasch das Kaffee-Eis darüberstreichen. Nun die dritte Meringuen-Platte darauflegen und das Ganze wieder für mindestens 4 Std. ins Gefrierfach stellen.

16 In einer Schüssel die Sahne mit dem Puderzucker und dem Kaffeelikör steif schlagen.

17 Die Eistorte ganz mit der Schlagsahne überziehen (siehe Kasten S. 226) und mit den gerösteten Mandeln bestreuen.

So streut man die gerösteten Mandeln auf die Torten-Oberfläche

Den seitlichen Rilleneffekt erhält man, indem man die Dressiersack-Tülle durch die Schlagsahne zieht.

18 Wieder ins Gefrierfach stellen, bis die Sahne fest ist. Das Ganze gut zudecken und bis zum Servieren tiefgekühlt halten.

Zum Servieren:
Die Torte etwa 10 Min. in Zimmertemperatur stehen lassen, damit sie leichter geschnitten werden kann.

Amerikanische Eisdrinks

Samt-Hammer

4 Portionen
vor dem Servieren zubereiten

600 ml Vanille-Eiscreme, leicht weich

2 EL Orangenlikör

2 EL Weinbrand

Orangenschnitze und -locken (siehe S. 62) zum Verzieren

1 Alle Zutaten im Mixer auf mittlerer Geschwindigkeit verrühren. Die Mischung darf recht dick sein.

2 Sofort in gekühlte Weingläser gießen und einen Halm dazugeben. Mit Orangenschnitzen und Orangenlocken verzieren.

Erdbeer-Soda

6–8 Portionen
vor dem Servieren zubereiten

300 ml Milch

300 g Erdbeeren, halb aufgetaut, geschnitten

600 ml Erdbeeren-Eiscreme

450 ml Soda-Wasser, kalt

1 Im Mixer bei hoher Geschwindigkeit Milch und Erdbeeren 15 Sekunden lang mischen. In fünf hohe Gläser gießen.

2 Eine Kugel Erdbeereis ins Glas geben und mit Sodawasser auffüllen. Sofort servieren.

Das Erdbeer-Soda wird mit einer Kugel Erdbeereis gekrönt.

Milch und Erdbeeren werden sehr weich miteinander verbunden.

Samt-Hammer sieht kühl und elegant aus mit Orangenschnitzen und Orangenlocken am Glasrand

Dekorationen für Eisdrinks

Eine hübsche Dekoration auf dem Drink oder am Glasrand trägt viel zur Attraktivität für Auge und Gaumen bei. Frische grüne Kräuter und Obstschnitze passen gut zu fruchtigen Drinks, während eine „Kaffeebohne“ aus Schokolade sich besser zum Schokolade- oder Mokkageschmack fügt.

Minzenzweig

Sternfrucht-Scheibe

Schokolade-„Kaffeebohne“

Schwarze Kuh

1 Portion
vor dem Servieren zubereiten

150 ml Cola

Vanilleeis-Kugel

1 In ein kaltes Glas die Cola gießen.

2 Eine großzügig bemessene Kugel Vanilleeis hineingeben. Mit einem Strohhalm oder langstieligen Löffel servieren.

Die „Schwarze Kuh" ist in Amerika sehr populär. Sie wird auch als Schokoladedrink mit weißer Eiscreme serviert.

Die leicht weiche Eiscreme-Kugel bildet einen köstlichen Schaum auf dem sodahaltigen Getränk.

Mokka-Floß

1 Portion
vor dem Servieren zubereiten

1 TL trinkfertiges Schokoladepulver

3/4 TL Instant-Kaffeepulver

1/2 TL Zucker

Sodawasser, gekühlt

2 kleine Schokoladeeis-Kugeln

1 In einem 300-ml-Glas die ersten drei Zutaten verrühren. Langsam mit Soda dreiviertelvoll auffüllen. Rühren, bis sich der Zucker gelöst hat.

2 Das Schokoladeeis ins Glas geben. Mit einem langstieligen Löffel oder Halm servieren.

Schokolade-Eiscreme paßt gut zu Schokolade- oder Mokka-Drinks.

Florida-Früchtebecher

12 Portionen
etwa 20 Min. Zubereitungszeit + Gefrierzeit

600 ml Joghurt

3 EL flüssiger Honig

Abgeriebenes 1 kleinen Zitrone

300 g frische Früchte (halbierte Erdbeeren, Pfirsichschnitze, Nektarinenschnitze, Blaubeeren, Himbeeren)

Verzierung: Zitronenblätter, halbierte Erdbeeren, Blaubeeren, Himbeeren und Nektarinenschnitze

1 In jedes Förmchen des Bleches einen Papierbecher legen.

2 Joghurt in eine große Schüssel gießen. Den Honig und das Zitronenabgeriebene dazugeben. (Der Honig verhütet ein Auskristallisieren des Joghurts.) Alles mit dem Schneebesen gut verrühren. 175 g Früchte hineinmischen.

3 Den Früchtejoghurt in die Papierbecher löffeln. Noch einige Früchte darauflegen, damit sie fürs Auge sichtbar bleiben.

4 Das Formenblech zudecken und etwa 3 Std. gefrieren.

5 Anschließend sorgfältig die Papierhüllen entfernen.

Die Rillen des Papierbechers wirken als hübsche Dekoration.

6 Die Früchtebecher etwa 10–15 Min. bei Raumtemperatur stehen lassen. Sie sind dann leichter zu essen.

Zum Servieren
Jede Portion mit Zitronenblättern, Erdbeer-Hälften, Blaubeeren, Himbeeren und Nektarinenschnitzen garnieren.

Arktische Himbeerrolle

8 Portionen
etwa 2 1/2 Std. Zubereitungszeit + Gefrierzeit

100 g selbsttreibendes Mehl
120 g Zucker
15 g Kakaopulver + etwas zum Bestreuen
4 Eier
300 ml Vanille-Eiscreme
300 ml Himbeer- oder Erdbeer-Eiscreme

1 Ofen auf 220 Grad vorheizen; Gas 7. Eine 33 x 23 cm große Backform mit Backpapier auslegen.

2 In einer kleinen Schüssel Mehl, 60 g Zucker und 15 g Kakaopulver gleichmäßig mischen.

3 In einer großen Schüssel mit dem Elektromixer die Eier mit dem restlichen Zucker schlagen, bis die Masse dick und zitronenfarben ist.

4 Die Eiermischung sorgfältig unter das Mehl ziehen.

5 Die Mischung in die Form streichen und etwa 12 Min. backen, bis die Oberfläche beim Berühren elastisch ist.

6 Ein sauberes Tuch mit Kakaopulver bestreuen. Den fertiggebackenen Teig sofort aufs Tuch legen. Das Backpapier sorgfältig abziehen. Eventuell die harten Kanten abschneiden. Den Teig mit Hilfe des Tuches aufrollen. Mit der Naht nach unten auf einem Gitter kalt werden lassen.

7 Die Eiscremen in den Kühlschrank stellen, damit sie weich werden. Die Rolle wieder sorgfältig öffnen und je eine der Eiscremen auf eine Hälfte streichen.

Verschiedene Eisarten
Man kann die Rolle natürlich auch mit anderen Eiscremen füllen, oder man kann Früchte in das Eis mischen. Erdbeermark in Erdbeereis oder Himbeermark in Himbeereis. Gleich nachdem das Eis in Schritt 7 weich geworden ist, mischt man 150 ml pürierte, mit Puderzucker gesüßte Erdbeeren oder Himbeeren dazu.

8 Wieder wie vorher aufrollen, nur ohne Tuch.

9 Die Eisrolle, Naht nach unten, auf eine gefrierfeste Platte legen und mindestens 4 Std. tiefkühlen.

Zum Servieren
Die Eisrolle muß etwa 15 Min. in Raumtemperatur stehen, damit sie leichter zu schneiden ist.

Zitroneneis in Zitronenschalen

6 Portionen
etwa 45 Min. Zubereitungszeit + Gefrierzeit

6 große Zitronen

1 EL Gelatinepulver

200 g Zucker

Der Länge nach wird ein Zitronenteil abgeschnitten, damit man tiefe Schalen erhält.

Die Knoten aus Zitronenstreifen sind eine hübsche Verzierung

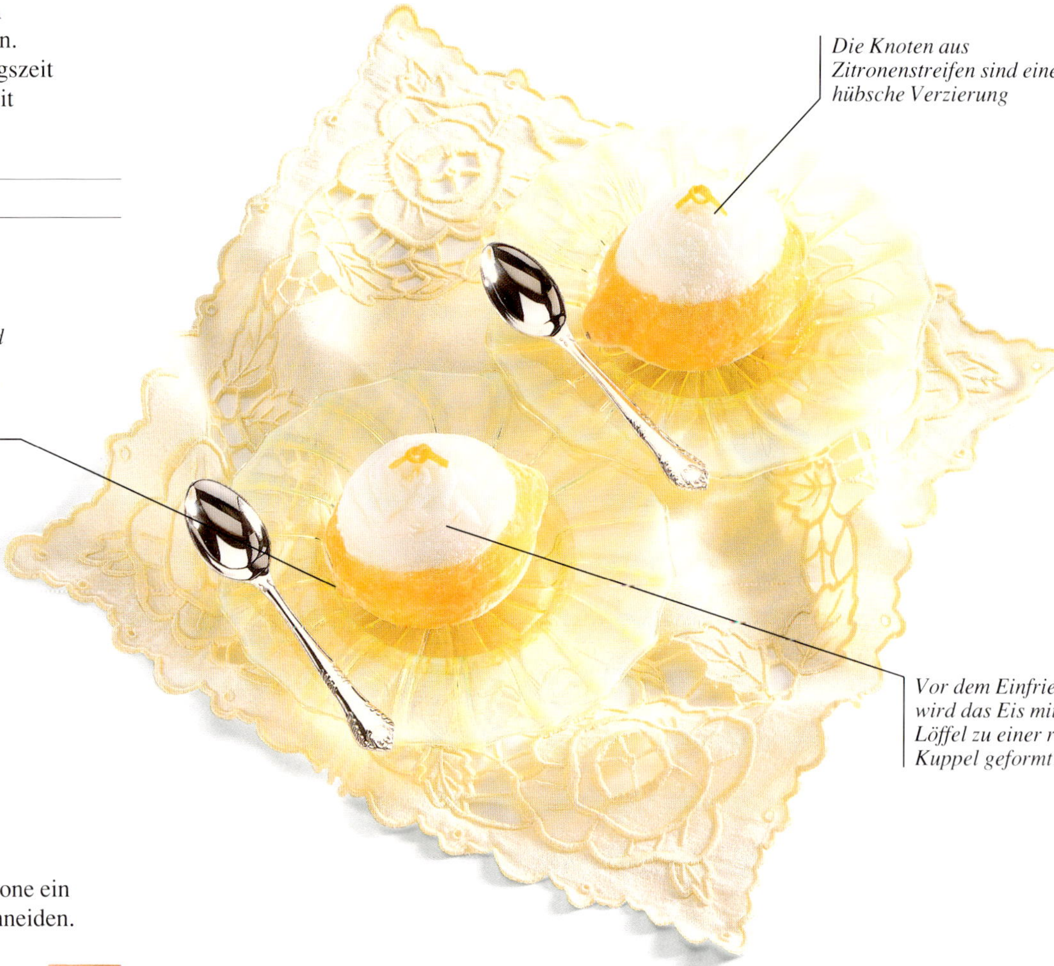

Vor dem Einfrieren wird das Eis mit einem Löffel zu einer runden Kuppel geformt.

1 Von jeder Zitrone ein Drittel wegschneiden.

2 Von den weggeschnittenen Teilen 6 feine Streifen Zitronenschale abziehen, einwickeln und in den Kühlschrank legen für die Verzierung.

3 Aus den großen Zitronenteilen 175 ml Saft abpressen. Alle Häute und Membrane aus der Schale entfernen.

4 Zitronen unten etwas flach schneiden, damit sie besser stehen. Die Schalen in einen Plastikbeutel legen und bis zum Füllen in den Kühlschrank legen.

5 In einem mittleren Topf das Gelatinepulver mit 550 ml Wasser verrühren. 1 Min. warten, damit die Gelatine weich wird. Dann über Mittelhitze unter Rühren erwärmen, bis sich alles gelöst hat. Topf vom Feuer nehmen und Zitronenabgeriebenes und Saft einrühren.

6 Die Zitronenmischung in eine 23 cm große Backform gießen. Mit Sichtfolie zudecken. Etwa 2 Std. gefrieren, bis das Eis halbfest ist. Ab und zu umrühren.

7 Die Zitronenmasse in eine große kalte Schüssel geben. Mit dem Elektromixer schlagen, bis sie weich, aber noch gefroren ist.

8 Die Mischung wieder in die Backform geben und weiter 2 Std. halbfest einfrieren. Dann den Prozeß in der Schüssel wiederholen und schließlich die Masse zugedeckt im Gefrierfach ganz fest werden lassen.

9 Mit einem Löffel schöpft man das fertige Eis in die Zitronenschalen.

10 Jeden der 6 Zitronenstreifen knüpft man zu einem losen Knoten und schmückt damit das Eis. Entweder serviert man die Zitronen sofort oder man legt sie bis zum Gebrauch, gut verpackt, ins Gefrierfach.

Italienischer Tartufo

6 Portionen
etwa 2 3/4 Std. Zubereitungszeit + Gefrierzeit

900 ml Vanille Eiscreme
6 Amaretti-Bisquits
2 EL Mandellikör oder Orangensaft
175 g Bitterschokolade, in Stücke gebrochen
45 g Butter
1 EL Golden Sirup
90 g Walnußstücke, geröstet

1 Die Eiscreme in den Kühlschrank stellen, damit sie langsam weich wird. Ein kleines Backblech im Gefrierfach kalt werden lasen.

2 Inzwischen legt man die Amaretti auf einen Teller und tränkt sie mit dem Mandellikör oder Orangensaft. Ab und zu umdrehen.

3 Das kalte Backblech mit Backpapier belegen. Dann nimmt man rasch mit einem Eisformer eine Kugel Vanilleeis und preßt eins der feuchten Amaretti in die Mitte.

4 Die Kugel wieder rund formen und auf das Backpapier legen. Auf diese Weise die 5 weiteren Kugeln formen und auf dem Blech etwa 1 1/2 Std. einfrieren.

5 In einem Töpfchen über leicht kochendem Wasser Schokoladestücke, Butter und Golden Sirup unter Rühren schmelzen und glatt werden lassen. Vom Feuer nehmen.

6 Das Backblech mit den Eiskugeln aus dem Gefrierfach nehmen.

7 Eine Kugel auf einem Spatel über die geschmolzene Schokolade halten und mit dem Löffel Schokolade darüber gießen, bis die Kugel ganz bedeckt ist.

8 Die Kugeln nun wieder auf das Blech legen und obendrauf sehr fest die gehackten Walnüsse anpressen.

9 Wenn alle Kugeln fertig sind, wieder für 1 Std. einfrieren.

10 Braucht man die Tartufi nicht sofort, wickelt man sie in Folie ein und kann sie bis zu einer Woche tiefgekühlt aufbewahren.

Zum Servieren

Man muß die Eiskugeln etwa 10 Min. vor dem Servieren in Raumtemperatur stehen lassen, damit sie leichter zu essen sind.

Man preßt die Walnußsplitter vor dem Einfrieren auf der Oberfläche fest, dann fallen sie beim Servieren weniger ab.

Eis-Bombe

8–10 Portionen
etwa 3 Std. Zubereitungszeit + Gefrierzeit

3 Eier
90 g Zucker, gewärmt
75 g selbsttreibendes Mehl
15 g Kakaopulver
300 ml Erdbeer-Eiscreme
600 ml Vanille-Eiscreme
3 EL Kaffeelikör
425 g entsteinte Konserven-Kirschen
300 ml Schokolade-Eiscreme
Schokolade-Bändchen (siehe Kasten rechts)
60 g Kokosnußraspel
120 g Puderzucker, gesiebt
120 g weiche Butter
1/4 TL Vanilleessenz

1 Ofen auf 220 Grad vorheizen; Gas 7. Eine 33 x 23 cm große Backform leicht einfetten und mit Backpapier auskleiden.

2 In einer großen Schüssel mit dem Elektromixer Eier und Zucker dick und zitronenfarbig schlagen. Mehl und Kakaopulver darübersieben. Mit einem Löffel in die Eimischung ziehen und diese gleichmäßig in die Backform streichen. 10 Min. backen, bis die Oberfläche beim Berühren elastisch ist. Das gebackene Bisquit sofort auf ein Gitter legen. Das Backpapier entfernen und alles gut auskühlen lassen.

3 Erdbeer- und Vanilleeis in den Kühlschrank legen, damit sie etwas aufweichen.

4 Eine mittlere Schüssel mit einer Sichtfolie auslegen. Das Bisquit in Stücke schneiden, ein großes Stück beiseite legen und die Schüssel mit dem Rest bekleiden. Mit dem Kaffeelikör bepinseln.

5 Die Hälfte der Erdbeer-Eiscreme in die Schüssel geben und ein Viertel des Vanilleeises in Haufen darüberlegen. Ein Viertel der Kirschen darauf verstreuen.

6 Nun das restliche Erdbeereis verstreichen und wieder ein Viertel Vanilleeis und ein Viertel Kirschen darübergeben. Die Mischung gut anpressen, damit keine Luftkammern entstehen. Die Schüssel für 20 Min. ins Gefrierfach stellen, damit das Eis etwas fest wird.

Dekoration für die Eisbombe

Das Band mit der Schleife auf der Eisbombe sieht ganz professionell aus und ist doch einfach herzustellen. Wenn Sie als Grundmaterial weißes Marzipan oder weiße Mandelpaste verwenden statt gelbe, werden sie eine echtere „Schokoladenfarbe" erhalten.

Schokolade-Band und -Schleife

2 TL gesiebtes Kakaopulver mit 120 g Marzipan oder Mandelpaste verkneten, bis alles gleichmäßig aussieht. Wenn die Masse gar zu hart ist, mit leicht feuchten Händen arbeiten. Doch ja nicht zuviel Wasser verwenden, da die Masse sonst zum Auswallen zu klebrig wird.
Ein *wenig Kakaopulver* auf die Arbeitsfläche sieben und die Masse mit dem Wallholz in ein Rechteck von 20 x 11 cm auswallen.
Die Kanten ausebnen und dann 8 lange Streifen von gleichmäßiger Breite schneiden. Sechs Streifen für die Schleife verwenden; Enden diagonal abschneiden. Auf der Bombe auslegen: eine Schlinge etwas größer, die andere kleiner. Die zwei restlichen Streifen etwas länger hängen lassen.

7 In der Zwischenzeit Schokolade-Eiscreme zum Weichwerden in den Kühlschrank und das übrige Vanilleeis ins Gefrierfach stellen.

8 Die Schüssel aus der Kälte nehmen und anstelle des Erdbeereises jetzt das Schokoladeeis abwechselnd mit dem Vanilleeis und den Kirschen einfüllen.

9 Das beiseite gelegte Stück Schokoladebisquit als Abdeckung über die Eiscremen legen und fest andrücken. Nun die Schüssel mit einer Sichtfolie gut verschließen und für mindestens 4 Std. ins Gefrierfach stellen.

10 Schokoladebändchen und -schleife herstellen.

Das Vanilleeis löffelweise über das Schokoladeneis geben.

11 Den Grill im Ofen aufheizen und die Kokosraspel gleichmäßig auf ein Backblech streuen. Unter Schütteln 3 Min. leicht bräunen.

12 Buttercreme zubereiten: In einer mittleren Schüssel mit dem Elektromixer Puderzucker, Butter und 2 Teelöffel heißes Wasser leicht und luftig schlagen. Die Schüsselwand ab und zu abkratzen. Vanilleessenz einarbeiten.

13 Die Eisbombe aus dem Gefrierfach nehmen. Aus der Form stürzen und die Folie abnehmen. Mit dem Palettenmesser die Buttercreme über die Bombe gleichmäßig in einzelnen Partien auftragen und sofort die Kokosnußraspel daraufpressen.

14 Wenn die Bombe ganz mit Buttercreme und Kokosnuß bedeckt ist, das Schokoladebändchen mit der Schleife anbringen. Die Bombe bis zum Gebrauch im Gefrierfach aufbewahren.

Zum Servieren
Man muß die Bombe etwa 20 Min. in Raumtemperatur stehen lassen, damit sie sich besser schneiden läßt.

Wenn die Eisbombe aufgeschnitten ist, präsentieren sich die farbigen Eiscreme-Schichten mit den Kirschen.

Melonen-Sorbet

6–8 Portionen
etwa 15 Min. Zubereitungszeit + Gefrierzeit

1 reife Cantaloupe-Melone (ca. 800 g)

Saft einer halben Zitrone

4 Eiweiß

100 g Zucker

1 Schale und Samen aus der Melone entfernen. Melone in Stücke schneiden und mit dem Zitronensaft zu Püree mixen.

2 Die Mischung in einen 1,7-Liter-Behälter gießen und zugedeckt ins Gefrierfach stellen, bis der Inhalt fest zu werden beginnt.

3 In einer großen Schüssel mit dem Elektromixer die Eiweiß steif schlagen.

4 Langsam den Zucker löffelweise in das Eiweiß einfließen lassen und weiter mixen, bis der Zucker gelöst ist und das Eiweiß glänzende, steife Spitzchen zeigt.

5 Das teilweise gefrorene Meloneneis auch in den Mixer geben. Sobald die Mischung weich ist, das Eiweiß unterheben. Die Mischung wieder in den Behälter schütten, zudecken und mindestens 3 Std. einfrieren.

6 Vor dem Servieren muß das Sorbet etwa 10 Min. in Raumtemperatur anweichen.

Farbige Melonenschnitze werden wie Windmühlenflügel um das Sorbet herumgelegt.

Für diese attraktive Zusammenstellung wurden verschieden große Eiskugeln verwendet, die auf einem mit Backpapier belegten Blech nebeneinander gefroren wurden.

Zwei-Melonen-Granita

8 Portionen
etwa 30 Min.
Zubereitungszeit
+ Gefrierzeit

200 g Zucker

4 EL Zitronensaft

1 reife Charantais- oder Gallia-Melone (ca. 900 g)

1 reife Honigmelone (ca. 900 g)

1 In einem kleinen Topf über großer Hitze bringt man den Zucker und 1/2 Liter Wasser zum Kochen. Hitze auf die Hälfte reduzieren und 5 Min. weiterkochen. Vom Feuer nehmen und Zitronensaft hineinmischen.

2 Rinde und Samen der ersten Melone entfernen. Im Mixer das Fruchtfleisch pürieren und in einen frostfesten Behälter gießen.

3 Dasselbe mit der anderen Melone ausführen.

4 Die Hälfte der Zuckermischung in jeden Behälter geben. Mit Deckeln verschließen und mindestens 5 Std. gefrieren lassen. Die Mischung ab und zu umrühren, damit sie gleichmäßig wird.

5 Die Granitas bei Raumtemperatur etwa 10 Min. stehen lassen, so daß sie etwas weich werden.

6 Mit einem Löffel Schichten von der Oberfläche kratzen, die krümelig aussehen.

7 Auf acht gekühlte Dessertteller werden die beiden Granitas verteilt.

Wassermelonen-Eis

8 Portionen
etwa 20 Min.
Zubereitungszeit
+ Gefrierzeit

900 g Wassermelone

15 g Puderzucker, gesiebt

1 1/2 TL Zitronensaft

1 Rinde und Samen der Wassermelone entfernen. Das Fruchtfleisch in mundgroße Stücke schneiden, und die Hälfte davon mit dem Puderzucker und Zitronensaft glatt pürieren.

2 Diese Mischung in einen frostfesten Behälter gießen. Die andere Melonenhälfte ebenfalls glatt pürieren und zu der anderen Mischung in den Behälter geben. Mit einem Deckel zudecken und mindestens 2 Std. gefrieren. Ab und zu umrühren.

3 Die teilweise gefrorene Eismasse wieder mixen, bis sie weich ist. Dann im Behälter mindestens 3 Std. tiefkühlen.

4 Die Eismasse in Raumtemperatur 10 Min. stehen lassen. Dann mit einem Löffel Eis von der Oberfläche abschaben, um eine „schneeartige“ Beschaffenheit zu erhalten. Auf kalte Teller verteilen.

Die „schneeartige“ Beschaffenheit erhält man, wenn man mit einem Löffel über die Oberfläche des Wassermeloneneises kratzt.

Himbeer-Sorbet

8 Portionen
etwa 20 Min. Zubereitungszeit + Gefrierzeit

500 g gefrorene Himbeeren
120 g Zucker
1 EL Gelatinepulver
4 EL Golden Sirup, aufgelöst in 4 EL heißem Wasser
5 EL Himbeerlikör
3 EL Zitronensaft
Kiwi, Papaya und frische Himbeeren

1 Die Himbeeren mit Zucker bestreuen und auftauen lassen.

2 In einem kleinen Topf das Gelatinepulver mit 250 ml Wasser anrühren und 1 Min. weich werden lassen. Dann über mittlerer Hitze unter Rühren aufkochen, bis die Gelatine ganz gelöst ist. Vom Feuer nehmen.

3 Über einer großen Schüssel mit dem Löffelrücken die Himbeeren mit dem Saft durch ein mittelmaschiges Sieb streichen. Die Kernchen im Sieb entfernen.

4 Den Golden Sirup und Zitronensaft in das Himbeerpüree einrühren und anschließend nach und nach die gelöste Gelatine, bis alles gut vermischt ist.

So mischt man die flüssige Gelatine ins Himbeerpüree.

5 Die Himbeermischung in einen frostharten Behälter gießen und etwa 2 Std. teilweise einfrieren lassen. Ab und zu umrühren.

6 Die noch nicht ganz gefrorene Mischung in den Mixer geben, bis sie weich ist. Wieder in den Behälter schütten und diesmal 3 Std. gefrieren lassen, bis das Eis fest ist.

7 Einige Kiwi-Früchte, Papaya und frische Himbeeren in individuelle Dessertschalen legen. Himbeer-Eiskugeln daneben.

Papaya und Kiwi bringen noch Extrafarbe zum roten Himbeereis.

Wie man Sorbets und Eiscremen serviert:

Damit das Eis auf dem Teller attraktiv aussieht, formt man es am besten zu großen und kleinen Kugeln. Am besten geht das, wenn man die Kugeln mit dem runden Eislöffel aus dem Behälter kratzt und auf ein gekühltes Backblech mit Backpapier

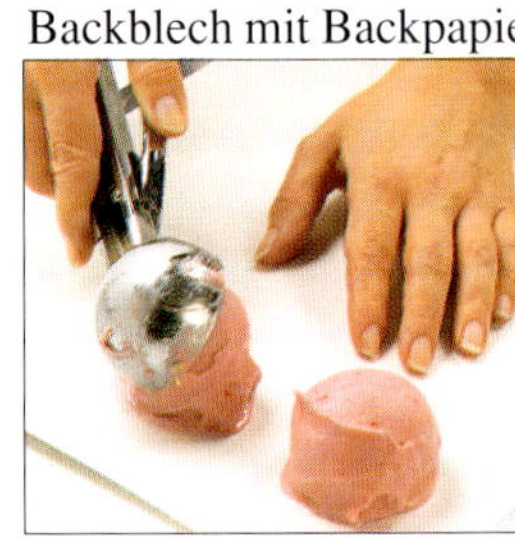

legt. Das Blech sofort ins Gefrierfach schieben, bis die Kugeln hart sind. Zum Servieren legt man das Eis in letzter Minute auf den Dessertteller.

Fondant-Eispastete

8–10 Portionen
etwa 3 Std. Zubereitungszeit + Gefrierzeit

120 g Kekse, zerkrümelt
60 g Walnußstücke, fein gehackt
60 g feiner Rohzucker
90 g weiche Butter
600 ml Vanille Eiscreme
175 g Zucker
45 g Kakaopulver
450 g Doppel- oder Schlagsahne
600 ml Schokolade- oder Mokka-Eiscreme
Schokoladelocken (S. 104) zum Verzieren

Zum Servieren: Die Pastete mindestens 15 Min. in Raumtemperatur stehen lassen, damit man sie besser in Stücke schneiden kann.

1 Ofen auf 200 Grad vorheizen; Gas 6. In einer flachgewölbten, 23 cm großen Pastetenform von Hand die Keksbrösel, Walnüsse, den Rohzucker und 75 g Butter mischen und auf dem Boden der Form andrücken. 8 Min. backen und wieder abkühlen lassen.

2 Inzwischen das Vanilleeis in den Kühlschrank stellen.

3 Sobald es etwas weich ist, auf den Krustenboden streichen und etwa 1 1/2 Std. tiefkühlen.

4 In einem nichthaftenden Topf über Mittelhitze 150 g Zucker, Kakaopulver, 125 ml Sahne und die restliche Butter unter ständigem Rühren aufkochen, bis alles glatt ist. Vom Feuer ziehen und diese Fondantmasse auf Raumtemperatur abkühlen lassen.

5 Dann über das Vanilleeis in der Form gießen.

6 Die Pastete wieder für 30 Min. ins Gefrierfach schieben.

7 Das Schokolade- oder Mokkaeis in eine mittlere Schüssel geben und in Raumtemperatur stehen lassen. Ab und zu darin rühren, bis die Masse streichfähig ist (nicht geschmolzen!). Diese Masse nun über die Fondantlage streichen, und die Pastete wieder einfrieren.

8 In einer kleinen Schüssel die Sahne mit dem restlichen Zucker steif schlagen, bis Spitzchen entstehen.

9 Mit dem Palettenmesser wird dann die Sahne gleichmäßig auf der Pastete verstrichen.

10 Mit den Schokoladelocken verzieren.

11 Die Pastete nun für mindestens 3 Std. ins Gefrierfach stellen. Will man sie nicht gleich essen, gut einpacken und an der Kälte lassen.

So streicht man die geschlagene Sahne über die Pastete.

Zwei-Farben-Granitas

Kaffee

6 Portionen
etwa 10 Min. Zubereitungszeit + Gefrierzeit

60 g Zucker

4 EL Instant-Kaffeepulver

1 In einem mittleren Topf über starker Hitze Zucker, Kaffeepulver und 750 ml Wasser unter gelegentlichem Rühren zum Sieden bringen. Hitze zurückschalten und 5 Min. weiterkochen lassen.

2 Die Mischung in einen frostfesten Behälter gießen.

3 Abkühlen lassen. Mit einem Deckel verschließen und etwa 5 Std. einfrieren. Ab und zu umrühren.

Zum Servieren:
Die Granitas im Behälter bei Raumtemperatur 10 Min. stehen lassen, damit sie leicht weich werden. Dann schabt man mit dem Löffel von der Oberfläche Eis ab, das dann krümelig aussieht. Beide Granitas in abwechselnden Lagen in Gläser füllen.

Zitrone

6 Portionen
etwa 15 Min. Zubereitungszeit + Gefrierzeit

200 g Zucker

4 große Zitronen

1 In einem mittleren Topf über großer Hitze den Zucker und 500 ml Wasser unter Rühren zum Sieden bringen. Hitze zurückstellen und 5 Min. weiterkochen lassen. Abkühlen.

2 Von den Zitronen 2 Teelöffel Schale abreiben und 175 ml Saft abpressen. Schale und Saft in den Zuckersirup einrühren.

3 Die Mischung in einen frostfesten Behälter gießen.

4 Gut zudecken und für etwa 5 Std. ins Gefrierfach stellen. Ab und zu durchrühren.

Nützliche Tips und Tricks und Basisrezepte

241–259

Süßspeisen

Die Rezepte in diesem Buch sind eingeteilt in: Mousses und Soufflés, Cremen, Meringues, Pfannkuchen und Crêpes, Frucht-Desserts, Puddings, Cakes und Kuchen, Käsekuchen, Früchtekuchen, süße Pasteten, heiße Früchte-Puddings, Kekse und Plätzchen, Gefrorenes.
Die einzelnen Kapitel enthalten sowohl einfache Alltags-Rezepte, wie auch klassische und bekannte Süßspeisen, die in ihrer Herstellung oft etwas aufwendiger sind. Auf diesen zwei Seiten finden Sie nützliche Tips und Tricks zum Zubereiten dieser Desserts.

Wie man Gelatine verwendet

Gelatine verwendet man für Mousses und kalte Soufflés.
Gelatine kann man sowohl als Pulver wie als Blatt verwenden.
2 Blätter Gelatine entsprechen 7 g oder 1 EL Gelatinepulver.

Gelatine auflösen

Damit eine Süßspeise fest wird, muß man die Gelatine in der heißen Flüssigkeit (Wasser, Milch oder Fruchtsaft) vollständig auflösen. Dies geschieht am besten in einer Schüssel oder in einem Kochtopf. Es dürfen keine sichtbaren Gelatinereste mehr vorhanden sein. Diese würden das Aussehen und/oder die Festigkeit der Masse verändern.
Um sicher zu gehen, daß sich die Gelatine vollständig auflöst, muß man die Flüssigkeit ständig rühren.
Weil sich Gelatinekörner, die sich an den Seiten der Schüssel oder des Kochtopfs festsetzen, nur schwer auflösen, muß man regelmäßig, aber nicht zu stark umrühren.
Pulvergelatine sollte nie in die heiße Flüssigkeit gegeben werden, da die kleinen Körnchen zusammenkleben und sich nicht mehr vollständig auflösen.
Gelatineblätter müssen immer in Wasser eingelegt und dann gut ausgedrückt werden, bevor man sie in die Flüssigkeit gibt.

Wie man prüft, ob sich die Pulvergelatine vollständig aufgelöst hat:
Man fährt mit dem Gummischaber durch die Flüssigkeit und dem Rand des Topfes oder der Schüssel entlang.

Wie man Gelatinespeisen stürzt

Kleine Portionen stürzt man direkt auf die Teller, auf denen man sie servieren will. Große Portionen stürzt man auf eine entsprechende Platte (wenn man die Platte vor dem Stürzen befeuchtet, kann man die Gelatinespeise leicht verschieben, falls sie nicht genau in die Mitte gefallen ist).

- Füllen Sie den Ausguß oder ein großes Becken mit warmem, nicht heißem, Wasser.
- Lösen Sie mit einem Palettenmesser die Ränder der Süßspeise sorgfältig von der Form.
- Tauchen Sie die Form bis zum Rand für ungefähr 10 Sekunden ins Wasser. Der Inhalt darf nicht flüssig werden.
- Heben Sie die Form aus dem Wasser und schütteln Sie sie leicht, um den Inhalt zu lösen.
- Legen Sie einen Portionenteller oder die Platte auf die Form.
- Drehen Sie das Ganze rasch um und heben Sie die Form sorgfältig ab.

Beigabe von Zutaten zur Gelatinemischung

Bei den meisten Rezepten muß sich die Gelatinemischung leicht festigen, bevor man weitere Zutaten beimischt. Wartet man dies nicht ab, sinken feste Zutaten (z.B. Früchte) auf den Boden der Form, Schlagsahne kann zusammenfallen. Wenn feste Zutaten beigemischt werden, soll die Gelatinemischung die Konsistenz von ungeschlagenem Eiweiß haben. So verteilen sich die festen Zutaten gleichmäßig. Mischt man Schlagsahne bei, läßt man die Gelatinemasse etwas länger festwerden. Wenn man sie vom Löffel tropfen läßt, sollte sie Häufchen bilden.
Wenn die Gelatinemasse zu fest geworden ist, stellt man die Schüssel für ungefähr 1 Min. in heißes Wasser. Man rührt hie und da um, bis die Gelatine flüssig geworden ist. Dann kühlt man die Mischung unter gelegentlichem Rühren ab.

Gelatinemischung auskühlen

Damit die Mischung fest wird, muß man sie kühlstellen. Man rührt hie und da um, so daß sie gleichmäßig geliert. Will man diesen Vorgang beschleunigen, stellt man die Schüssel in ein Becken mit Eiswasser. Öfters umrühren, bis die erwünschte Konsistenz erreicht ist. Man kann die Schüssel auch in den Tiefkühler stellen, aber auch hier öfters umrühren. Auch darf die Mischung nicht gefrieren, da sich sonst Eiskristalle bilden und die Süßspeise wässrig wird.

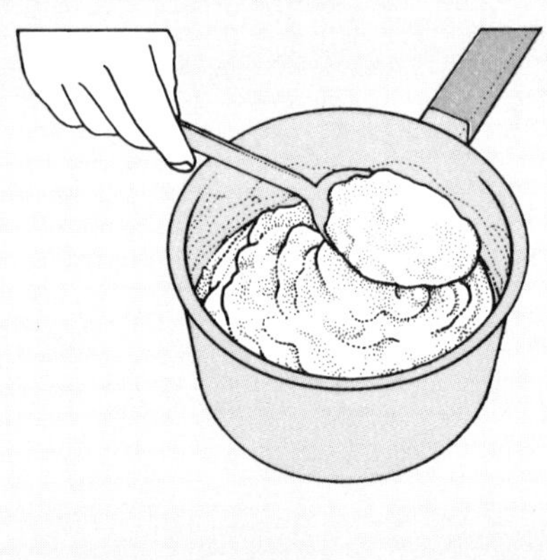

Wie man die Konsistenz der Gelatinemischung feststellt:
Lassen Sie einen Eßlöffel Mischung auf die Oberfläche tropfen, dabei sollte der kleine Hügel nicht verschwinden.

Eier: Mit Vorsicht zu behandeln

Durch rohe oder zu wenig lang gekochte Eier können Salmonellen-Bakterien übertragen werden, die eine gefährliche Krankheit verursachen. Weil dieses Problem da ist, empfiehlt es sich, einige einfache Regeln zu befolgen. Wenn Sie eine Creme kochen, beachten Sie, daß sie heiß genug wird und gut eindickt. Allerdings darf die Eimasse nicht sieden, da sie sonst gerinnt. Man muß die Eier richtig lagern und richtig kochen, mit Speisen, die viele Eier enthalten, auch richtig umgehen. Nur so kann man verhindern, daß sich die schädlichen Bakterien vermehren. Beachten Sie aus Sicherheitsgründen die folgenden Regeln:

- Kaufen Sie nur Eier, die sauber sind, eine unbeschädigte Schale aufweisen und aus einer vertrauenswürdigen Quelle stammen.
- Kaufen Sie nur so viele Eier, wie Sie gerade benötigen.
- Legen Sie die Eier gleich nach dem Einkauf an einen kühlen Ort oder in den Kühlschrank.
- Belassen Sie die Eier in ihrer Schachtel, mit der Spitze nach unten.
- Verbrauchen Sie die Eier innerhalb von einer Woche.
- Um ein Ei auf seine Frische zu prüfen, legt man es in kaltes Wasser. Schwimmt es obenauf, ist es nicht mehr frisch.
- Ist das Eiweiß dünn und verläuft leicht, stammt es von einem Ei, das nicht mehr frisch war.
- Gelangt beim Trennen etwas Eigelb ins Eiweiß, holt man es nicht mit der Eischale, sondern mit einem Löffel heraus.
- Servieren Sie Eier und Speisen, die viele Eier enthalten, möglichst rasch. Was Sie im voraus zubereiten, kühlen Sie sofort ab und verwenden es innerhalb 3 Tagen.
- Folgende Personen sollten keine rohen oder nur kurz gekochte Eier essen:
  - ältere Menschen, deren Immunsystem durch das Alter geschwächt ist,
  - Kleinkinder, deren Immunsystem noch nicht vollständig ausgebildet ist,
  - schwangere Frauen,
  - Menschen mit einem durch Krankheit oder Medikamente geschwächten Immunsystem.

Mousses

Die leichte, cremige Konsistenz bekommen die Mousses durch Eier, Cremen, Schlagsahne oder durch eine Kombination dieser drei Zutaten, die mit geschmolzener Schokolade, einem Fruchtpüree oder Nüssen gemischt werden.

Um die geschmeidige, cremige Konsistenz zu erreichen, ist es wichtig, die Zutaten so gleichmäßig wie möglich beizumischen. Am besten verwendet man dazu einen Schneebesen oder einen Gummischaber, mit dem man in Achterform sorgfältig umrührt.

Mit Eiern eindicken

Für viele Süßspeisen verwendet man Eier in Form einer Creme. Der Schlüssel zum Erfolg beim Kochen der Creme liegt in der guten Kontrolle der Kochhitze: ist sie zu hoch, gerinnen die Eier, die Creme wird klumpig und wässerig. Andererseits ist es wichtig, daß die Hitze hoch genug ist (siehe Kästchen: „Eier: mit Vorsicht zu behandeln“).

Eine Creme kochen Sie am besten in einer schweren, nichthaftenden Pfanne oder im Wasserbad. Während des Kochens rühren Sie ständig mit einem Schneebesen, bis die Masse dicklich wird. Tauchen Sie einen Metallöffel in die Flüssigkeit und heben Sie ihn hoch. Wenn nach ungefähr 15–20 Sekunden die Rückseite des Löffels nicht sichtbar wird, hat die Creme die richtige Konsistenz.

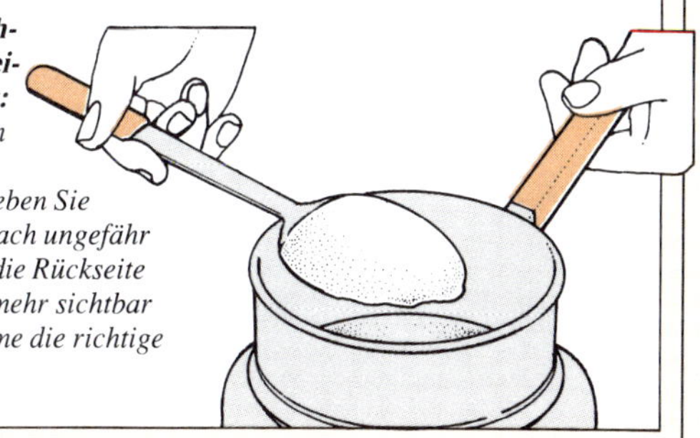

Wie man die richtige Konsistenz einer Creme prüft: *Tauchen Sie einen Metallöffel in die Flüssigkeit und heben Sie ihn hoch. Wenn nach ungefähr 15–20 Sekunden die Rückseite des Löffels nicht mehr sichtbar wird, hat die Creme die richtige Konsistenz.*

Heiße Soufflés

Hoch aufgegangene, leichte, flaumige heiße Soufflés müssen zeitlich sorgfältig geplant werden, da man sie direkt aus dem Ofen servieren muß. Sie fallen leicht zusammen, wenn sie länger als ein paar Minuten warten müssen. Doch können sowohl die Grundmasse wie das ungebackene Soufflé sehr gut im voraus zubereitet werden. Öffnen Sie jedoch den Ofen nicht vor der angegebenen Backzeit. Ein kalter Luftzug könnte das Soufflé zusammenfallen lassen.

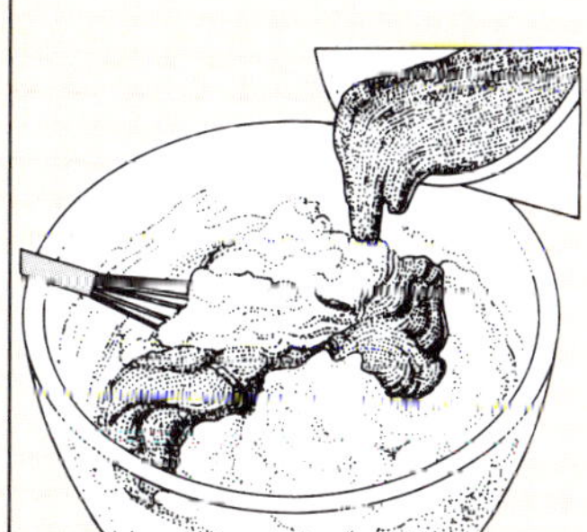

Mit dem Schneebesen zieht man die Soufflé-Mischung sorgfältig unter den Eierschnee.

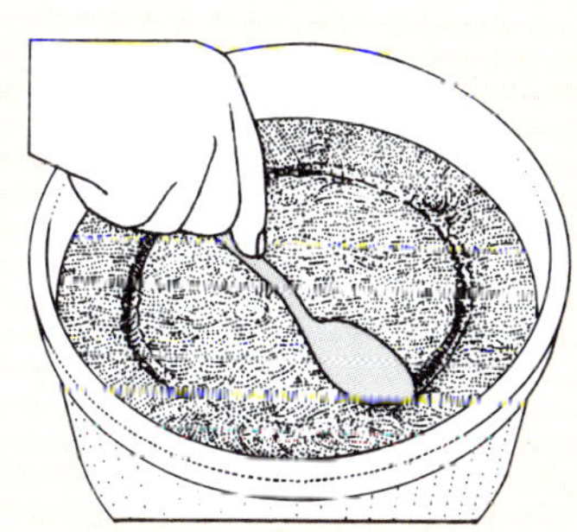

Mit dem Löffelrücken zieht man ungefähr 2 1/2 cm vom Rand entfernt eine Kerbe in die Masse. Dies ergibt die hübsche Haube auf dem Soufflé.

Saucen

Diese Rezeptsammlung von süßen Saucen ermöglicht es Ihnen, die verschiedenen Süßspeisen immer wieder anders zu servieren. Auf dieser Seite finden Sie Saucen, die den Geschmack von frischen, tiefgekühlten oder Kompottfrüchten, von Torten und anderem Gebäck, von Eisspeisen und warmen Puddings verstärken.

Schokoladesaucen

Schokolade-Sahne-Sauce

175 g Bitterschokolade, in Stücke gebrochen
125 g Golden Sirup
4 EL Sahne
15 g Butter

1 Die Schokolade zusammen mit dem Golden Sirup unter Umrühren in einer Schüssel über leise siedendem Wasser schmelzen. Die Schüssel vom Kochtopf abheben und Schlagsahne und Butter beigeben.

2 Warm über Brandteig-Gebäck oder Eis gießen.

Schokolade-Rum-Sauce

120 g Bitterschokolade, in Stücke gebrochen
3 EL Zucker
30 g Butter
1 EL Rum

1 In einer nicht-haftenden Pfanne Schokolade, Zucker und Butter mit 5 EL Wasser unter Rühren zum Kochen bringen. Bei kleinerer Hitze köcheln lassen, dabei immer rühren, bis die Masse dicklich und glatt geworden ist, was ungefähr 3 Min. dauert. Die Pfanne vom Herd nehmen, den Rum dazumischen.

2 Warm über Bananen, Eis oder Birnenkompott gießen.

Schokolade-Marshmallow-Sauce

60 g Bitterschokolade, in Stücke gebrochen
100 g Marshmallows, in kleine Stücke geschnitten
5 EL Doppel- oder Schlagsahne
5 EL Honig

1 In einer nicht-haftenden Pfanne Schokolade, Marshmallows, Sahne und Honig bei kleiner Hitze und unter ständigem Rühren schmelzen.

2 Heiß über Bananen oder Eis gießen.

Sahne- und Creme-Saucen

Schlagsahne

300 ml Doppel- oder Schlagsahne
1–2 EL Zucker
1/2 TL Vanilleessenz

1 In einer Schüssel die Sahne mit dem Zucker und der Vanilleessenz mit einem Schneebesen oder einem Elektromixer schlagen, bis sich kleine Spitzen formen. (Schlägt man zu lange, wird die Sahne zu Butter.)

2 An heißen Tagen muß man Schüssel und Geräte kühlen. Servieren Sie die Schlagsahne zu Früchten, Nußpasteten oder zu Eisbechern.

Weinbrand-Schlagsahne
Unter die geschlagene Sahne zuletzt *2 EL Weinbrand* mischen.

Schokolade-Schlagsahne
In die Schüssel *2 EL Pulver für Schokoladegetränk* (oder 2 EL Zucker und 2 EL Kakaopulver) geben. 300 ml Doppel- oder Schlagsahne dazugeben und steif schlagen wie oben beschrieben.

Kaffee-Schlagsahne
In die Schüssel *2 EL Instant-Kaffeepulver* und 2 EL Zucker geben. 300 ml Doppel- oder Schlagsahne dazugeben und steif schlagen wie oben beschrieben.

Einfache Vanille-Sauce

3 EL Zucker
450 ml Milch
1 Eigelb
1 EL Stärkemehl
1/2 TL Vanilleessenz

1 In einer nicht-haftenden Pfanne alle Zutaten außer Vanilleessenz mischen. Bei mittlerer Hitze unter ständigem Rühren erhitzen, bis die Masse an einem Löffel gut haften bleibt, was ungefähr 15 Min. dauert (nicht sieden, da sonst die Sauce gerinnt).

2 Von der Kochplatte nehmen, das Vanilleessenz einrühren. Zu Fruchtpasteten, Fruchtkuchen und -torten, zu Puddings und Kompottfrüchten servieren.

Reiche Vanillesauce

4 Eigelb
5 EL Zucker
450 ml Milch
1 TL Vanilleessenz

1 Die Eigelb und den Zucker bei ganz kleiner Hitze in einer nicht-haftenden Pfanne oder über dem Wasserbad mit dem Schneebesen gut verrühren.

2 Nach und nach Milch zugeben, erhitzen, bis die Mischung dicklich wird und an einem Löffel gut haften bleibt, was ungefähr 25 Minuten dauert (nicht sieden, da sonst die Sauce gerinnt). Vanilleessenz beimischen. Warm oder kalt zu Apfel- oder anderen Früchtekuchen oder zu gedämpften Früchten oder Kompott servieren.

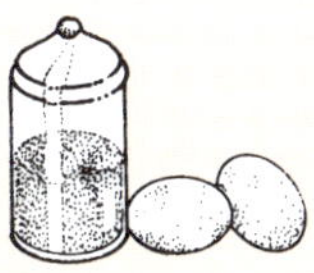

Zuckersaucen

Butterscotch-Sauce

225 g Rohzucker
125 ml Sahne
30 g Butter
2 EL Golden Sirup

1 In einer nicht-haftenden Pfanne Zucker, Sahne, Butter und Sirup bei mittlerer Hitze zum Kochen bringen, hie und da umrühren.

2 Warm zu Eis oder zu Puddings servieren.

Heiße Fondant-Sauce

300 g Zucker
125 ml Milch
5 EL Golden-Sirup
60 g Bitterschokolade, in Stücke gebrochen
15 g Butter
1 TL Vanilleextrakt

1 In einer nicht-haftenden Pfanne bei mittlerer Hitze die ersten 4 Zutaten zum Kochen bringen, ständig rühren. Erhitzen, bis das Zuckerthermometer 109 Grad zeigt oder die Masse einen 5 mm dicken Faden zieht, wenn man sie von einem Löffel rinnen läßt.

2 Vom Herd wegziehen, Butter und Vanilleessenz beimischen. Heiß zu Vanille-Eis oder zu gedünsteten Birnen servieren.

Caramel-Sauce

30 g Butter
2 EL Mehl
450 ml Sahne
165 g Rohzucker
150 g Zucker

1 In einem Kochtopf bei mittlerer Hitze die Butter schmelzen, das Mehl einrühren.

2 Die Sahne nach und nach beifügen, ständig rühren. Kochen, bis die Mischung dicklich wird.

3 Den Rohzucker und den gewöhnlichen Zucker beigeben. Warm servieren oder zugedeckt erkalten lassen. Paßt zu Bananen, Äpfeln oder Vanille- oder Schokolade-Eis.

Praline-Sauce

225 g Rohzucker
125 ml Golden Sirup
15 g Butter
60 g Pekan- oder Walnüsse, fein gehackt

1 In einem kleinen Kochtopf alle Zutaten außer den Nüssen zusammen mit 2 EL Wasser erhitzen, bis der Zucker sich aufgelöst hat. Nüsse beifügen.

2 Heiß zu Reispudding, Eis oder Waffeln servieren.

Weinbrand-Butter

120 g Puderzucker, gesiebt
90 g Butter, weich
2 EL Weinbrand

1 In einer Schüssel mit einem Elektro-Mixer die Butter mit dem Puderzucker schaumig rühren. Weinbrand beigeben.

2 In ein kleines Gefäß geben und tiefkühlen, wenn man die Butter nicht sogleich braucht. Zu heißer Mincemeat-Pastete oder zu Christmas-Pudding servieren.

Deluxe Weinbrand-Butter
Die Butter wie oben zubereiten, zuletzt *4 EL Doppel- oder Schlagsahne* beimischen.

Rum-Butter
Anstelle von Weinbrand *Rum* verwenden.

Frucht-Saucen

Brombeer-Sauce

600 g frische oder tiefgekühlte Brombeeren
120 g Zucker
2 EL Zitronensaft

1 Beeren, Zucker und Zitronensaft in einem Kochtopf erhitzen, bis die Masse heiß ist und Blasen wirft. Hie und da umrühren. Durch ein Sieb pressen. Zudecken und erkalten lassen.

2 Zu Eis oder anderen Früchten servieren.

Kirschen-Sauce

450 g entsteinte Kirschen
4 EL Zucker

1 In einem Kochtopf die Kirschen mit 150 ml Wasser zum Kochen bringen.

2 Hitze reduzieren. Den Topf zudekken und die Kirschen ungefähr 5 Min. ziehen lassen, bis sie weich sind.

3 In der letzten Minute den Zucker beifügen. Heiß zu Pfannkuchen servieren, kalt zu Eis oder Pudding.

Pfirsich-Sauce

1 Dose Pfirsiche (400 g)
1/4 TL Mandelessenz

1 Die beiden Zutaten im Mixer pürieren.

2 Zu Eis servieren.

Himbeer-Sauce

300 g Himbeeren
1 EL Zucker

1 Die beiden Zutaten im Mixer pürieren, etwas Wasser beifügen, wenn die Sauce dünner sein soll.

2 Die Sauce mit einer Holzkelle durch ein feines Sieb passieren, um die kleinen Kernchen zu entfernen. Zu Pfirsichen, Erdbeeren oder Eis servieren.

Kompott-Sauce

3 große Nektarinen
3 große Pflaumen
125 ml Orangensaft
100 g Zucker
2 EL Weinbrand

1 Die Früchte klein schneiden, Kerne und Steine entfernen.

2 In einem mittleren Kochtopf die Früchte und den Saft während ungefähr 10 Min. bei niedriger Hitze kochen, bis sie weich sind. Von der Kochplatte nehmen.

3 Zucker und Weinbrand beimischen, rühren, bis sich der Zucker aufgelöst hat. Zu Vanille-Eis servieren.

Ahornsirup-Mandarinen-Sauce

1 Dose Mandarinen (325 g), abgetropft, klein geschnitten
175 ml Ahornsirup
30 g Butter

1 In einem mittleren Kochtopf alle Zutaten langsam erhitzen, bis die Butter geschmolzen ist.

2 Warm zu Pfannkuchen, Französisches Toasts oder Fruchteis servieren.

Melba-Sauce

75 g Johannisbeer-Gelee
300 g Himbeeren
30 g Puderzucker, gesiebt
Saft einer Zitrone

1 Das Johannisbeer-Gelee bei niedriger Hitze in einem kleinen Kochtopf erwärmen, bis es flüssig ist.

2 Zusammen mit den anderen Zutaten im Mixer mischen. Durch ein Sieb pressen.

3 Zu Eis, gedämpften Pfirsichen oder Birnen geben.

Orangen-Sauce

60 g Butter
175 g Puderzucker, gesiebt
5 EL Orangensaft
2 EL geriebene Orangenschale

1 Die Butter in einem kleinen Kochtopf bei niedriger Hitze schmelzen, Puderzucker, Orangensaft und -schale beigeben.

2 Langsam erhitzen, dabei öfters umrühren. Zu Pfannkuchen servieren.

Kuchen

Die Kuchen in diesem Buch werden im allgemeinen nach zwei Methoden hergestellt. Die meisten enthalten Butter oder Margarine, und der Teig wird in einer Teigschüssel gemischt. Anderen Kuchen, wie Bisquits oder Rouladen wird zuletzt Eischnee beigemischt, der sie leicht und luftig macht. Für welche Art Sie sich auch immer entscheiden, wenn Sie die folgenden Angaben befolgen, werden Sie mit Sicherheit in jedem Fall Erfolg haben. Lesen Sie das Rezept genau durch, bevor Sie an die Arbeit gehen. Legen Sie die Zutaten und die benötigten Utensilien zurecht, bereiten Sie die Backform vor, schieben Sie das Gitter im Backofen auf die richtige Höhe und heizen Sie den Backofen vor, wenn dies verlangt wird.

Bevor Sie anfangen

Zutaten

Für die Rezepte in diesem Buch brauchen Sie normal große Eier. Versuchen Sie nicht, die angegebenen Zutaten durch andere zu ersetzen. Das Resultat wird nicht dasselbe sein.

Maße und Gewichte

Trockene und flüssige Zutaten müssen genau gewogen und abgemessen werden. 1 EL = 15 ml, 1 TL = 5 ml. Bei trockenen Zutaten gelten gestrichene und nicht gehäufte EL und TL.

Backformen

Verwenden Sie Blechformen oder Formen mit nicht-haftendem Belag. Es gibt runde, quadratische oder rechteckige Kuchenformen. Verwenden Sie die Form, die im Rezept angegeben ist. Ausgemessen werden die Formen auf ihrer Innenseite. Bereiten Sie die Formen so vor, wie es im Rezept angegeben ist (siehe auch „Wie man Formen einfettet und auslegt“ auf Seite 248).

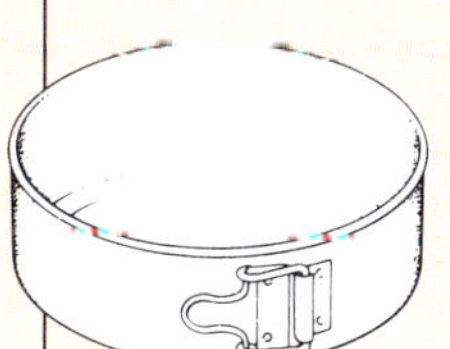

Springform: *Der Rand kann sehr leicht entfernt werden.*

Engelkuchen: *Für dieses Rezept kann eine hohe Heferingform verwendet werden.*

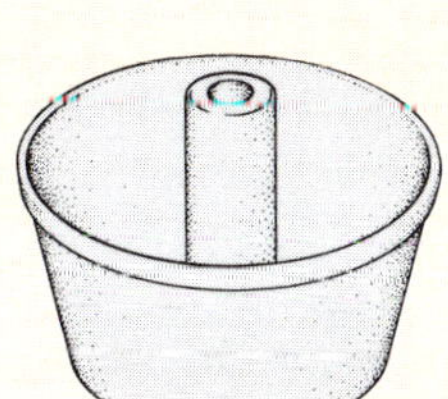

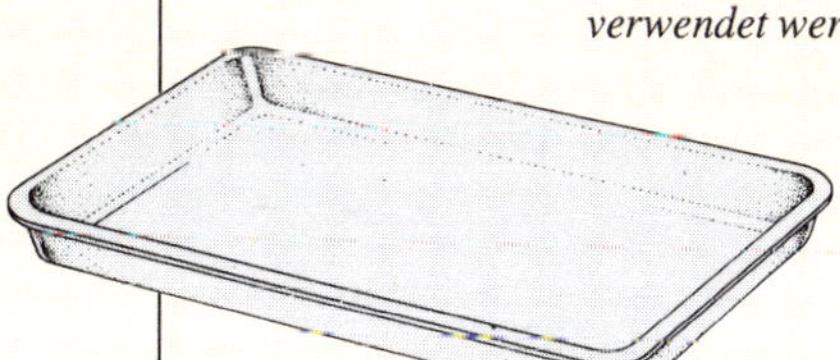

Flaches Blech für Rouladen: *Es ist rechteckig und ca. 2,5 cm tief.*

Gugelhopfform: *Mit einem gerippten Rand und einer Öffnung in der Mitte.*

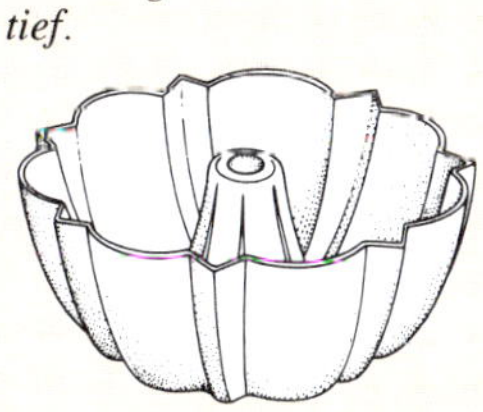

Kuchen und Torten aufbewahren und tiefkühlen

Aufbewahren

Torten mit verschiedenen Schichten, auch mit Buttercreme gefüllte und/oder glasierte Ringkuchen müssen mit einer Schüssel oder einer Kuchenform bedeckt werden, damit die Oberfläche nicht beschädigt wird. Kuchen mit Buttercreme muß man an einem kühlen Ort oder im Kühlschrank aufbewahren, damit die Butter nicht ranzig wird.

Torten, die mit Schlagsahne gefüllt oder bedeckt sind, sollen im Kühlschrank nicht länger als 1–2 Tage aufbewahrt werden. Kuchen mit Dörrfrüchten wickelt man satt in Folie ein und legt sie in einem luftdichten Behälter an einen kühlen Ort. Sie schmecken nach einigen Tagen besser. Kuchen mit sehr vielen Früchten kann man mit Wein oder Weinbrand leicht anfeuchten oder in ein mit Wein oder Weinbrand angefeuchtetes Tuch einwickeln und in eine Folie einschlagen. So kann man sie in einem gut schließenden Gefäß bis zu 2 Monaten aufbewahren. Wenn Sie es wünschen, können Sie das Tuch jede Woche wieder anfeuchten. Der Kuchen wird erst kurz vor dem Servieren glasiert und dekoriert.

Tiefkühlen

Tiefgekühlte Kuchen und Torten ergeben einen herrlichen Dessert-Vorrat. Die Kuchen müssen mit dem richtigen, für das Tiefkühlen bestimmten Material verpackt werden. Es gibt spezielle Klebebänder, die man mit wasserfesten Filzstiften beschriften kann. Die meisten Torten kann man während 4–6 Monaten im Tiefkühler lagern, Kuchen mit Trockenfrüchten bis zu 12 Monate.

Torten mit einer Glasur, mit Butter- oder Schlagsahne-Garnitur werden offen auf einem Blech in den Tiefkühler gestellt, bis die Garnitur gefroren ist. Erst dann gibt man sie in eine Tiefkühlpackung, die man mit Klebeband gut verschließt. Sie halten sich 2–3 Monate.

Frieren Sie Kuchen mit einer Konfitüre- oder Früchtefüllung nicht ein. Sie werden durchweicht, wenn man sie auftaut. Frieren Sie auch nie ungebackene Kuchenteige ein, auch keine Torten mit Füllungen, die mit Stärkemehl oder Mehl eingedickt wurden.

Tauen Sie die unglasierten oder die Kuchen mit Trockenfrüchten bei Raumtemperatur in ihrer Verpackung auf. Einfache Kuchen sind in ungefähr 1 Stunde aufgetaut, Kuchen mit Trockenfrüchten in 2–3 Stunden.

Torten mit Buttercreme oder Schlagsahne werden sorgfältig ausgepackt und gleich auf der Tortenplatte aufgetaut. So wird die Garnitur nicht beschädigt. Am besten taut man sie in 3–4 Stunden im Kühlschrank auf, wo man sie auch bis zum Servieren aufbewahrt. Tortenreste soll man zudecken und in den Kühlschrank zurückstellen.

Wie man die Backformen ausmißt

Prüfen Sie, ob Ihre Backform den Angaben im Rezept entspricht. Die Formen werden auf der Innenseite ausgemessen.

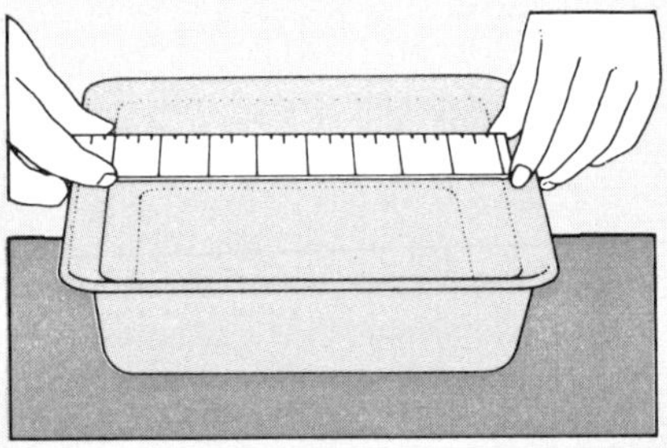

Wie man Formen einfettet und auslegt

Bereiten Sie die Form nach den Angaben in den Rezepten vor, bevor Sie mit der Teigherstellung beginnen.
Wenn die Formen eingefettet werden müssen, bestreicht man den Boden und den Rand mit weicher Butter oder Margarine. Sie können dies mit einem Pinsel oder mit einem weichen Papier tun. Für helle Kuchen oder Torten bestreut man die eingefettete Form mit wenig Mehl, für dunkle Kuchen mit durchgesiebtem Kakaopulver. Die Form schütteln, bis sie überall bedeckt ist. Dann dreht man sie um und klopft das überflüssige Mehl oder das Kakaopulver weg. Für Kuchen mit Früchten muß man die Form gut einfetten und den Boden mit einem Backtrennpapier auslegen. Wenn man zuerst die Form einfettet, verrutscht das Papier nicht.

Formen einfetten: *Mit einem Pinsel oder einem weichen Papier streicht man die Form mit geschmolzener Butter oder Margarine aus.*

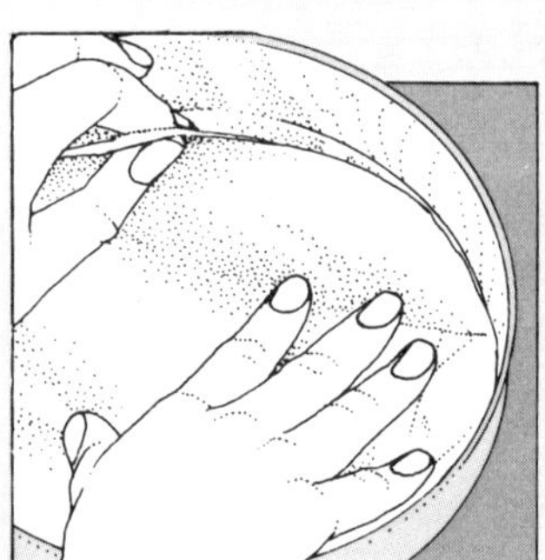

Formen auslegen: *Wenn es das Rezept erfordert, belegt man den Boden der Form mit Backtrennpapier.*

Formen bemehlen: *Für einige Rezepte muß man die eingefettete Form bemehlen. Man bestreut sie mit etwas Mehl und schüttelt und dreht sie, bis sie gleichmäßig bedeckt ist. Überflüssiges Mehl durch Klopfen entfernen.*

Wie man den Teig richtig mischt

Am besten mischt man den Teig mit einem Elektromixer und zwar so lange, wie es im Rezept angegeben ist. Mit einem Gummischaber löst man den Teig immer wieder vom Rand, damit wirklich alle Zutaten richtig untergemischt werden. Wenn Sie anstelle des Elektromixers eine Holzkelle verwenden, müssen Sie den Teig so lange bearbeiten, bis er gleichmäßig und gut gemischt ist. Große Fruchtstücke und Nüsse werden mit 1 EL Mehl vermischt, bevor man sie dem Teig beigibt. Dies verhindert, daß sie beim Backen auf den Boden der Form sinken.

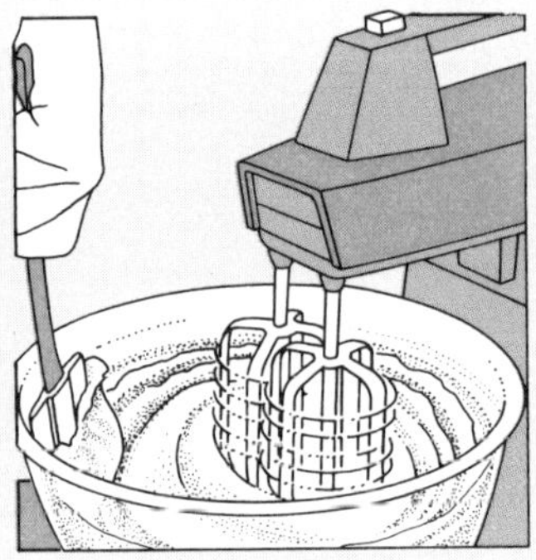

Teig richtig mischen: *Mit dem Elektromixer während der im Rezept angegebenen Zeit mischen, den Teig ständig mit einem Gummischaber vom Rand der Schüssel lösen, damit alle Zutaten richtig gemischt werden.*

Eischnee beigeben

Enthält ein Kuchen Eiweiß, wird dieses so lange geschlagen, bis der Eischnee kleine Spitzen bildet. In einer zweiten Schüssel werden die anderen Zutaten nach den Angaben im Rezept gemischt. Man hebt den Eischnee unter diese Mischung, indem man mit einem Gummischaber immer wieder durch die Mitte schneidet und dem Rand und dem Boden entlang fährt. Dabei dreht man die Schüssel um 90 Grad, bis der Eischnee gut eingearbeitet ist. Wird zulange gemischt, fällt der Eischnee zusammen.

Eischnee unterziehen: *Mit einem Gummischaber zieht man den Eischnee unter die Teigmischung.*

Formen einfüllen

Die Teigmischung in die Form gießen und diese kräftig auf dem Tisch aufschlagen oder mit dem Gummischaber mehrmals durch den Teig schneiden, um Luftlöcher zu vermeiden. Die Oberfläche mit dem Schaber glattstreichen.
Enthält der Teig Eischnee, wird er nur mit dem Gummischaber in die Form gedrückt, leicht glatt gestrichen. Erst zuletzt schneidet man mit dem Schaber durch den Teig, um auch hier Luftlöcher zu vermeiden.

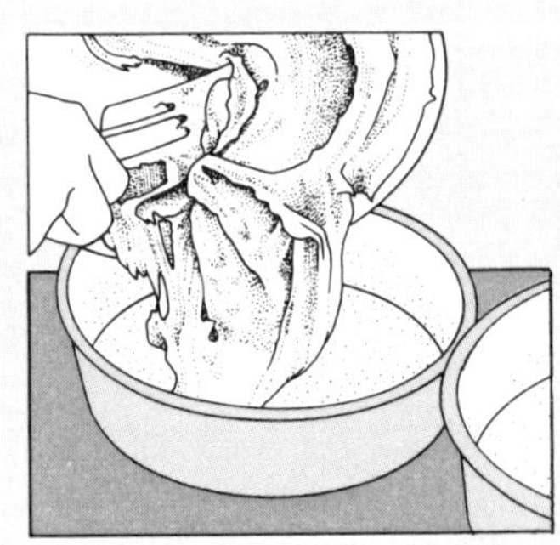

Form einfüllen: *Den Teig mit dem Schaber leicht in die Form drücken und glattstreichen.*

Grundrezepte für Torten mit mehreren Lagen

Mit den Rezepten auf dieser Seite können Sie sehr leicht viele verschiedene Süßspeisen herstellen. Die verschiedenen Schichten dieser Torten kann man mit Marmelade, Zitronencreme oder frischen Früchten und Schlagsahne füllen – es geht ganz einfach. Die Zutaten sind genau abgestimmt, so daß Sie nur die Angaben genau befolgen müssen, um ein gutes Ergebnis zu erzielen.

Viktoria-Torte

175 g weiche Margarine
175 g Zucker
3 Eier, verrührt
175 Weißmehl, selbsttreibend
1 TL Backpulver

1 Ofen auf 180 Grad, Gas 4, vorheizen.

2 Die Böden von 2 Backblechen (18 cm Durchmesser) einfetten, Backtrennpapier darauflegen.

3 Margarine, Zucker, Eier, Mehl und Backpulver in einer großen Schüssel zusammen rühren, bis sie gut gemischt sind.

4 Den Teig gleichmäßig in die beiden Bleche einfüllen, glattstreichen. Während 25–30 Min. backen. Die Oberflächen sollen goldgelb sein.

5 Stürzen Sie die Kuchen auf ein Kuchengitter und lösen Sie vorsichtig das Backtrennpapier ab. Kuchen auskühlen lassen.

Orangen- oder Zitronentorte
Die *abgeriebene Schale von 1 Orange oder 1 Zitrone* dem Teig beigeben.

Schokoladetorte
1 EL Kakaopulver in 2 EL heißem Wasser in einer großen Schüssel auflösen, auskühlen lassen und die restlichen Zutaten beimischen.

Kaffeetorte
1 gehäuften TL Instantkaffee mit den 3 Eiern mischen, bevor man diese in den Teig gibt.

Bisquittorte

4 Eier
120 g Zucker
120 g Mehl, selbsttreibend

1 Ofen auf 180 Grad, Gas 4, vorheizen. Die Böden von 2 Backblechen (20 cm Durchmesser) einfetten und mit Backtrennpapier belegen.

2 Zucker und Eier in einer großen Schüssel mit dem Elektromixer schlagen, bis die Masse dicklich und hell ist. Das Mehl sieben und mit einem Schneebesen sorgfältig unterziehen.

3 Die Teigmasse gleichmäßig in die beiden Bleche gießen. 20 Min. backen. Die Torten auf Kuchengitter stürzen und das Backtrennpapier sorgfältig ablösen.

Schokoladetorte

2 Eier
150 ml Sonnenblumenöl
150 ml Milch
2 EL Golden Sirup
150 g Zucker
190 g Weißmehl, selbsttreibend
30 g Kakaopulver
1 TL Backpulver
1 TL Natron

1 Ofen auf 170 Grad, Gas 3, vorheizen. Die Böden von 2 Backblechen (20 cm) einfetten und mit Backtrennpapier belegen.

2 Die Eier in eine große Schüssel aufschlagen, die anderen Zutaten beigeben. Während ca. 2 Min. gut mixen, bis ein glatter Teig entsteht.

3 Den Teig gleichmäßig in die beiden Bleche verteilen. 30–35 Min. backen. Die Teige sollten sich etwas vom Blechrand zurückziehen, an einem Holzstäbchen, das man in der Mitte einsticht, sollte kein Teig hängenbleiben.

4 Beide Lagen auf Kuchengitter stürzen, das Papier ablösen.

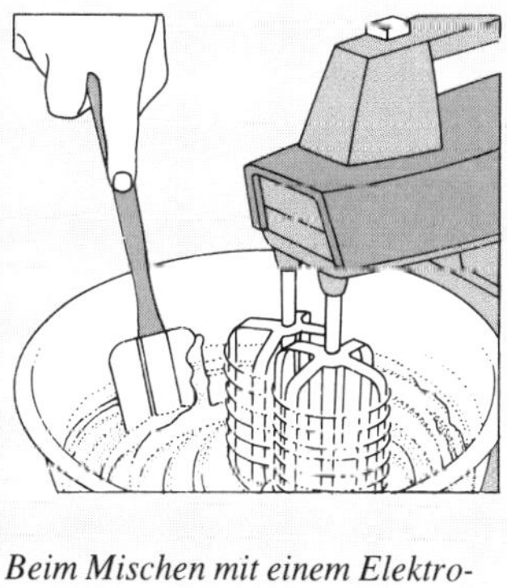

Beim Mischen mit einem Elektromixer löst man den Teig mehrmals von den Seitenwänden ab.

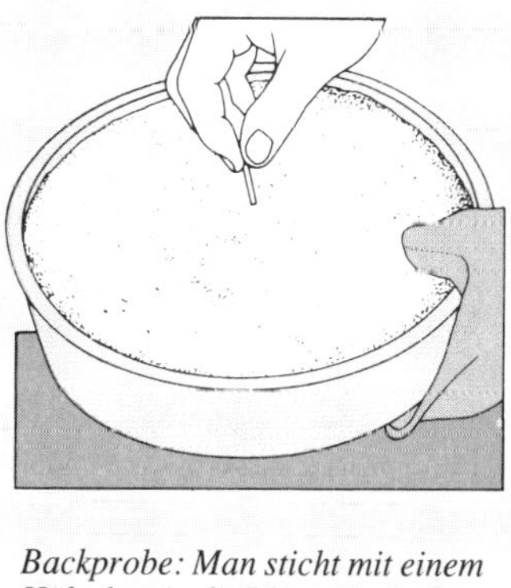

Backprobe: Man sticht mit einem Hölzchen in die Mitte. Es darf kein Teig daran hängenbleiben.

Glasuren und Überzüge

Viele Glasuren und Überzüge können im voraus zubereitet werden. Man füllt sie in ein Gefäß mit gut schließendem Deckel, damit sich keine Kruste bildet. Werden sie im Kühlschrank zu fest, läßt man sie für einige Zeit bei Zimmertemperatur stehen und rührt sie um, bis sie sich gut verteilen lassen.
Bevor man eine Torte überzieht, muß sie gut auskühlen. Mit einem Messer oder der Küchenschere schneidet man unregelmäßige Ränder ab, mit einem Pinsel wischt man lose Krümel weg. Damit die Tortenplatte sauber bleibt, schiebt man Papierstreifen unter die Tortenränder. Nach dem Glasieren kann man die Streifen leicht wegziehen. Torten mit einem Überzug aus Frischkäse, Sauerrahm oder Schlagsahne müssen bis zum Servieren im Kühlschrank aufbewahrt werden.
Die angegebenen Mengen der folgenden Rezepte reichen aus, um einen Cake von 33 x 23 cm zu überziehen oder eine Torte von 20–23 cm zu überziehen und zu füllen.

Torten glasieren: *Die Ränder der Tortenplatte mit Papierstreifen belegen.*

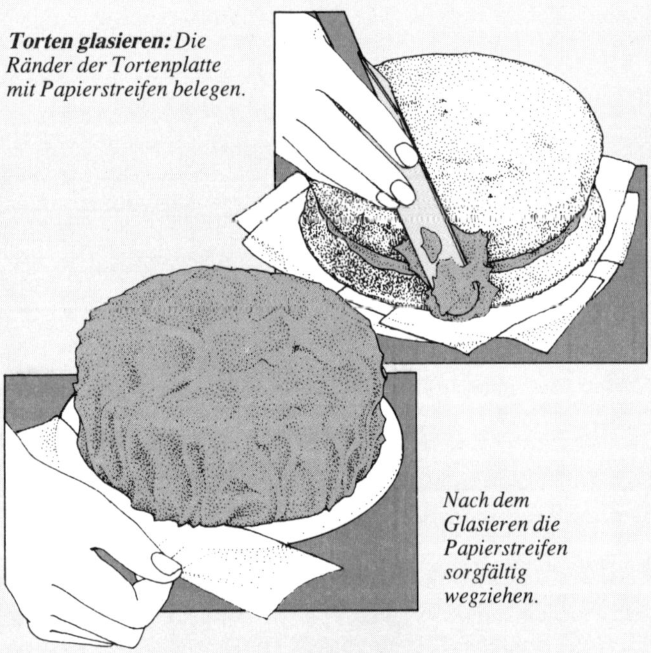

Nach dem Glasieren die Papierstreifen sorgfältig wegziehen.

Überzug mit Schlagsahne

450 ml Doppel- oder Schlagsahne
30 g Puderzucker, gesiebt
1 TL Vanilleessenz (nach Wunsch)

In einer kleinen Schüssel Sahne und Puderzucker mit einem Schneebesen oder einem Elektromixer steif schlagen. Nach Wunsch Vanilleessenz beifügen. Die garnierte Torte bis zum Servieren im Kühlschrank aufbewahren.

Techniken

Torte mit Lagen
Die erste Lage, Oberseite nach unten, auf die Tortenplatte legen. Mit Glasur oder Füllung nicht ganz bis zum Rand überziehen, bei sehr weichen Füllungen einen Rand von 2,5 cm frei lassen. Die zweite Lage auflegen, obere Seite nach oben. Die Seiten der Torte leicht mit Glasur bestreichen, um lose Krümel festzuhalten. Erst jetzt eine zweite Lage Glasur auf den Rand streichen, zuletzt die Oberfläche glasieren.

Rechteckige Cakes
Zuerst die Seiten glasieren, dann die Oberfläche. Man kann den Cake auch in der Form belassen und die Glasur nur über die Oberfläche verteilen.

Kuchen in Ringform
Zuerst die äußere Seite, dann oben und zuletzt die Innenseite glasieren.

Kleine Kuchen in Papierbechern
Die Oberfläche in die Glasur tunken, drehen, damit sie sich gut verteilt.

Überzüge
Mit einem Pinsel alle Krümel von der Oberfläche wegwischen. Den flüssigen Überzug in die Mitte gießen und über die Seiten hinunterfließen lassen. Mit einem Palettenmesser verstreichen.

Garnitur
Man kann eine sehr hübsche Garnitur erzielen, wenn man die Glasur von einem Löffel, den man hin- und herbewegt, auf die Tortenoberfläche fließen läßt.

Schokolade-Sahne-Überzug
Wie Sahne-Überzug zubereiten, aber anstelle der Vanille *2 EL Trinkschokolade-Pulver* beigeben.

Kaffee-Sahne-Überzug
Wie Sahne-Überzug zubereiten, anstelle der Vanille zusammen mit dem Puderzucker *1 TL Instantkaffee-Pulver* beigeben.

Orange-Sahne-Überzug
Wie Sahne-Überzug zubereiten, anstelle der Vanille *1 TL geriebene Orangenschale* und *1/2 TL Orangenblütenwasser* beigeben.

Pfefferminz-Sahne-Überzug
Wie Sahne-Überzug zubereiten, anstelle der Vanille *4 EL zerdrückte Pfefferminzbonbons* beigeben.

Buttercreme

450 g Puderzucker, gesiebt
300 g Butter, weich
etwas Milch

In einer großen Schüssel die Butter und den Puderzucker mit dem Elektromixer oder mit einer Kelle rühren, bis die Masse glatt ist. Evtl. Milch beifügen, wenn die Butter nicht streichfähig ist.

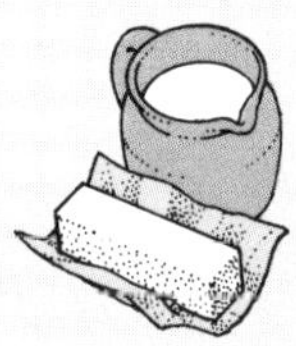

Zitronen-Buttercreme
Anstelle der Milch etwas *Zitronensaft* beifügen.

Mokka-Buttercreme
45 g Kakaopulver beifügen, die Milch durch *schwarzen Kaffee* ersetzen.

Schokolade-Sauerrahm-Glasur

175 g Bitterschokolade, in Stücke gebrochen
15 g Butter
150 ml Sauerrahm
30 g Puderzucker, gesiebt

1 Schokolade und Butter im Wasserbad schmelzen, hie und da umrühren.

2 In einer mittleren Schüssel die Schokolademasse mit dem Sauerrahm und dem Puderzucker mischen, bis die Masse glatt ist.

Frischkäse-Überzug

175 g Frischkäse, weich
2 EL Milch
225 g Puderzucker, gesiebt
1 1/2 TL Vanilleessenz

1 In einer kleinen Schüssel Käse und Milch mit dem Elektromixer mischen.

2 Puderzucker und Vanilleessenz dazugeben, nochmals mischen, bis die Masse glatt ist.

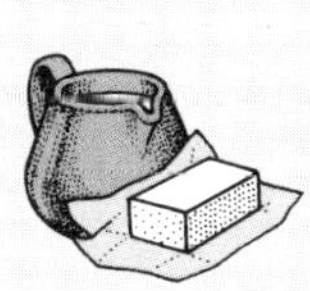

Kaffee-Frischkäse-Überzug
Zum Puderzucker *4 TL Instantkaffee-Pulver* mischen. Vanilleessenz weglassen.

Weicher Kaffee-Überzug

90 g Butter
225 g Puderzucker, gesiebt
1 EL Milch
1 EL Kaffee-Essenz
60 g fein gehackte Nüsse (Walnüsse, Pekan- oder Haselnüsse)
einige halbe Nüsse als Garnitur

1 Butter, Puderzucker, Milch und Kaffee-Essenz in eine kleine Schüssel geben.

2 Mit dem Elektromixer mischen, bis die Masse glatt und streichfähig ist.

3 Die gehackten Nüsse dazumischen.

4 Nachdem die Torte mit der Masse überzogen ist, sofort die halben Nüsse als Garnitur auflegen.

Dunkler Schokoladenüberzug

175 g Bitterschokolade, in Stücke gebrochen
30 g Butter
2 EL Golden Sirup
3 EL Milch

1 In einer nicht-haftenden Pfanne oder über dem Wasserbad bei kleiner Hitze Schokolade und Butter schmelzen. Hie und da umrühren. Vom Herd wegnehmen.

2 Mit dem Schneebesen oder einer Gabel den Sirup und die Milch unter die Masse mischen, noch warm auf die Torte streichen.

Mokka-Glasur

350 g Puderzucker
4 EL Kakao-Pulver
1 TL Instantkaffee-Pulver
1 1/2 TL Vanilleessenz

1 Puderzucker, Kakao- und Kaffeepulver in eine große Schüssel geben, gut mischen.

2 Nach und nach ca. 3 EL warmes Wasser dazugeben, bis die Glasur die richtige Konsistenz hat. Vanilleessenz dazumischen.

Schokolade-Glasur

350 g Puderzucker
2 EL Kakaopulver

1 Puderzucker und Kakaopulver in eine große Schüssel sieben, gut mischen.
2 Nach und nach ca. 3 EL warmes Wasser dazugeben, bis die Glasur die richtige Konsistenz hat.

Überzüge

Diese Rezepte reichen für einen Cake von 33 x 23 cm oder eine Torte von 20–30 cm.

Zitronen-Überzug

175 g Zucker

1 1/2 Zitronen, nur Saft

1 Saft und Zucker in einer Schüssel mischen und rühren, bis sich der Zucker aufgelöst hat.

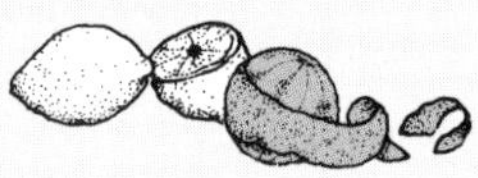

2 Diese Flüssigkeit über der warmen Torte verteilen. Durch die Wärme dringt der Zitronensaft in die Torte und macht sie herrlich feucht, während der Zucker als glänzende Kruste auf der Oberfläche bleibt.

Reicher Schokolade-Überzug

275 g Bitterschokolade, in Stücke gebrochen

2 EL Puderzucker, gesiebt

3 EL Orangenlikör

3 EL Milch

1 TL Instantkaffee-Pulver

1 Über dem leise kochenden Wasserbad alle Zutaten unter ständigem Rühren in einer Schüssel erwärmen, bis die Schokolade geschmolzen ist.

2 Die Masse so lange auskühlen lassen, bis sie die richtige Konsistenz hat. Noch warm auf der Torte verstreichen.

Einen Überzug auf die Torte streichen: *Die Torte auf ein Kuchengitter stellen, das auf einem Küchenpapier steht. Den Überzug mit einem Palettenmesser auf der Oberfläche und auf den Seiten verteilen. Überflüssigen Überzug auf das Papier tropfen lassen.*

Dekorationen

Es ist sehr einfach, eine Glasur oder einen Überzug noch weiter zu dekorieren. Um die Garnitur links unten anzubringen, stellt man die Torte auf eine Drehplatte, sofern eine solche zur Verfügung steht.

Die Spitze des Palettenmessers auf die Torte drücken, diese langsam drehen.

Mit einer Gabel längs und quer Wellenlinien in die Glasur zeichnen.

Weitere Glasuren

Es braucht nur eine kleine Menge dieser Glasuren, um einem einfachen Kuchen ein besonderes Aussehen zu geben.

Farbige Glasur

60 g Puderzucker

einige Tropfen Lebensmittelfarbe

1 Den Puderzucker in eine Schüssel sieben.

2 Nach und nach ungefähr 1 1/2 TL warmes Wasser unter ständigem Rühren beigeben, bis die Glasur die richtige Konsistenz hat. Nach Wunsch einige Tropfen Lebensmittelfarbe dazumischen.

Kaffee-Glasur
1 TL Wasser durch *1 TL Kaffee-Essenz* ersetzen.

Zitronenglasur
Das Wasser durch *Zitronensaft* ersetzen.

Likörglasur
Das Wasser durch einen *beliebigen Likör* ersetzen.

Orangenglasur
Das Wasser durch *Orangensaft* ersetzen, nach Belieben mit einigen Tropfen *Lebensmittelfarbe orange* färben.

Tortenbeläge

Diese Rezepte reichen aus, um einen Cake von 33 x 32 cm zu bedecken.

Nuß-Fondant-Belag

250 ml Doppel- oder Schlagsahne
100 g Zucker
30 g Butter
1 EL Golden Sirup
120 g Bitterschokolade, in Stücke gebrochen
200 g Nüsse, fein gehackt

1 Die ersten 5 Zutaten in einer nicht-haftenden Pfanne unter ständigem Rühren zum Kochen bringen.

2 Die Hitze reduzieren und 5 Min. unter ständigem Rühren leise kochen lassen. Die Pfanne vom Herd nehmen und ungefähr 10 Min. auskühlen, Nüsse beimischen.

3 Die Masse schnell über die Torte gießen, ein Teil davon soll auf den Seiten herunterfließen. Ca. 1 Std. kühlstellen, bis der Belag fest ist.

Praline-Kokos-Belag

120 g Butter
100 g Kokosraspel
90 g Nüsse, fein gehackt
165 g Rohzucker

1 Beginnen Sie mit der Herstellung dieses Belages ungefähr 10 Min. bevor die Torte fertig gebacken ist. In einem mittleren Kochtopf bei kleiner Hitze die Butter schmelzen.

2 Kokosraspel, Nüsse und Zucker beigeben. Den Topf vom Herd nehmen.

3 Den Belag auf der fertig gebackenen, heißen Torte verteilen, ca. 2 Min. unter den Grill stellen, bis der Belag goldgelb ist.

Gebrannter Zucker

60 g Zucker

1 In einem kleinen Kochtopf bei mittlerer Hitze den Zucker erhitzen, bis er flüssig und leicht braun ist, dabei ständig rühren.

2 Den flüssigen Zucker sofort auf ein eingefettetes Backtrennpapier gießen und erkalten lassen.

3 Mit dem Teigroller zerkleinern. Braucht man den Zucker nicht sofort, muß man ihn in einem gut schließenden Gefäß aufbewahren.

Füllungen

Jede dieser Füllung reicht für eine Torte von 20–23 cm.

Mandelfüllung

120 g geschälte, geröstete Mandeln
120 g Puderzucker, gesiebt
60 g Butter, weich
ca. 2 EL Orangensaft oder Orangenlikör

1 Die Mandeln fein reiben.

2 Mit den anderen Zutaten mischen, so viel Orangensaft oder Likör beigeben, bis sich die Masse gut ausstreichen läßt.

Vanillecremefüllung

450 ml Milch
50 g Zucker
25 g Stärkemehl
2 Eigelb
1 TL Vanilleessenz

1 In einer nicht-haftenden Pfanne alle Zutaten, außer die Vanilleessenz mischen.

2 Langsam erhitzen, bis die Mischung dicklich wird und einen Löffelrücken überzieht (ca. 20 Min., nicht sieden, weil sonst die Eigelb gerinnen). Vanilleessenz zugeben. Auskühlen lassen, dann 30 Min. an die Kälte stellen.

Zitronenfüllung

1 EL geriebene Zitronenschale
4 EL Zitronensaft
50 g Zucker
4 TL Stärkemehl
15 g Butter

1 In einem kleinen Kochtopf bei niedriger Hitze alle Zutaten außer der Butter mit 125 ml Wasser zusammen rühren, bis die Masse dicklich wird und zum Kochen kommt.

2 Die Hitze reduzieren. 1 Min. leise kochen lassen, hie und da umrühren. Vom Herd nehmen und Butter beimischen. Bei Zimmertemperatur auskühlen lassen.

Orangenfüllung
Zitronenschale und -saft durch *Orangenschale und -saft* ersetzen.

Die Teigherstellung

Mit den Tips und Tricks auf diesen Seiten können Sie Ihre ganz persönlichen Torten, Kuchen und Cakes kreieren. Wählen Sie einen Teig aus und füllen Sie ihn ganz nach Ihrem Wunsch mit Früchten, Cremen, Eis oder Mousses. Oder wählen Sie einen Pastetenteig, süß oder gesalzen, servieren Sie das Gebäck heiß oder kalt.
Die Grundrezepte für süße Pasteten finden Sie auf den Seiten 134–135, für Früchtekuchen und Törtchen auf Seite 159. Denken Sie daran: am einfachsten und schnellsten stellt man einen knusprigen Kuchenboden aus Bisquitbrösel her. Man muß ihn nicht einmal vorbacken.
Auch wenn Sie einen fertigen Teig kaufen, helfen Ihnen die folgenden Tips und Tricks.

Utensilien

Das richtige Werkzeug hilft Ihnen, einen Teig ohne Mühe und rasch herzustellen. Wir zeigen Ihnen einige davon, zum Beispiel den Teigmischer, ein nützliches Gerät, das man in guten Haushaltsgeschäften findet. Damit kann man Fett und Mehl rasch und mühelos mischen.

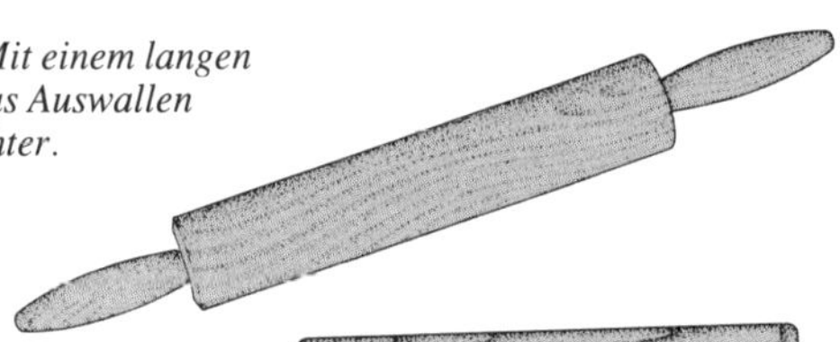

Teigroller: *Mit einem langen Gerät geht das Auswallen sehr viel leichter.*

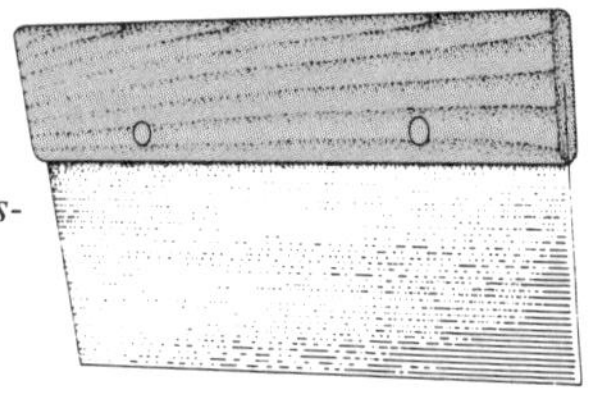

Teigschaber: *Man braucht ihn, um Teigreste, die auf der Arbeitsfläche kleben, wegzukratzen.*

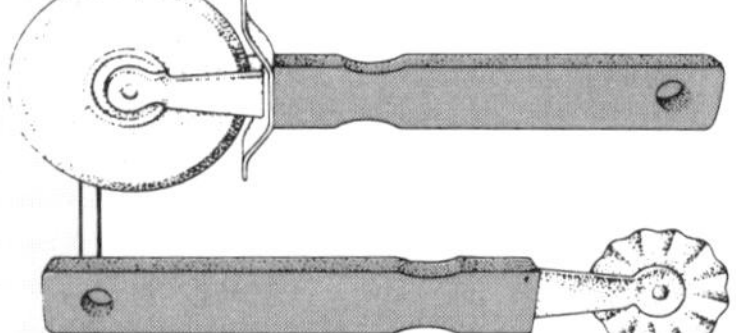

Teigrad: *Mit gerader oder gerippter Schneide und mit einem guten Griff erleichtert es das Teigschneiden.*

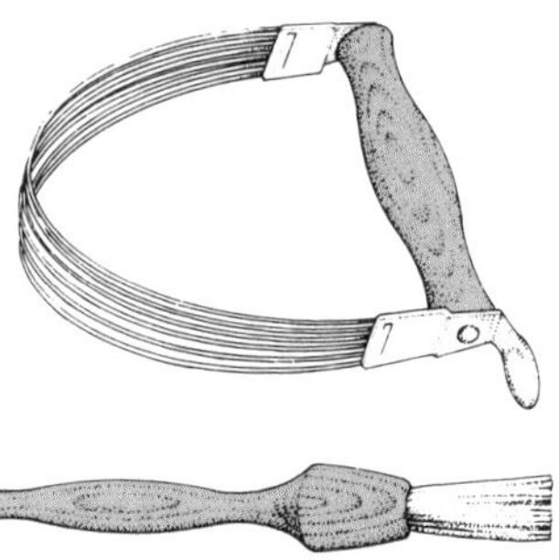

Teigmischer: *Mischt Butter oder Margarine sehr schnell mit Mehl.*

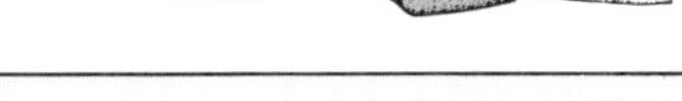

Backpinsel: *Zum Auftragen von Eigelb, Milch oder Marmelade.*

Tips zur Teigherstellung

Teig ausrollen

Den Teig rollt man mit einem bemehlten Teigroller auf einer leicht bemehlten Unterlage aus. Man drückt den Teig etwas flach und rollt ihn von der Mitte gegen die Ränder zu einem Rondell. Gegen außen hebt man den Teigroller etwas an, damit die Ränder nicht zu dünn werden. Den Teig hie und da hochheben, um zu prüfen, ob er nicht kebt. Sollte dies der Fall sein, löst man ihn mit einem Teigschaber und streut etwas mehr Mehl auf die Unterlage. Risse im Teig flickt man, indem man sie mit etwas Teig vom Rand bedeckt. Ebenso flickt man zerrissene Ränder.

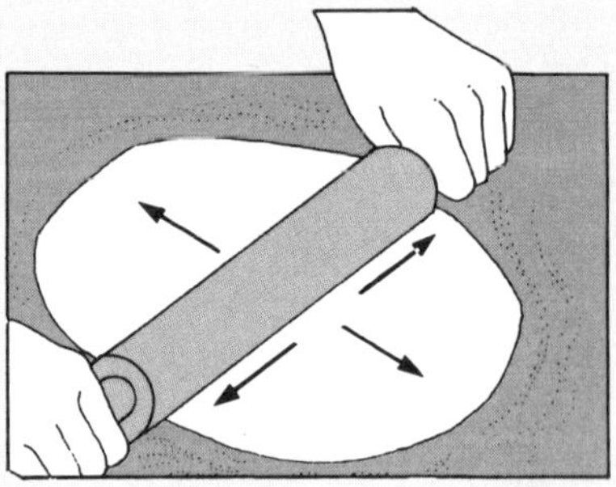

Teig ausrollen: *Teig von der Mitte her zu einem Rondell rollen. Gegen außen den Teigroller leicht anheben, damit die Ränder nicht zu dünn werden.*

Formen und Bleche mit Teig auskleiden

Will man eine gedeckte Pastete backen, teilt man den Teig in zwei Stücke, wobei das eine etwas größer sein soll. Dieses verwendet man als Boden.
Den Teig ca. 3 mm dick auswallen. Er soll 4 cm größer sein als die umgedrehte Form. Den ausgerollten Teig leicht um den Teigroller wickeln und in die Form heben. In der Form mit den Fingerspitzen den Boden und die Seiten festdrücken, dabei den Teig nicht ausziehen, da er sich sonst beim Backen zusammenzieht. Einen hübschen Rand formen (Seiten 136–137), die Pastete füllen und mit dem Deckel schließen.

Pastetenformen

Prüfen Sie, ob die Form den Angaben im Rezept entspricht. Die Formen werden von Innenseite zu Innenseite gemessen.
Pastetenformen sind auch in bezug auf ihr Fassungsvermögen verschieden. Die Rezepte in diesem Buch sind für flache Formen berechnet.
Bebuttern Sie die Formen nur, wenn es im Rezept steht. Die meisten Pastetenteige enthalten genug Fett und kleben nicht an der Form.

Blindbacken

Für verschiedene Kuchen muß man den Teigboden blind backen, das heißt ohne Füllung. Man sollte ihn nicht einstechen, wenn die vorgesehene Füllung sehr saftig ist. Nachdem man das Blech mit dem Teig ausgekleidet und einen schönen Rand geformt hat, legt man ein Backtrennpapier oder eine Folie auf den Boden und gibt je nach Rezept Reiskörner oder getrocknete Bohnen darauf. In dem auf 220 Grad/Gas 7 vorgeheizten Ofen während 10 Minuten backen. Das Papier mit den Bohnen/dem Reis entfernen und den Kuchenboden weiterbacken, bis er goldgelb ist. Reis oder Bohnen werden ausgekühlt in einer Dose aufbewahrt und wieder als Füllung, jedoch nicht zum Kochen gebraucht.

Mit getrockneten Bohnen oder Reis beschwert man den Teigboden beim Blindbacken

Vorsorge beim Backen von Fruchtkuchen

Hie und da kocht der Saft von sehr reifen Früchten beim Backen über den Rand des Kuchenblechs hinaus und tropft auf den Boden des Backofens. Wenn Sie dies befürchten, schneiden Sie eine Alufolie von 30 cm Seitenlänge zu, biegen die Kanten um ca. 1 cm nach oben und legen die Folie auf ein Gitter unterhalb Ihres Kuchens. So wird der überkochende Saft aufgefangen und verkohlt nicht auf dem Boden Ihres Backofens.

Glänzen und Backen von gedeckten Kuchen

Damit der Deckel des Kuchens schön glänzt, bestreicht man ihn vor dem Backen mit Milch, unverdünnter Kondensmilch oder leicht geschlagenem Eiweiß. Nach Belieben mit Zucker bestreuen. Wenn die Ränder oder der Deckel zu schnell braun werden, bedeckt man sie für die letzten 15 Min. mit Alufolie, die man in Streifen schneidet.

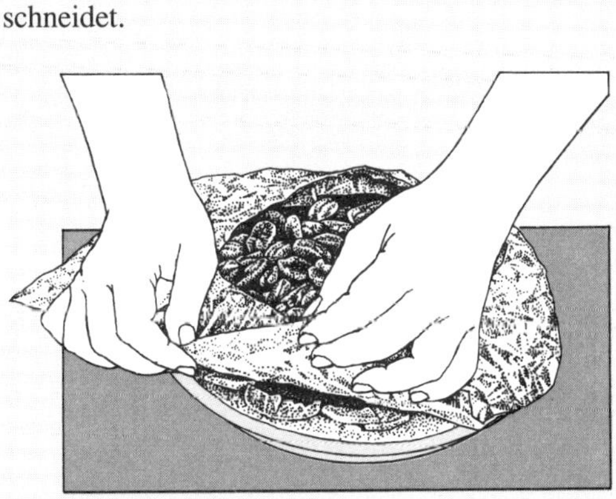

Damit die Ränder nicht zu braun werden, bedeckt man sie mit Streifen von Alufolie.

Teig tiefkühlen

Ungebackener Teig

Rollen Sie den Teig aus und schneiden Sie ihn in Rondellen, die rundum 4 cm größer sind als das umgedrehte Backblech. Legen Sie vor dem Tiefkühlen ein Backtrennpapier zwischen die einzelnen Rondellen. In 2–3 Monaten aufbrauchen.
Zum Auftauen legt man die Rondellen auf das Backblech, wartet ca. 10–15 Min., bevor man die Ränder formt.

Kuchenböden

Gebackene oder ungebackene Kuchenböden friert man im Blech oder in entsprechenden Aluformen ein. Gebackene Böden kann man 4–6 Monate aufbewahren. Man läßt sie in der Verpackung bei Zimmertemperatur während ca. 15 Min. auftauen.
Ungebackene Kuchenböden kann man 2–3 Monate aufbewahren. Man bäckt die gefrorenen Böden während ca. 20 Min. bei 220 Grad/Gas 7, nachdem man sie mit einer Gabel gut eingestochen hat.
Je nach Rezept belegt man sie vor dem Backen mit der Füllung.

Früchtepasteten oder gedeckte Kuchen

Tiefgekühlte gebackene oder ungebackene Pasteten oder Kuchen während 2–3 Monaten aufbewahren. Wenn man Pasteten mit saftigen Früchten ungebacken tiefkühlt, muß man der Füllung 1–2 EL Mehl oder Stärkemehl zusätzlich beigeben. Den Deckel nicht einschneiden. Verpacken und tiefkühlen. Ist die Pastete sehr zart, friert man sie zuerst ohne Verpackung ein, legt dann einen Papierteller auf die Oberfläche und verpackt sie erst jetzt.
Vor dem Backen entfernt man die Verpackung, schneidet den Deckel ein und gibt sie gefroren in den Backofen. Die Backzeit verlängert sich um ca. 15–20 Min. Die Früchte müssen heiß sein.
Gebackene Pasteten taut man in ihrer Verpackung während ungefähr 30 Min. bei Zimmertemperatur auf. Dann bäckt man sie im Ofen bei 180 Grad/Gas 4 noch während 30 Min. oder bis sie warm sind.

Pasteten mit gefrorenen Füllungen

Pasteten mit Eis- oder anderen gefrorenen Füllungen können besser geschnitten werden und schmecken auch besser, wenn man sie vor dem Servieren ca. 15 Min. bei Zimmertemperatur stehen läßt. Man entfernt die Packung vorher, damit die Garnitur nicht leidet.

Pasteten und Früchtekuchen aufbewahren

Die meisten Früchtepasteten und -kuchen können bei Zimmertemperatur über Nacht – auch bei warmem Wetter – mit einer Folie bedeckt, aufbewahrt werden. Will man sie länger aufbewahren (2–3 Tage), stellt man sie in den Kühlschrank und wärmt sie vor dem Servieren auf.
Pasteten und Kuchen, die mit Creme, Schlagsahne oder Weichkäse oder mit einer Gelatinemasse gefüllt sind, stellt man in den Kühlschrank. Man sollte sie nicht länger als einen Tag aufbehalten.
Ungebackener Teig kann in Folie eingepackt im Kühlschrank für 1–2 Tage aufbewahrt werden.

Tips und Tricks

Hier finden Sie Hinweise, die Ihnen helfen, die Rezepte schnell und mühelos zu befolgen. Das wichtigste Gebot sollte in jedem Fall beachtet werden: Bevor Sie anfangen, lesen Sie das Rezept genau durch, um sicher zu sein, daß Sie alles genau verstehen. Dann legen Sie alle Zutaten und Utensilien zurecht. Betrachten Sie dieses Buch als „Arbeitsanleitung“. Legen Sie einen Bleistift bereit, mit dem Sie notieren, daß in Ihrem Backofen ein Kuchen in 20 Min. gebacken ist, und nicht 30 Min. braucht, wie empfohlen. Schreiben Sie auch andere Erfahrungen direkt in Ihr Buch, z.B. welche Form Sie gebraucht haben, ob Sie Pekannüsse oder Walnüsse verwendet haben usw.

Allgemeine Hinweise

• Mit Butter oder Margarine ist immer die vollfette Qualität gemeint. Verwenden Sie keine kalorienreduzierten Produkte. Diese enthalten mehr Wasser und würden ein anderes Resultat ergeben.

• Bewahrt man Rohzucker im Tiefkühler auf, klebt er nie zusammen. Klumpiger Rohzucker lockert sich, wenn man ihn für kurze Zeit in den Mikrowellen-Ofen stellt.

• Wenn Sie rasch Butter oder Margarine weich haben müssen, schneiden Sie sie in kleine Stücke, die sich bei Zimmertemperatur rasch erwärmen.

• Trockene Zutaten – Mehl, Zucker, Backpulver, Natron – bewahrt man an einem kühlen, trockenen Ort in einem gut schließenden Gefäß auf.

• Muß man klebrige Zutaten wie Orangeat, Zitronat, kandierte Früchte, Datteln oder Feigen in Stücke schneiden, steckt man das Messer zwischendurch immer wieder ins Mehl.

• Wenn Sie eine weitere Zutat in die Teigschüssel geben müssen, halten Sie den Maßlöffel nie über die Schüssel. Eine kleine unbeabsichtigte Handbewegung, und der Teig könnte durch zuviel Vanilleessenz, Backpulver oder anderes ruiniert werden.

• Legen Sie ein feuchtes Tuch unter die Teigschüssel, wenn Sie die Teigmasse rühren. Die Schüssel wird sich nicht vom Platz bewegen.

• Wenn Sie den Inhalt einer Form nicht kennen, prüfen Sie, wieviel Wasser es braucht, bis sie voll ist.

• Wenden Sie die richtige Schneidetechnik an, wenn Sie einen Cake oder eine Torte zerteilen müssen.
Verwenden Sie für Lagentorten und große Kuchen ein Messer mit einer scharfen, langen Klinge.
Für Meringues und Rouladen brauchen Sie ein Messer mit einer dünnen, scharfen Klinge, die Sie nach jedem Schnitt mit einem Lappen oder einem Haushaltpapier abwischen.
Tunken Sie die Klinge Ihres Messers in sehr heißes Wasser und trocknen Sie sie rasch mit einem Haushaltpapier, bevor Sie klebrige Süßspeisen wie Käsekuchen, Mousses u.a. schneiden. Es wird nichts am Messer klebenbleiben.
Schneiden Sie immer mit sägenden Bewegungen und nur mit leichtem Druck, damit Sie die Form der Torte oder der Süßspeise nicht zerstören.

• Spritzen Sie Reste von Schlagsahne mit dem Spritzsack auf ein Backtrennpapier, legen Sie dieses auf einem Blech in den Tiefkühler. Sobald die Schlagsahnerosetten gefroren sind, können Sie sie mit einem Palettenmesser abheben und in einer Plastiktüte aufbewahren. Die Rosetten werden einige Minuten vor dem Servieren auf das Gebäck gelegt. Sie sind sehr rasch aufgetaut.

Cremen

• Eier, denen man etwas heiße Flüssigkeit beimischt, bevor man sie in die kochende Milchmischung gibt, gerinnen nicht. Nehmen Sie die Creme von der Kochplatte weg, wenn Sie prüfen wollen, ob sie dick genug ist. Sie kann in wenigen Sekunden zu heiß werden und gerinnen.

• Wenn die Creme zu heiß geworden ist, gießen Sie sie unter ständigem, festen Rühren schnell in eine kalte Schüssel. So können Sie eine Gerinnung verhindern.

• Eine andere Möglichkeit, eine zu heiße Creme zu retten: Geben Sie rasch einen Eiswürfel hinein.

• Wenn eine Creme auskühlen muß, bevor man andere Zutaten beifügt, legt man ein feuchtes Backtrennpapier auf die Oberfläche, um zu verhindern, daß sich eine Haut bildet.

• Am sichersten kocht man eine Creme im Wasserbad. Die Temperatur bleibt immer gleich, die Creme wird nie zu heiß.

• Mit dem Wasserbad im Backofen verhindert man Spritzer von kochendem Wasser. Man stellt ein tiefes Blech auf das Backofengitter und in die Mitte des Blechs die Schüssel mit der Flüssigkeit für die Creme. Man füllt das Blech bis zur Hälfte der Schüssel mit heißem Wasser und läßt die Creme nach den Angaben im Rezept im Backofen eindicken.

Früchte und Nüsse

• Das Kernhaus von Äpfel und Birnen kann man leicht mit dem Kugelausstecher herausschneiden.

• Wenn Sie tiefgekühlte Himbeeren als Garnitur verwenden, lassen Sie diese auf einem Küchenpapier im Kühlschrank leicht antauen. Sie behalten so ihre Form.

• Von Orangen oder Zitronen darf nur die äußerste Schicht abgerieben werden. Die innere, weiße Schale schmeckt bitter. Reiben Sie die Schalen erst kurz vor dem Gebrauch, denn sie trocknen rasch ein. Verwenden Sie dazu nur ungespritzte, unbehandelte Früchte.

• Um aus Zitrusfrüchten ein Maximum an Saft herauszupressen, rollt man die Früchte vorher unter leichtem Druck auf dem Tisch hin und her.

• Auch ein Mikrowellenherd hilft Ihnen, mehr Saft zu gewinnen. Legen Sie die Früchte auf den Herdboden und drehen Sie auf maximale Hitze. Belassen Sie die Früchte, bis sie sich warm anfühlen.

• Nüsse bleiben im Tiefkühler frisch. Nüsse in der Schale können Sie bis zu 3 Jahren aufbewahren, geschälte Nüsse 1 Jahr, gemahlene 3 Monate.

• Nüsse in der Schale lassen sich viel leichter knacken, wenn sie gefroren sind.

• Für besonders schmackhafte Torten oder Kuchen wird oft ein Teil des Mehls durch „sehr fein gemahlene“ Nüsse ersetzt. Die Nüsse müssen sehr fein gemahlen, aber doch leicht sein. Am besten mahlt man sie zwei bis drei Mal von Hand. Nüsse die man gemahlen kauft, sind meistens nicht fein genug. Sie müssen nochmals gemahlen werden. Mahlen Sie die Nüsse mit einer Haushaltmaschine, achten Sie darauf, daß die Nüsse nicht ölig und klebrig werden.

Schokolade

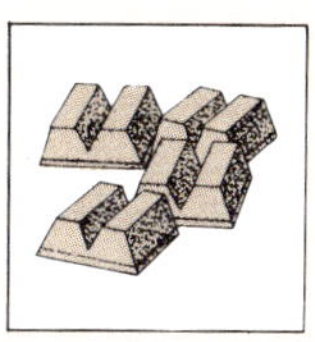

• Schokolade wird aus Kakaomasse, Kakaobutter, Zucker, evtl. Gewürzstoffen (Vanille), Milch oder Sahne, hergestellt. Dunkle Schokolade enthält nur Kakaomasse, Zucker und Kakaobutter, Bitterschokolade weniger als 40% Zucker.

• Wird der Kakaomasse Milch zugesetzt, spricht man von Milchschokolade. Sie sollte in unseren Rezepten nicht anstelle von Bitterschokolade verwendet werden.

• Verwenden Sie die beste Schokolade, die Sie finden können. Am besten halten Sie sich an eine gute Marke. Der Erfolg wird nicht ausbleiben.

• Schokolade-Couverture ist billiger als Schokolade, hat jedoch nicht deren feinen Geschmack. Sie läßt sich leichter zu Dekorationen verarbeiten.

• Weiße Schokolade besteht aus Kakaobutter, Milch und Zucker. Sie enthält keine Kakaomasse. Sie darf nur dort gebraucht werden, wo das Rezept es ausdrücklich verlangt.

• Kakaopulver wird aus der Kakaomasse hergestellt, der fast alle Kakaobutter entzogen wurde. Instant-Kakaopulver enthält Zucker, Kakaopulver und je nach Marke auch Milch. Man sollte es nicht anstelle von Kakaopulver verwenden, da es zu süß ist und weniger Geschmack hat.

• Man kann jedoch Kakaopulver anstelle von Schokolade verwenden, und zwar wie folgt: Anstelle von 175 g Schokolade verwendet man 6 EL gesiebtes Kakaopulver, dazu 7 EL Zucker und 60 g weißes Pflanzenfett.

• Schokolade soll man an einem kühlen, trockenen Ort aufbewahren. Am besten hält sie sich bei einer Temperatur von 20 Grad, nicht jedoch über 24 Grad.

• Bewahrt man Schokolade zu kalt auf, fängt sie in Zimmertemperatur zu „schwitzen“ an.

• Wird Schokolade zu warm aufbewahrt, kann die Kakaobutter schmelzen, was einen grau-weißen Belag zur Folge hat. Dies beeinträchtigt den Geschmack jedoch nicht, die Schokolade wird beim Schmelzen ihre ursprüngliche Farbe wieder erlangen.

• Schokolade im Mikrowellen-Ofen schmelzen: 30 g in Stücke gebrochene Schokolade in ein kleines Gefäß geben und im Ofen auf höchster Stufe während 1–2 Min. schmelzen. Die Schokolade wird glänzend, behält jedoch ihre Form. Man nimmt sie heraus und rührt sie glatt.

• Wie man Schokolade auf traditionelle Art schmilzt: 1. Man legt sie in einen kleinen Topf über siedendes Wasser. 2. Man legt sie in einem feuerfesten Gefäß in kochendes Wasser. 3. Man schmilzt sie in einer dicken, nicht-haftenden Pfanne bei niedriger Hitze. Ist der Pfannenboden zu dünn oder die Hitze zu groß, brennt die Schokolade an. 4. Kleine Mengen beläßt man in der Originalpackung, legt sie auf eine Folie und schmilzt sie auf einer warmen Herdplatte.

• Wird die Schokolade während des Schmelzens hart, mischt man 90 g Schokolade unter ständigem Rühren mit 1 TL bis 15 g weißem Pflanzenfett, bis die Masse flüssig und glatt ist. Verwenden Sie weder Pflanzenöl noch Butter.

• Rühren Sie die Schokolade um, wenn sie zu schmelzen beginnt. Muß man mehr als 450 g schmelzen, fängt man mit 225 g an und fügt immer wieder 60 g hinzu.

• Wenn man die Schokolade in kleine Stücke bricht und öfters umrührt, schmilzt sie schneller.

• Müssen Sie der geschmolzenen Schokolade Flüssigkeit beimischen, tun Sie es nach und nach, nur je 2 EL aufs Mal.

• Wenn Sie aus Schokolade Dekorationen herstellen, fangen Sie gleich damit an, wenn die Schokolade weich geworden ist. Wird sie zu lange erwärmt, kann sie körnig werden.

• Fassen Sie Schokolade-Locken mit einem langen Holzstäbchen an, damit sie nicht zerbrechen.

Backen

• Wenn ein Rezept Vorheizen erfordert, stellen Sie den Backofen mindestens 10 Min. vorher an.

• Versichern Sie sich, daß die Formen den Angaben im Rezept entsprechen. Bereiten Sie die Form vor, bevor Sie mit dem Teigmischen beginnen.

• Verwenden Sie zum Einfetten der Form geschmolzene Butter oder Margarine, die Sie mit einem Backpinsel oder einem zerknüllten Haushaltpapier aufstreichen.

• Fetten Sie gerippte Formen und solche mit einem Rohr in der Mitte großzügig ein, besonders an den Seiten und am Rohr. Am besten gelingt das mit einem Pinsel und flüssiger Butter, Margarine oder Öl.

• Wenn Sie keine Springform besitzen, verwenden Sie ein Blech mit einem Boden, den man herausheben kann.

• Stellen Sie mehrere Backformen so auf das Gitter im Backofen, daß sie sich nicht berühren.

• Öffnen Sie den Ofen nicht bis zur angegebenen Minimal-Backzeit. Wenn Sie ihn vorher öffnen, sinkt die Backtemperatur und das Backgut kann zusammenfallen.

Kuchen und Torten

• Müssen Sie 3 oder 4 Lagen backen, brauchen Sie 2 Backofen-Gitter. Stellen Sie die Bleche so hin, daß das eine nicht unter dem anderen liegt.

• Um ein Blech mit Backtrennpapier zu belegen, stellen Sie das Blech auf das Papier und fahren Sie mit der Spitze eines Messers dem Blechboden entlang. Das Papier hat genau die richtige Form, wenn Sie dieser Linie entlang schneiden.

• Sieben Sie auf das eingefettete Blech nicht Mehl, sondern Kakaopulver, wenn Sie einen Schokoladekuchen backen wollen. Sie vermeiden so den weißen Belag auf dem braunen Kuchen.

• Mischen Sie den Teig genau nach den Zeitangaben im Rezept. Rühren Sie weniger lang, werden die Zutaten nicht richtig vermischt und der Kuchen kann zusammenfallen. Mischen Sie zu lange, geht der Kuchen nicht richtig auf und wird trocken und hart.

• Schaben Sie beim Teigmischen mit dem Gummischaber die Masse immer wieder von den Seiten der Schüssel weg, damit sich alle Zutaten gut vermengen.

• Wenn Sie heikle Zutaten unterziehen müssen, mischen Sie immer die leichten, luftigen Bestandteile zu den festeren. Wenn Sie Eischnee nach und nach unterziehen, wird der Teig leichter und der Eischnee verliert weniger an Volumen.

• Damit ein Kuchen nach dem Backen keine Luftlöcher aufweist, schneidet man mit dem Gummischaber einige Male durch den in die Form eingefüllten Teig oder man setzt die Form etwas fest auf die Unterlage, damit die Luft heraustritt.

• Kuchen sind durchgebacken, wenn sich ihre Ränder etwas von der Form zurückgezogen haben. Wenn man mit den Fingern auf die Mitte des Kuchens preßt, sollte der Teig elastisch zurückspringen.

• Nachdem man den Kuchen aus dem Ofen genommen hat, läßt man ihn in der Form auf einem Kuchengitter ungefähr 10 Min. auskühlen, bevor man ihn aus der Form stürzt. Läßt man ihn in der Form erkalten, könnte er an den Seiten und am Boden kleben. Stürzt man ihn zu früh aus der Form, könnte er brechen.

• Fügen Sie immer die angegebene Menge von Backpulver bei. Zu viel Backpulver läßt den Kuchen sehr schön aufgehen, aber er wird kurz vor Ende der Backzeit oder gleich danach zusammenfallen.

Glasuren und Füllungen

• Wenn Sie eine Lagentorte zusammensetzen, legen Sie die erste Lage, Oberseite nach unten, auf die Tortenplatte, streichen die Füllung darauf und legen die zweite Lage darüber, diesmal Oberseite nach oben. Die beiden Unterseiten liegen aufeinander.

• Beim Aufstreichen der Füllung lassen Sie einen Rand von ca. 2,5 cm frei. Durch das Gewicht der oberen Lage wird die Füllung von selber bis an den Rand verteilt.

• Beim Glasieren einer Torte streicht man zuerst eine dünne Lage Glasur auf, um die Krümel auf der Oberfläche festzukleben. Dann erst bringt man die eigentliche Glasur an.

• Man kann einen Spritzbeutel bequem einfüllen, wenn man ihn in ein hohes Glas oder in einen Meßbecher stellt.

• Den Spritzbeutel wäscht man nach jedem Gebrauch gut aus. Hie und da gibt man ihn mit der Weißwäsche in die Waschmaschine.

Kuchen mit Dörrfrüchten

• Legen Sie die Form mit Backtrennpapier aus, damit sich der Kuchen nach dem Backen gut löst.

• Schieben Sie das Gitter im Backofen so ein, daß die Form in die Mitte des Backofens zu stehen kommt.

• Vermischen Sie Dörrfrüchte und Nüsse mit etwas Mehl, bevor Sie sie zum Teig geben. So sinken sie während des Backens nicht auf den Boden der Form.

• Pressen Sie den Teig leicht in die Form, um Luftblasen zu verhindern.

• Prüfen Sie mit einem Holzstäbchen, ob der Kuchen gar ist. Man steckt es in der Mitte ein. Wenn kein Teig daran hängen bleibt, ist der Kuchen durchgebacken.

• Reste von Fruchtkuchen ergeben eine herrliche Nachspeise. Man schneidet kleine Würfel, füllt sie in ein Weinglas, befeuchtet sie mit Fruchtsaft oder Sherry und garniert mit Schlagsahne.

Teige

• Bei der Herstellung eines Brandteigs muß man das Mehl sofort beigeben, wenn die Flüssigkeit zum Sieden kommt. Wartet man ab, könnte ein Teil der Flüssigkeit verdampfen.

• Man gibt die ganze Menge Mehl aufs Mal bei. Schlagen und Klopfen, bis der Teig glatt ist und sich als Kugel von der Pfanne löst.

• Gebäck aus Brandteig sollte am selben Tag gegessen werden, da es rasch weich wird.

• Blätterteig läßt man in der Verpackung auftauen, da er sonst austrocknet und brüchig wird.

• Ist er aufgetaut, bedeckt man ihn mit einem feuchten Tuch oder mit einer Frischhaltefolie.

• Blätterteig-Lagen bestreicht man mit geschmolzener Butter. Diese gibt ihnen einen guten Geschmack und macht sie geschmeidig, so daß sie besser ausgerollt und gefaltet werden können.

Pasteten und gedeckte Kuchen

• Das Geheimnis eines guten Teigs besteht darin, daß man die Zutaten genau abmißt, damit das Verhältnis von Fett und Mehl nicht verändert wird. Man soll auch nicht zuviel Flüssigkeit beigeben. Zuviel Mehl macht den Teig hart, zuviel Fett macht ihn schwer und krümelig, zuviel Flüssigkeit verlangt mehr Mehl, was ihn wiederum hart macht.

• Rollen Sie den Teig auf einer möglichst kalten Unterlage aus. Ideal ist eine Marmorplatte, gut sind auch Granit und Keramik.

• Rollen Sie den Teig so gleichmäßig wie möglich aus. Die Ränder dürfen nicht dünner sein.

• Beim Ausrollen fahren Sie mit einem Palettenmesser oder einem Teigschaber hie und da unter den Teig, um zu verhindern, daß er an der Unterlage kleben bleibt. Ist dies der Fall, muß man mehr Mehl aufstreuen.

• Strecken Sie den Teig nie aus, um eine Form zu füllen. Beim Backen wird er sich wieder zurückziehen.

• Wenn Sie einen gerollten oder einen Rand mit Rillen geformt haben, biegen Sie kleine Stücke vom Teigrand über den Blechrand. So bleibt die Verzierung beim Backen an ihrem Ort.

• Möchten Sie einen glänzenden Rand haben, bestreichen Sie ihn mit etwas Eiweiß. Goldgelb wird er, wenn sie ihn mit einem verklopften Ei, Eigelb oder Milch bestreichen.

• Damit der Backofen nicht durch herabgetropften Fruchtsaft verunreinigt wird, schiebt man ein zweites Gitter unter die Backform und legt eine Alufolie darauf, deren Ränder man ungefähr um 1 cm nach oben gebogen hat. So werden alle Tropfen aufgefangen.

• Um zu verhindern, daß ein Kuchenboden durch die Creme- oder Schlagsahnefüllung zu weich wird, bestreicht man den Boden gleich nach dem Backen mit etwas geschlagenem Eiweiß. Durch die Hitze des Teigbodens wird das Eiweiß fest und hält die Feuchtigkeit der Füllung ab.

• Sollte ein Kuchenboden aus Kekskrümeln sich nicht aus der Form lösen, stellt man diese für kurze Zeit auf ein feuchtes, heißes Tuch.

• Wenn Teigreste übrigbleiben, überlassen Sie sie Ihren Kindern. Sie können daraus lustige Formen ausstechen, die Sie zusammen mit Ihrer Pastete oder Ihrem Kuchen backen. Sie können mit Zimtzucker bestreut oder mit Marmelade bestrichen werden.

• Stellen Sie Ihren Früchtekuchen mit Sahne vorne in den Kühlschrank. Jedermann wird ihn dort sehen und ihn nicht versehentlich beschädigen.

Kekse und Plätzchen

• Mischen Sie die Zutaten für den Teig schnell. Durch zu langes Kneten werden die Plätzchen hart.

• Sie haben nicht genügend Platz, um den Teig auszurollen? Formen Sie den Teig in kleine Bällchen, legen Sie diese ca. 5–7,5 cm voneinander entfernt auf ein Backtrennpapier und drücken Sie sie mit einem Glas, dessen Boden in Zucker getaucht wird, flach.

• Wenn Sie Plätzchen ausstechen, fangen Sie außen an und arbeiten gegen die Mitte. Legen Sie die Ausstechformen so nah wie möglich aneinander, um wenig Teigabschnitte zu bekommen.

• Legen Sie Teigabschnitte glatt aufeinander, um sie nochmals auszurollen. Erneutes Kneten macht den Teig hart.

• Transportieren Sie die Plätzchen mit einem breiten Messer oder einem Spatel von der Arbeitsfläche auf das Backtrennpapier.

• Backen Sie Ihre Plätzchen immer auf einem festen Backtrennpapier, das sich in der Hitze nicht verändert.

• Beim Backen sollten die Formen auf allen Seiten 5 cm von den Backofenwänden entfernt sein, damit die heiße Luft gut zirkulieren kann und das Backgut gleichmäßig bäckt.

• Legen Sie die ungebackenen Plätzchen immer auf ein kaltes Blech. Auf einem heißen Blech würden sie verlaufen.

• Fetten Sie das Backtrennpapier nur ein, wenn das Rezept es vorschreibt. Viele Teige behalten ihre Form besser auf dem trockenen Papier.

• Sind die Plätzchen gebacken, legt man sie sofort auf ein Gitter. Auf dem heißen Backblech würden sie weiterbacken.

• Bisquits sollten vor dem Herausnehmen aus der Form ganz abgekühlt sein.

• Lassen Sie Ihre Plätzchen und Kekse vollständig erkalten, bevor Sie sie in gut schließenden Behältern versorgen.

• Um Shortbread zu schneiden, läßt man es im Blech leicht auskühlen, markiert dann die gewünschten Formen und schneidet sie aus. Im Blech erkalten lassen, bevor man sie heraushebt. Ist das Shortbread kalt geworden, kann man es kurz in den warmen Ofen schieben, bevor man es schneidet.

• Kekse, die zu hart geworden sind, werden weicher, wenn man sie zusammen mit einem Stück Brot in eine Dose legt. Das Brot jeden zweiten Tag erneuern. Ein Stück Brot hält weiche Kekse weich, auch macht es harten Rohzucker wieder weich.

Eis und gefrorene Nachspeisen

• Eis, ob selbstgemacht oder gekauft, hält sich am besten bei einer Temperatur von -18 Grad oder weniger.

• Eis kann man im Tiefkühlfach des Kühlschranks während 1 Monat aufbewahren, im Tiefkühler während 2 Monaten.

• Frieren Sie einmal aufgetautes Eis nicht mehr ein. Es wird hart und wird auch Eiskristalle bilden.

• Um offene Eispackungen im Tiefkühler vor Fremdgerüchen zu schützen, bedeckt man die Oberfläche mit einer Frischhaltefolie. Sie verhindert auch, daß eine Kruste entsteht oder sich Eiskristalle bilden.

• Die Creme für Eis kann verrührt werden, wenn sie ca. 2,5 cm von den Rändern entfernt fest geworden ist, auch wenn die Mitte noch weich ist.

Index

N

O

P

Q

R

S